사회복지개론

Introduction to Social Welfare

한국임상사회사업학회 편저

신정

머리말

그동안 사회복지교육은 많은 발전과 변화가 있었으며, 특히 사회복지와 관련하여 다양한 교재들이 출판되었다. 그 중에서도 사회복지개론은 최근 몇 년 사이 꾸준하게 증가하고 있는데 과거 사회복지를 교육하기 위한 관련 교재가 부족했던 것과 비교하면 매우 고무적인 현상이라고 생각한다. 이는 사회복지에 대한 개념 이해와 실천분야에 대한 이해를 토대로 전문성을 갖추고 지식과 기술과 가치를 체계적으로 교육시키기 위한 관심과 고민이 계속되고 있음을 의미하기도 한다. 한국임상사회사업학회는 사회복지실천분야의 연구와 학문 발전을 위해 노력하고 있으며 이 책의 집필 또한 그러한 맥락에서 시작되었다. 나아가 기존의 교재와 차별화하려는 노력을 더하였다.

이 책은 가급적 쉽고 간결하게 쓰는 것을 집필의 기준으로 삼았다. 사회복지개론은 그 범위가 매우 넓고 다양하기 때문에 분량이 많을 수밖에 없어서 대부분의 교재들이 방대한 내용을 담고 있다. 따라서 실제 교육현장에서는 제대로 교육되지 못하는 경우가 있는데, 내용이 많다보니 학생들에게 전부 가르치기 어렵거나 자세히 다루지 못하는 부분이 생기기도 하는 것이다. 이러한 고민을 줄여 보기 위한 노력이 이 책에 담겨 있다.

저자들은 사회복지개론에서 반드시 다루어야 하는 가장 핵심적인 내용들을 간추려서 이 책을 구성하였다.

이 책은 총 12개장으로 이루어져 있으며 1장 사회복지의 개념은 이영실 교수, 2장 사회복지의 동기는 전영숙 교수, 3장 사회복지의 윤리, 가치와 이념은 김현옥 교수, 4장 사회복지의 구성요소는 권향임 교수가 집필하였으며 5~7장 사회복지의 역사, 사회복지의 미시적 실천방법, 사회복지의 중범위 · 거시적 실천방법은 김덕주 교수, 8장 사회복지의 정책분야는 김현옥 교수, 9~10장 사회복지 실천분야는 김양이 교수, 박경남 교수가 집필하였으며, 11~12장 복지국가와 복지사회, 한국사회복지의 전망과 과제는 김선녀 교수가 집필하였다.

사회복지에 대한 개념의 이해와 사회복지의 정체성을 갖기 위한 기초적인 이론과 실천의 장에 대한 내용을 가급적 쉽게 풀어서 쓰려고 했으며, 내용에 대한 이해를 돕기 위해 많은 예를 들어 설명하였다. 그럼에도 불구하고 미흡한 부분이 많음을 시인하며, 앞으로 이 책의 보완을 위해 많은 비판과 조언을 기대한다. 부족하지만 이 책이 사회복지의 개념과 방향을 이해하고 소개하기 위한 교육을 실시하고자 하는 교수님들과 학생들을 위해 도움이 되기를 바란다.

마지막으로 이 책의 출판을 도와주신 도서출판 신정 최용구 사장님과 관계자 여러분들께 마음 깊이 감사의 인사를 전한다.

2016년 2월

한국임상사회사업학회 회장 권향임

차 례

Chapter 3 사회복지 윤리, 가치와 이념

Chapter 4 사회복지의 구성요소

Chapter 5 사회복지의 역사

Chapter 6 사회복지의 미시적 실천방법

Chapter 7 사회복지의 중범위 · 거시적 실천방법

Chapter 8 사회복지서비스 정책분야

Chapter 9 사회복지실천분야 I

Chapter 10 사회복지실천분야 II

Chapter 12 한국사회복지의 전망과 과제

Chapter 01

사회복지의 개념

1. 사회의 기능과 제도
2. 사회복지의 개념 정의
3. 사회복지의 학문적 성격

social welfare

Chapter 01 사회복지의 개념

1 사회의 기능과 제도

'사회(social)'란 다수의 인간이 모여 조직된 공동체로 각자의 행복 추구를 위하여 필요에 의해 구성된다. 인간과 인간이 상호교류하면서 서로가 다양한 기능을 제공하고, 이 기능을 행동 유형으로 조직하여 다양한 방법으로 전수하기 위한 사회제도를 형성한다. 이러한 사회제도의 기초가 가족공동체이다. 가족제도는 인류사회의 가장 작은 단위로 모든 생활의 기초이고 시작이다. 가족은 자기를 주는 사랑과 신뢰에 근거해서 이루어진다. 그러므로 가장 친근한 친교관계를 이루고 있는 사회적 단위이다.

그러나 산업사회의 등장으로 가족의 보호기능이 약화되고 자본주의 시장의 생산과 분배기능이 균형을 이루지 못하여, 빈곤, 실업, 불평등 같은 각종 사회문제가 발생하게 되었는데 여기에 국가의 개입이 늘어나면서 사회복지는 점차 발달하게 되었다.

가족에 대한 의미와 기능도 현대사회가 다양하고 복잡하게 분화되면서 가족의 역할의 불충분한 욕구를 충족시키기 위한 사회제도의 필요성이 대두되었다. 가족제도의 기본 기능인 출산, 보호, 정서적 지원 등의 사회화 기능을 넘어 시장경제를 통하여 재화나 서비스를 생산하고 분배하며 소비하는 기능의 필요성이 대두된다. 동시에 사회통제기능의 필요에 따라 중앙정부나 지방자치단체는 사회제도 안에서 자원의 동원과 분배가 이루어지도록 가치규범에 따라 엄격히 통제한다. 뿐만 아니라 사회통합작업이 필요한데 사회통합의 주체로 가장 적당한 곳은 교회나 사찰과 같은 종교조직이다. 일반적으로 종교는 영적 개발기능이 있기 때문에 사회규범을 자발적으로 순응하고 강화하도록 한다. 사회제도권 안에서 상부상조하는 기능은 사회복지기관이 담당한다.

현대사회의 사회제도는 주요 핵심기능을 수행하면서 나름대로 복지기능도 병행하고 있다. 사회제도에 대한 다양한 논의와 제안 중 길버트(Gilbert)와 테랄(Terral)이 정리한 주요 사회제도의 기능을 살펴보면 〈표 1-1〉과 같다.

표 1-1 주요 사회제도의 기능

사회제도	주요 조직적인 형태	1차 기능	사회복지 기능
혈족	가족	출산, 사회화, 보호, 친교, 정서적 지지	의존적 구성원에 대한 보호, 가족 간 재정지원
종교	교회	영적개발	기독교복지, 보건, 교육, 사회복지서비스, 상담, 고용혜택
직장	직장기관	고용	고용혜택
시장	생산자(회사)와 소비자(가계)	재화에 대한 제품과 서비스의 교환	상업적인 사회복지 제품과 서비스
상호부조	지지집단, 자원봉사기관	상호부조, 박애	자조, 자원봉사활동, 지역사회복지서비스
정부	국가적, 지역적 정부	집단적 목표달성을 위한 자원동원과 분배	빈곤퇴치, 경제보장, 보건, 교육, 주택 서비스

출처: Gilbert & Terral (1998).

사회제도의 사회적 기능은 결국 무엇을 위해서인가라는 물음에는 개인적 차원의 자유와 집단적 차원의 평등을 위해서, 그리고 사회구성원 전체의 삶의 질을 높이기 위해 존재한다고 볼 수 있다. 즉, 전통사회에서의 사회복지기능은 다른 사회제도에서 부가적으로 수행되었고, 사회구성원의 복지를 어느 정도 해결할 수 있었다.

2 사회복지의 개념 정의

1) 사회복지의 어휘적 개념

사회복지의 어휘적 개념은 크게 서양과 동양으로 나누어 설명할 수 있다(문재우, 2013; 김명근 · 길귀숙 외, 2014; 윤선오 · 김우호, 2014; 박석돈, 2015/기본이념).

먼저 서양에서의 '사회복지'는 '사회적(social)'과 '복지(welfare)'라는 복합명사이다. 어원은 영어의 'Welfare'로, '지내다', '살아가다'라는 의미의 'fare'와 '만족스러운' 또는 '적절한'을 의미하는 'well'이 합하여 '만족스럽게 지내는 상태'를 의미한다. 그리고 웹스터(Webster)사전에서는 '복지란 건강하고 행복하며 안락한 상태'라고 정의되어 있다. 따라서 복지란 건강하고 안락한 인간의 이상적인 상태, 즉 안녕(well-being)의 상태를 나타내는 개념이라고 할 수 있다. 한편 여기에 형용사 'social'이 붙으면 '사회적으로 행복한 생활 상태'를 뜻하게 된다.

이런 점에서 'social'이란 단어는 '지역사회나 집단 속에서 같이 지내다'란 의미로, 우리가 사는 사회에서의 개인, 집단, 사회 전체 간의 사회 내적인 관계를 뜻한다. 여기서 '사회 내적인 관계'란 개인의 정신세계나 국제관계와 같은 사회 외적인 관계를 제외한 개인 대 개인, 개인 대 집단, 개인 대 전체사회, 집단 대 집단, 집단 대 전체 사회의 비이기적인 상호관계를 의미한다. 따라서 'social'이란 의미는 물질적이거나 영리적인 요소보다는 비영리적이며, 이타적 속성의 공동체적 삶의 요소에 관심을 기울이는 것이라고 볼 수 있다. 즉, 'social'이란 경제적 것과 반대의 의미로 구성원의 집합체와 타인에 대한 상호연대의 원리로 공동체의 이타적이고 상호 협력하는 삶을 의미하는 것이다.

그러므로 서양에서 어휘적으로 본 사회복지는 이상적인 상태를 의미하는 개념인 동시에 그 이상적인 상태를 지향하는 의미도 내포하는 개념임을 알 수 있다.

동양의 예에서 고대 중국의 '복지'의 의미는 물질적 풍요와 무병의 뜻을 지니고 있었으며, 문장의 쓰임에서는 장수의 의미를 지니고 있었다. 우리나라의 '복지'라는 어휘 사용의 실례를 보면, '삼국유사'나 '고려사'에는 복지라는 어휘를 사용한 실례가 없고 '조선왕조실록'에서 7번 사용되었는데, 그 실례는 장수나 현물제공, 소망의 충족이라는 의미를 내포하고 있다.

2) 사회복지의 협의적, 광의적, 통합적 개념

사회복지에 대한 기존의 정의가 사회복지의 본질을 규명하고자 하는 것이 아닌 그 방법이나 범위를 한정하는 방법을 택했기 때문에 사람에 따라 그 범위와 방법에 대한 설정이 달라지고 사회변동에 따라 변할 수밖에 없었다. 영국, 미국을 비롯하여 개별 국가별로 사회복지의 범위나 의미가 다를 수밖에 없는 것도 바로 이러한 이유 때문이다. 우리나라 사회복지학계에서는 전통적으로 그 범위를 좁게 보느냐 넓게 보느냐에 따라 협의의 개념과 광의의 개념으로 구분하는 것이 일반적이다(최성균 외, 2007; 박석돈 외, 2010; 오정수 외, 2010).

(1) 협의적 사회복지 개념

협의적 개념으로서의 사회복지란 사회복지를 소극적이고 한정된 측면에서 받아들이는 견해로서, 개인과 그 가족의 삶에 대한 일차적 책임은 먼저 그 개인에게 있다는 자유주의적 사상과 삶을 위한 모든 재화는 시장에서 얻어야 한다는 시장경제의 원칙을 바탕으로 하며, 국가와 사회의 공동체적 책임과 노력은 그 다음의 문제로 인식한다.

협의적 의미의 사회복지는 최소한의 복지를 지향하여 지금 당장 현저하게 삶의 질이 떨어져 개인이나 그 가족의 노력으로는 정상적인 사회생활을 영위할 수도, 회복할 수도 없는 상태에 이르러 삶 자체가 파괴될 정도에 이른 경우에 한정하여 국가가 개입해야 한다는 입장이다. 사회복지를 자신이나 그 부양자에게 스스로의 노력으로써는 도저히 물질적 자원이나 건강유지가 곤란하거나 불가능한 개인 또는 가족들에게 일정한 서비스를 실시 · 제공하는 일로서 정의하는 이 한정적 개념은 사회복지를 일시적 · 대체적 · 보충적인 것으로 이해하고 비상대책적인 기능으로 인식함으로써 요보호자가 사회적 기능을 회복하여 시장으로부터 삶을 위한 재화와 용역을 공급받을 수 있게 되면 그 개입을 중단하게 된다.

따라서 협의의 사회복지 개념은 사회구성원의 복지와 사회질서의 기능을 유지하기 위해 기본적으로 여겨지는 사회적 욕구를 해결하기 위한 것으로 정의할 수 있다. 즉, 사회구성원의 복지를 위하여 국가부조를 받고 있는 자, 아동, 노인, 장애인, 기타 원조 · 육성을 필요로 하는 자로 하여금 자립하여 그 능력을 발휘하는 데 필요한 생활지도, 재활서비스 등을 행하는 것으로 사회적 약자나 요보호 대상자들에 대한 실천활동을 말한다.

이 개념에 의하면 사회복지의 고유 영역을 규정하는 장점이 있으나 사회복지의 혜택을 받는 사람은 비정상적이며 병리적인 사람으로 간주되어 사회적 낙인(stigma)이 찍힐 위험이 따르는 등 사회복지의 대상과 범위를 지나치게 좁게 규정하여 현대사회의 다양한 사회적 욕구 대응에 한계가 있다.

(2) 광의의 사회복지

광의적 개념으로서의 사회복지란 사회복지를 넓은 의미로 받아들이는 것으로서, 국민 또는 사회구성원 일반을 대상으로 하여 그 생활의 각 측면에 나타나는 비복지(diswelfare)를 다루거나 해결하고자 하는 것이다. 사회복지는 특수한 처지에 놓인 요보호자만을 대상으로 하는 일시적 · 선별적 · 보충적 개념이 아니라 모든 사회구성원을 대상으로 하는 항구적 · 보편적 · 제도적 개념으로서 모든 인류가 생애의 전 과정을 통해서 언제, 어디서나 제공받게 되는 개념이다.

사회복지를 적극적인 면에서 위에서와 같은 광의의 개념으로 이해할 수 있겠지만, 소극적인 면에서도 광의의 개념을 도출할 수 있다. 즉, 사회의 성원들이 비복지에 떨어지지 않게 하기 위한 최저의 기본 요건을 확보 · 충족해야 한다는 생각이다. 여기에서 의미하는 사회복지는 최저수준의 확보(minimum standard)로서 예방적이며 사전적 조치를 의미하게 된다.

다시 말하면 광의의 사회복지 개념은 사회구성원 전체의 보편적 욕구를 충족하기 위한 제반 노력 및 활동을 의미한다. 즉, 광의의 사회복지는 제도적 사회복지, 사회정책, 사회보장, 교육, 주택, 공중위생, 비행, 범죄 등의 사회생활을 영위하는 인간의 정신적, 도덕적, 육체적 노동 및 경제적 재해 조건에 밀착되는 사회적 시책으로 사회구성원 일반을 대상으로 생활의 각 측면에서 나타나는 비복지를 다루거나 해결하고자 하는 노력을 말한다. 이는 영국의 사회서비스와 유사한 의미이며, 우리나라에서도 사회복지를 전공하는 사람들이 가장 많이 갖고 있는 개념이다. 또한 조세, 환경, 문화, 교통 등 유럽의 사회정책에서 논의하는 영역까지 광의의 사회복지로 포괄하며 현대사회에서는 사회복지의 대상과 범위가 넓어지는 추세에 있다.

(3) 통합적 사회복지 개념

통합적 개념으로서의 사회복지 개념은 로마니쉰(Romanyshyn, 1971)과 프리드랜더(Friedlander, 1980)의 정의를 중심으로 설명하고자 한다.

먼저 로마니쉰의 정의에 의하면 사회복지란 용어는 적극적인 의미와 한정적인 의미를 공히 내포하고 있다. 사회복지는 개개인과 사회 전체의 복리를 증진시키려는 모든 형태의 사회적 노력을 포함하며, 사회문제에 대한 조치와 예방, 인적자원의 개발, 인간 생활의 질적 향상 등에 직접적으로 관심을 갖는 서비스나 과정을 포함하며, 사회제도의 강화 및 수정에 대한 노력과 개인이나 가족에 대한 서비스까지 포괄한다고 보는 것이다.

3) 사회복지의 기능적 개념

사회복지의 개념 정의는 많은 국내외 학자들의 의해 다양하게 정의되었다. 기능적 차원에서 사회복지의 개념을 설명한 학자들은 티트머스(Titmuss, 1975)와 콤튼(Comption, 1974), 윌렌스키(Wilensky)와 르보(Lebeaux, 1979)이며, 그 중에 윌렌스키와 르보가 제시한 사회복지의 잔여적 개념과 제도적 개념은 사회제도의 기능적 분화와 사회복지 기능의 제도화 과정을 배경으로 하고 있다(Wilensky & Lebeaux, 1979). 윌렌스키와 르보에 따르면 산업화의 진행에 따라 사회복지의 기능적 개념은 잔여적 개념에서 제도적 개념으로 변화했는데, 사회복지의 잔여적 개념, 제도적 개념, 사회복지의 기능적 개념의 변화 등을 설명하면 다음과 같다(남찬섭 · 유태균 역, 2007; 박상하 · 노길희 외, 2013; 원석조, 2013; 이건모, 2013; 김윤재 · 주정호 외, 2014; 이영실 외, 2014; 황희숙, 2014; 오봉욱 · 이명순 외, 2015).

(1) 잔여적 개념

개인의 욕구를 충족하는 기능은 우선적으로 가족과 시장경제이다. 잔여적 개념(residual concept)은 가족과 시장경제가 개인의 욕구를 충족시키지 못하는 경우에 한하여 그들이 제 기능을 수행할 수 있을 때까지 국가가 일정 기간 개입해서 기본적인 삶을 유지해 주는 보완적인 기능이다. 즉, 사회복지서비스는 한 개인의 욕구가 가족과 시장경제 등의 중요한 사회제도로는 적절히 충족되지 않을 때에만 공급되어야 한다는 관점이다. 이 관점에 따르면, 사회 서비스와 경제적 원조는 개인과 그 가족의 자원을 포함한 다른 모든 수단 또는 노력이 소진될 때까지 공급되어서는 안 된다.

잔여적 개념은 사회에서 실패하거나 낙오한 사람들에게 정부가 시혜로 서비스를 제공한다는 의미가 있기 때문에 서비스를 받는 클라이언트들은 서비스를 받는 것을 수치 또는 낙인(stigma)으로 생각한다.

따라서 현대의 개인은 누구나 가정과 경제생활이 자발적이든 비자발적이든 간에 개인의 결함으로 인해 궤도를 이탈하게 되는 낙오자 혹은 이탈자(deviant)가 되어 사회로부터 최소한의 보호를 받을 수 없는 상태에 놓일 수 있으며, 이들에게 안전망(safety-net) 기능을 수행하는 것이 사회복지의 기능이라고 주장한다.

(2) 제도적 개념

오늘날 사회는 핵가족화가 불가피하고 가족기능이 약화되어가기 때문에 아동의 양육과 노인, 장애인의 보호 및 그들의 사회화를 가족이 전적으로 책임지는 것은 불가능하다. 또한 경제제도가 산업과 분배의 따른 제 기능을 온전히 수행할 수 없어 예상치 못한 실직과 빈곤을 경험할 가능성이 높아지게 된다. 또한 가족과 시장경제제도는 온전히 운영될 수 없어 제 기능을 발휘할 수 없기 때문에 사회복지가 사회를 유지하는 데 필수적인 기능을 수행할 수밖에 없다. 사회복지의 필수적인 기능이란 사회구성원 간의 상부상조로서, 이러한 기능은 다른 사회제도가 수행하는 기능과 구별하며 독립적으로 수행되는데, 이를 제도적 개념(institutional concept)이라고 한다.

제도적 개념에서는 국가나 사회는 모든 사람들이 그들의 능력을 최고로 발휘할 수 있도록 원조해야 한다는 것이 전제이며 개인과 사회의 복지를 국가가 책임진다는 것을 강조하고 있다. 또한 실패한 사람을 지원한다는 뜻보다는 사회문제를 예방하고 완화시키며 문제해결에 기여한다는 의미가 있고 포괄적이며 보편적인 서비스라고 할 수 있다.

그리고 제도적 개념에서는 개인이 자신의 능력과 자아를 최대한 계발하고 발전시키기 위해서 사회복지의 혜택을 받는 것은 정상적이며, 서비스 수혜자는 비정상 또는 이탈자라는 수치감을 느끼지 않는다. 다시 말하면 제도적 개념은 광의의 사회복지를 의미하며, 현대국가의 복지이념 수립의 기초가 된다.

지금까지 설명한 사회복지의 기능적 차원에서의 사회복지 개념, 잔여적 개념과 제도적 개념을 그림으로 비교해 보면 [그림 1-1]과 같다. 다른 사회제도의 예외적이고 사후치료적인 기능인가 아니면 다른 사회기능들과 동등한 하나의 사회제도인가를 쉽게 구분할 수 있다.

로마니쉰(1971)은 서구사회를 중심으로 전 산업사회로부터 19세기 자유방임 자본주의를 거쳐 후기 산업사회로 변화함에 따라 사회복지의 기능적 개념도 자선과 교정, 복지국가, 복지사회로 변화되었다고 말하고 있다. 또한 로마니쉰은 전 산업사회에서 후기 산업사회로의 이행 과정에서 사회복지의 기능적 개념의 변화를 다음과 같이 세분하여 설명하고 있다.

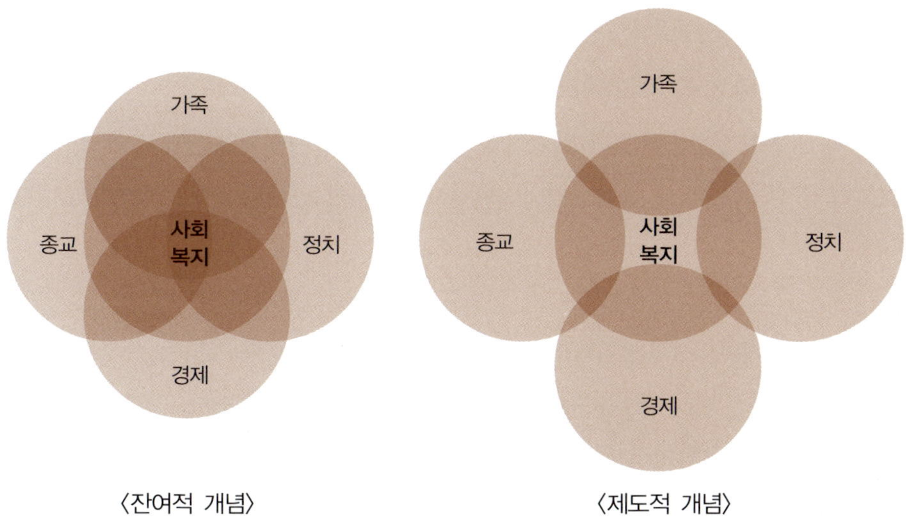

▌그림 1-1▌ 사회복지의 잔여적 개념과 제도적 개념

출처: Gilbert & Specht (1974).

(3) 사회복지의 기능적 개념의 변화

① 잔여적 관점에서 제도적 관점으로

응급적이고 일시적인 사회복지의 개념, 도움이 필요한 사람들의 기능의 부족을 강조하는 잔여적 개념에서 제도적 개념으로 변화하였다. 즉, 정상적인 사회제도로서 정당한 지위를 가지게 되는 사회복지의 필요성이 강조되었다.

② 자선에서 시민의 권리로

19세기 중산층의 자선관을 반영한 복지개념은 19세기 말 시민계급으로 성장한 노동자들이 사회복지를 시민권의 개념으로 획득하게 되었다.

③ 특수성에서 보편성으로

사회복지는 빈민에 대한 특별한 서비스가 아니라 많은 사람들이 보편적으로 가지고 있는 욕구를 충족시키는 프로그램으로 받아들여지게 되었다.

④ 최저수준에서 적정수준으로

사회복지의 보장수준은 최저수준에서 적정수준으로 변화되었는데 그 배경에는 첫째, 사회의 생산력 발전, 둘째, 절대적인 빈곤 개념이 상대적 빈곤 개념으로 대체되었다.

⑤ 개인으로부터 사회개혁으로

사회복지의 근거가 되는 문제발생 요인을 개인의 도덕적 혹은 기능적 결함에서 발견하던 초기의 관점에서 문제발생 요인을 구조적 사회제도의 결함에서 찾는 관점으로 이행하였다.

⑥ 자발적 자선에서 공공으로

영국의 빈민법(16세기 말~17세기 초)이나 19세기 말 혹은 20세기 초의 미국에서는 자발적인 사회복지 활동에 크게 의존하였다. 그러나 이러한 자발적인 자선의 한계로 인해 점차 정부의 개입이 증가되었다.

⑦ 빈민에 대한 복지로부터 복지사회로

초기의 사회복지 개념은 빈민에 대한 복지의 개념이었다. 그러나 이제는 사회제도가 모든 개인의 발전에 얼마나 기여하는가에 대한 복지사회 개념으로 변화되었다.

잔여적 개념과 제도적 개념을 둘러싼 논쟁은 아직도 계속되고 있지만, 현대사회에 있어서 사회복지가 매우 중요하다는 사실과 정부가 사회복지의 일차적인 역할을 하고 있다는 사실을 무시할 수는 없다. 사회복지가 독립적인 제도로 발전한다고 해서 이것이 곧 정부 혹은 국가와 동일시할 수 있다는 것은 아니지만, 현대사회가 사회복지와 관련하여 정부의 역할을 매우 필요로 하고 있다는 점은 부인할 수 없다. 정부의 이러한 역할은 흔히 복지국가로 개념화되고 있다(Gilbert & Terrell, 남찬섭 · 유태균 역, 2007).

3 사회복지의 학문적 성격

최근에는 현대사회의 변화에 따라 사회복지의 중요성이 강조되고, 이를 연구하고 실천하는 논의가 점증됨에 따라 사회복지학은 사회과학의 중요한 학문 분야로 자리잡게 되었는데 그 결과 사회복지학은 연구대상, 과학적 연구방법, 이론과 실천체계를 가진 독립된 학문 분야로 성장하였다. 학문적 성격으로서 사회복지가 어떤 특성을 가지고 있는지 살펴보면 다음과 같다(장인협 외, 2009; 서보준 · 오현숙 외, 2013; 염동문 · 김교정 외, 2014; 이영실 외, 2014).

첫째, 사회복지학은 모든 학문 분야처럼 과학성을 추구한다. 인간과 사회에 관한 과학적 탐구방법을 기반으로 하여 사회복지현상을 과학적으로 설명하고 논증함으로써 사회복지학의 이론과 실천의 체계를 발전시키고 있다.

둘째, 사회복지학은 인간의 욕구충족을 목표로 한다. 인간의 욕구는 다양하고 무한한 특징을 지니고 있다. 사회복지학은 인간의 삶의 질에 관련된 기본적이고 보편적인 욕구를 충족시키기 위한 방법과 제도를 발전시키는 데 초점을 두고 있다.

셋째, 사회복지학은 다학문적 성격을 지니고 있다. 사회복지학은 정치적, 경제학, 사회학, 심리학 등 인접 사회과학의 다양한 학문적 성과를 활용한 이론과 실천의 체계를 발전시키고 있다.

넷째, 사회복지학은 인간의 욕구충족을 위한 실천활동을 강조하고 사회문제 해결을 지향한다. 사회복지학은 응용사회과학 또는 실천사회과학으로서 사회문제의 해결을 위한 방법을 창출해 내고 이를 실제 사회현상에 적용하는 실천지향적인 학문이다.

이와 같은 특성을 지닌 사회복지학은 개인 수준의 미시적 차원뿐만 아니라 국가 제도적 수준의 거시적 차원에서 전개되고 있는 도움활동 및 욕구충족을 위한 실천활동 등을 과학적으로 연구하는 학문이다. 특히 사회복지학은 인간 존엄성의 실현, 사회적 권리 및 사회정의의 신장 등을 위해 노력하는 가치지향적인 학문이며, 사회문제를 해결하기 위한 구체적 서비스와 개입을 강조하는 실천학문이라 할 수 있다.

학문적 성격으로서의 사회복지에는 체계적 이론, 사회학, 심리학, 정신의학 등 사회복지학과 인접 학문, 응용학문 등이 있는데, 그 내용은 다음과 같다(조학래 외, 2013; 노정자 · 박연옥 외, 2014; 염동문 · 김교정 외 3명, 2014; 이영실 외, 2014).

1) 체계적 이론

사회복지학은 인간의 욕구를 충족시키기 위해 과학적인 지식과 기술을 사용하며 체계적인 이론을 바탕으로 하기 때문에 자선이나 박애 등과는 다르다. 또한 사회복지학은 인접 사회과학의 이론과 지식을 바탕으로 출발했지만 독자적인 이론적 체계와 지식을 축적하고 있다.

2) 사회복지학과 인접 학문

(1) 사회학

사회학은 사회문제의 원인과 결과를 과학적인 방법을 통해 규명하는 데 초점을 두는 반면, 사회복지학은 사회문제나 개인의 문제를 해결하는 구체적인 방법을 개발하여 적용하는 데 초점을 둔다.

(2) 심리학

심리학은 개인에게 영향을 미칠 수 있는 다양한 요인들을 밝히는 데 주력하여 심리치료 서비스를 주로 제공한다면, 사회복지학은 클라이언트의 심리정서적 문제를 해결하기 위한 상담서비스 외에 사회적, 경제적 서비스를 제공한다는 점에서 차이가 난다.

(3) 정신의학

정신의학은 정신질환의 진단, 치료, 예방을 연구하고 개인의 질병 치료를 강조하지만, 사회복지학은 개인과 가족, 사회의 기능을 향상시키는 것을 강조한다.

(4) 정치학

정치학은 정부와 정치제도의 과정, 원칙, 구조를 연구하며 사회복지정책을 제시한다는 측면에서 사회복지실천과 연관성을 갖는다. 또한 복지정책이 대한 정부의 역할, 향정조직, 전달체계 등의 개선 및 발전에 필요한 지식을 제공하는 데 기여한다.

(5) 경제학

경제학은 상품의 생산, 분배, 소비를 연구하며 생활수준의 측정과 결정, 조세와 사회복지서비스 및 정책과의 관계, 임금과 시장체계, 노동문제 등에 관해 필요한 지식과 이론적 기반을 제공한다는 측면에서 사회복지와 관련을 갖는다.

(6) 문화인류학

고고학적, 민족지학적, 언어학적, 사회적, 심리학적 자료를 기반으로 하여 인간문화를 연구하고 분석방법을 연구한다.

3) 응용학문

사회복지학은 각 클라이언트의 상황에 따라서 응용학문을 적용하므로, 사회학, 심리학, 정신의학 등 언급된 학문 외에도 다른 학문들과 밀접한 관계를 맺고 있다. 어떤 학문의 어떤 이론이라도 클라이언트의 사회적 기능을 향상시키는 사회복지실천의 목적에 직접 적용될 수 있다면 사회복지의 지식기반으로 적용될 수 있다.

Chapter 02

사회복지의 동기

1. 상호부조적 동기
2. 종교적 동기
3. 정치적 동기
4. 경제적 동기
5. 이데올로기적 동기
6. 전문직업적 동기

Chapter 02

social welfare

사회복지의 동기

사회복지는 역사적으로 볼 때 그 태동에서부터 현대에 이르기까지 인간의 욕구충족과 직면한 문제들을 해결하기 위한 사회활동이며 제도이다. 이런 의미에서 볼 때, 사회복지제도 시행에서 그 기저에 자리한 동기들은 반드시 중요하게 다루어질 필요가 있다. 일반적으로 사회복지제도 시행의 동기로 제시되는 것으로는 상호부조의 동기, 종교적 동기, 정치적 동기, 경제적 동기, 이데올로기적 동기, 전문직업적 동기, 인도주의적 동기, 공리주의적 동기, 반사회적 동기, 자발적 동기 등이 있다.

본 장에서는 이상의 동기들을 발달사적 단계를 중심으로 제시한 마카로프(Macarov, 1978: 43~150)의 다섯 가지 동기, 즉 상호부조적 동기, 종교적 동기, 정치적 동기, 경제적 동기, 이데올로기적 동기와 더불어 최근 들어 강조되고 있는 전문직업적 동기를 추가하여 살펴보고자 한다.

1 상호부조적 동기

역사적으로 사회복지 출발의 가장 보편적 동기로 상호부조 활동을 예로 들 수 있을 정도로 사회복지제도는 상호부조와 밀접한 관계를 갖고 있다. 인간은 사회적 동물 또는 사회적 존재로서 출생에서 사망에 이르기까지 타인과 사회적 관계를 맺고 살아가며, 같은 처지에 있거나 같은 문제에 직면한 사람들 간에 자연 발생적으로 서로 돕게 된다. 로마의 군단(cohort), 두레, 계, 향약, 길드(guild), 조합 등에서 행해졌던 상호부조는 오늘날에도 가족, 이웃, 동네를 포함하여 노동조합, 자조집단, 지역사회, 다양한 사회복지제도 속에 여전히 중요한 사회복지의 동기로서 작용하고 있다.

이처럼 상호부조적 동기는 인간 존재의 근본적인 본질이며 사회구성의 기반이 된다. 물론, 상호부조가 우선적으로 시행된 곳은 개인과 가정, 이웃, 동네, 동종의 직업군 등으로 범위가 한정되고, 제약되었지만 점차로 사회가 복잡해지고 현대화됨에 따라 그 영역과 범위, 공간이 확대되어 결국 사회복지제도로 정착된 것으로 볼 수 있다. 한편, 상호부조의 동기는 현대사회의 개인주의의 팽창, 가족연대감의 상실, 지역사회의 사회연대감 저하 등으로 인하여 전통적인 사회보다 그 동기가 약화되는 결과를 초래하고 있다.

2 종교적 동기

대부분의 종교는 타인에 대한 자선(사랑, 자비 등)을 강조하고 있다. 자선활동에 대한 종교계명은 개인적인 측면과 종교단체나 기관에 의해 대체되는 측면 양쪽을 동시에 언급하고 있다. 사회복지의 역사를 살펴볼 때, 사회복지의 출발은 종교단체와 종교인에 의한 자선활동에서 시작됨을 알 수 있다. 특히, 영국을 위시로 사회복지 역사를 주도한 국가들에서 기독교의 영향이 매우 컸다는 사실도 확인된다.

중세와 근세시대의 교회와 수도원의 사회복지실천 내용, 즉 교구를 단위로 한 자선활동과 빈민구제를 위한 헌금(헌물)의 사용 등은 오늘날의 국가 중심의 사회복지 행정체계와 재정 사용의 근본으로 인정되고 있으며, 특히 민간사회복지전문단체의 효시인 자선조직협회(COS)와 인보관운동의 구성과 활동, 실천방법, 수혜자의 자격요건, 교육 등의 내용은 현재의 사회복지 발전의 근간이 되고 있다.

그러나 종교적 의미의 자선활동은 이미 역사에서 드러났듯이 수혜자를 권면하기 위한 측면이 강조되고, 더 나아가 수혜자의 문제만을 부각시키는 부정적인 결과도 초래하였다. 특히, 최근 수혜자의 권리를 강조하는 사회복지 흐름에서는 이와 같은 부정적인 결과와 충돌하는 모습도 나타나고 있다. 그럼에도 불구하고 사회복지실천에 있어서 민간차원의 참여 강조, 자원봉사활동의 확대 등에서 종교적 동기는 아직까지도 매우 중요하게 언급되고 있다.

3 정치적 동기

중세와 근세시대를 거치면서 절대왕정과 사회의 기득권층이 자신들에게 유리한 기존의 사회질서를 유지하기 위해 온정적이고 시혜적인 측면에서 사회복지(1601년 구빈법, 1834년 신구빈법 등)를 시도하였다. 이는 명칭만 사회복지였고, 실제적으로는 피지배층, 사회적 약자(또는 불만자)의 기존 질서에 대한 복종과 지지를 이끌어내는 수단이었다. 이러한 시혜적이고 일시적인 수혜는 이후 종교적 요인에 의한 자선적 접근으로 대체되었다. 즉, 중세와 근세 초기의 장원제의 붕괴, 봉건영주의 몰락 등으로 인하여 사회적 약자를 위한 사회복지적 접근에 있어서 종교의 민간참여(교구중심, 구빈세 등)가 자연스럽게 이루어졌다. 그러나 산업혁명 이후 산업화 과정을 거치면서 대량의 임금노동자 출현과 노동조건의 악화, 근대민족국가의 등장은 정부(국가)가 사회복지에서 제1의 주체로 자연스럽게 등장하는 요인이 되었다.

불안한 사회구조의 질서를 확립하고, 지속적인 노동력 제공, 복지재원 제공자의 복지 주체의 일원화 요구 등이 복합적으로 작용하여 근대민족국가의 사회복지 조직화는 필연적이 된 것이다.

이러한 역사적 배경을 기초로 하여 사회복지의 정치적 동기는 정치권력의 획득, 사회불안의 예방, 정치적 과정 자체의 부산물이라는 세 가지 측면으로 정리할 수 있다.

첫째, 정치권력의 획득은 근대민족국가의 성립과 시민권(노동자의 권리 포함)의 확대에 따라 정치권력을 획득하고 유지하는 데 국민(노동자 포함)들의 의지가 중요하게 작용한 것에 따른 것이다. 산업화 과정 이후 급성장한 노동계층의 조직화와 세력화는 정부가 지배계층으로 하여금 이들을 효율적으로 관리하고 통솔할 필요가 있음을 인식하게 되는 계기가 되었다. 사회보험의 시작과 운영내용이 이를 반증한다. 즉, 노동력의 지속적 공급 및 극대화시키기 위한 산재보험, 실업보험이 사회복지제도 중 가장 먼저 제도화 과정(1883년 비스마르크의 사회보험 실시, 미국의 사회보장제도 구축 등)을 거쳤다.

둘째, 사회불안의 예방은 기존의 사회질서를 유지하고자 하는 의도를 담고 있다. 페스트로 인한 대량의 사망사건과 각종 전쟁으로 인한 노동력 감소 등으로 지역을 떠돌던 부랑인들과 빈민층을 효과적으로 통솔하여 기존의 사회적 질서에 반감을 갖지 않도록 하려는 구빈법, 정주법 등을 만들었던 것이 이를 드러내고 있다. 이와 같은 이유는 최근까지 대공황, 경제적 침체기에 적극적으로 제시되는 빈곤대책(공공부조대책 등)으로 이어지고 있다.

셋째, 정치적 과정 자체의 부산물은 이미 존재하는 다른 정책의 긍정적, 부정적 영향 등에 의해 사회복지제도가 실시되는 경우를 말한다. 예컨대, 우리나라 국민연금제도 실시에 따른 부정적인 영향을 감소시키기 위해 만든 노령연금 등을 들 수 있다. 즉, 공적노후소득보장제도인 국민연금의 경우 반드시 가입과 동시에 기여를 할 수 있는 여건이 구비되어야 하며, 일정기간 기여 유지를 해야 한다. 그러나 국민연금에 가입하지 않았거나 유지기간이 짧아서 공적으로 노후에 소득이 보장되지 않은 경우(복지사각지대)가 많이 발생하여 이를 보완하기 위하여 노령연금제도를 시행하게 된 것이다.

사회복지제도 시행에 있어서 정치적 동기는 이용 대상자가 많아질수록, 이용 대상자의 정치적 세력화와 조직화가 강할수록 더 확대된다. 따라서 현대사회에서 사회복지제도의 정치적 동기의 영향력은 지속적으로 확대될 것으로 보인다.

4 경제적 동기

사회복지에서 경제적 동기란 사회문제를 해결하기 위한 제도 시행에 있어서 비용효율성과 효과성을 검토하기에 반드시 나타난다고 볼 수 있다. 경제적 이유로 인한 사회문제를 포함하여 대부분의 사회문제는 경제와 불가분의 관계를 맺고 있다. 사회문제 중 가장 대표적인 빈곤문제의 경우 사회재화의 일차적 분배를 담당하고 있는 경제시장(economic market)의 실패로 발생하는 것이 대부분이다. 이러한 실패가 전체 사회에 초래하게 될 부정적인 결과를 최소화하기 위한 비용효과성과 효율성 검토를 수행하고 수행의 주체로 사회시장(social market)을 제시하고 있다.

사회시장은 공공재의 특성을 가지고 있으며, 외부효과가 크고 규모의 경제성으로 인하여 국가(정부)가 이를 관리하는 것이 바람직하다. 물론, 역사적으로 볼 때에도 1차 시장(경제시장)의 실패로 인한 경제대공황, 극심한 정체기 등에는 국가에 의한 사회복지제도(루스벨트 대통령의 루딜정책, 김대중 정부의 국민기초생활보장제도 등)가 시행되었다. 이러한 사회복지제도들은 사회문제를 해결하기 위한 비용 경감(사회적 기회비용)의 일환이기에 사회복지제도 시행에서 경제적 동기 또한 지속적으로 영향력이 커질 것으로 예측된다.

5 이데올로기적 동기

개인과 개인이 속한 집단에서 공통적으로 나타나는 신념이나 가치의 체계를 이데올로기(이념)이라고 한다. 앞에서 이미 기술한 사회복지의 대표적인 동기인 상호부조, 종교, 정치, 경제적 동기들에 있어서 합목적적이고 통일된 측면이 분명이 존재하지만, 그럼에도 불구하고 상호 충돌하는 측면도 있다. 이러한 경우 개인과 개인이 속한 집단에서 공유하는 이념이 무엇인가에 의해 충돌의 내용이나 현황이 전혀 다른 방향으로 전개되기도 한다.

개인과 그 개인이 속한 집단에서 공유되는 이념은 크게 두 가지 요인에 의해 구별된다. 즉, 인간의 본성(성선설, 성악설)과 사회구조(기능론적, 갈등론적)에 대한 기본적인 생각과 관점에 의해 개인 또는 집단의 이념이 결정된다는 것이다. 특히, 사회문제 해결에 있어서 개인의 이념은 사회복지실천 과정에서 자연스럽게 드러나게 되며, 집단공유의 이념은 그 사회의 사회복지제도나 가치, 원리, 방법 등으로 나타난다. 예를 들어, 빈곤의 원인이 개인적인 요인인지 아니면 사회구조의 측면인지, 장애로 인하여 파생된 문제들을 해결하기 위해 장애를 가진 개인을 장애상태에서 극복하게 해야 하는 것인지, 사회환경의 장애상태 초래요인을 개선하여야 하는지를 결정하는 과정에서 인간 본성과 사회구조에 대한 기본적인 생각과 관점은 지대한 영향을 미친다.

개인의 사적 이익보다는 공동체의 공동 선(善)을 우선 추구하는 공동체 의식, 어떤 보상이나 반대급부를 기대하지 않고 순수하게 타인을 이롭게 하는 이타주의(altruism), 동등한 사회구성원으로 서로에게 동일한 입장에서 도움을 주고받는 것을 강조하는 인도주의(humanism) 이념들과 의도적 개입을 방지하고 순수하게 개인의 속성에 의한 자선행위 실행 강조, 경쟁을 통한 성장, 효율성 추구의 원시자본주의 및 관료제주의 이념들과는 서로 다른 제도 구축과 정책결정, 실천 과정과 방법 선택이 이루어진다. 예를 들어, 장애로 인하여 파생된 문제들을 해결하는 주요 실천방법으로 장애 개인에게 모든 초점을 맞춘 정책과 제도에서는 장애 개인의 잔존기능을 극대화시키는 실천 과정과 방법을 선택할 것이며, 이와 반대로 사회구조에 의한 장애상태 초래에 초점을 맞춘 정책과 제도의 경우 사회환경에 대한 개조, 개선의 방법을 선택하게 될 것이다.

6 전문직업적 동기

사회복지 동기들 중 상호부조, 종교적 자선, 인도주의적 이념 등의 동기의 영향이 매우 강하게 나타나는 것은 분명한 사실이다. 그러나 문제해결을 위해 지원이 필요한 대상에게는 문제해결 능력을 높이고, 문제를 예방하도록 의도적인 목적을 세우고 변화시키는 과정에서 전문가적 지식과 윤리, 가치, 실천기술과 기법이 요구된다. 사회복지사는 확고한 철학과 전문적 기술 및 지식을 가지고 사회복지서비스를 충실히 수행하고 있으며, 더 나아가 이러한 전문직업으로서의 동기는 사회복지실천에 헌신하는 주요 요인이 된다.

기존의 인도주의적 이념 등에 의한 동기에 더하여 전문직업적 동기에 대한 강조는 향후 사회복지실천과 제도 구축에 있어서 사회복지의 목표점이 되어야 한다. 사회복지사 스스로가 사회복지의 전문직업적 속성을 극대화해야 한다. 사회가 사회복지사의 전문직업적 역할을 지켜주지 않기 때문이기도 하지만, 사회복지사가 사회복지사로써 그 역할을 훌륭하게 소화해 내기 위하여 스스로가 자존감을 향상시켜야 하기 때문에 전문직업적 동기는 강조되어야 한다.

Chapter

03

사회복지 윤리, 가치와 이념

1. 가치와 윤리의 개념
2. 가치와 윤리의 중요성
3. 사회복지사 윤리강령
4. 가치와 윤리의 필요성
5. 사회복지실천의 윤리적 딜레마

03 Chapter

social welfare

사회복지 윤리, 가치와 이념

1 가치와 윤리의 개념

가치에 대한 정의는 폭넓게 정의되고 있으며, 특정 집단, 개인 또는 문화에 따라 다르게 정의될 수 있다. 사회복지실천의 가치는 사회복지사가 클라이언트를 돕는 과정에서 경험하는 여러 가지 작은 결정에 밀접하게 관련된다고 할 수 있다.

사회복지사는 기본적으로 억압되고 박탈된 소외계층의 복지를 향상시키기 위한 사회적 가치를 실현시키는 전문직이다. 사회복지의 가치가 사회적 차원이나 개인적 차원 중 어느 한쪽으로만 강조되는 것은 바람직하다고 볼 수 없다. 따라서 사회복지사들의 전문직 가치에 대한 명확한 인식과 함께 사회적 차원과 개인적 차원의 균형잡힌 사회복지 가치에 대한 적용이 필요하다.

윤리란 어떠한 행동이 도덕적으로 바르며, 옳은 판단과 행동은 어떠해야 하는지를 다루는 개념으로 사람이 사회적 관계에 있어서 마땅히 행하거나 지켜야 할 도리라고 정의하고 있다. 윤리는 개인의 행동을 인도하는 일련의 가치들을 기반으로 생성된 구체적인 원칙들이다. 따라서 윤리는 사회복지사가 자신의 사회복지실천에서 지켜야 할 도덕적 규칙이다.

사회복지현장에는 시대적인 흐름의 변화와 의료기술의 발달로 인한 인간생명의 연장 문제, 안락사 문제, 인공수정으로 인한 대리모 문제, 장기이식 문제, 낙태와 성윤리 문제 등 과거의 단순한 복지의 개념에서 벗어나 폭넓고 복잡하며 다양한 사회문제들이 사회복지사의 영역으로 편입되었다. 이러한 범위의 확장으로 그 직업적 영역에서 다양한 윤리적 딜레마에 빠질 수밖에 없고, 이 문제를 해결할 수 있는 구체적이고 뚜렷한 원칙과 철학을 요구하게 되었다. 이로 인해 사회복지실천가와 학자들에게는 가치와 윤리에 관련된 여러 가지 문제에 직면하여 어떤 태도와 입장을 취해야만 최선의 도덕적 판단을 내릴 수 있는가가 현실문제로 대두되기 시작했다.

1) 사회복지의 기본 가치

가치는 다수의 사회구성원들이 좋거나 바람직하다고 여기는 것에 대한 지침이며 개인의 주관적인 선호도를 나타내는 행동의 선택 기준이 된다. 일반적으로 가치는 문화, 인간집단, 개인이 바람직한 것으로 생각하는 관습, 신념, 행동기준 및 원칙이다.

사회복지에서 가치 개념은 매우 중요한 의미를 갖는다. 왜냐하면 사회복지의 실천이 가치를 기반으로 계획되고 실천되기 때문이다. 그러나 가치는 시대와 장소, 주장하는 사람들에 따라 다양하게 변화하고 있다.

(1) 개인존중의 원리

모든 사람은 인간으로서의 가치, 품위, 존엄성을 가지고 있다(개별성의 원리). 그 지위, 권력, 명예 등과 상관없이, 즉 개인이 인종, 종교, 연령, 성별, 신분 등과 관계없이 한 인간으로서 존엄한 가치를 지닌 존재로 존중받아야 된다는 것을 의미한다.

(2) 자기결정존중의 원리

개인은 무엇을 요구하며 그것을 어떻게 충족할 것인가를 자기 스스로 결정할 권리를 가진다(자기결정의 원리). 각각의 자기능력과 판단에 따라 자신의 태도와 행동을 결정할 권리가 있다. 그들의 생활은 그들 자신의 의견을 존중하고 스스로 의사결정을 하도록 기회를 제공해 주어야 한다.

(3) 기회균등의 원리

사회는 모든 인간에 대해 조건과 계층에 관계없이 균등하게 차별 없이 기회를 제공해야 한다. 이것은 각 개인은 자신의 소질과 능력을 자유롭게 계발할 평등한 권리와 기회를 가질 뿐 아니라 동일한 업적에 대해서는 동일한 보상이 주어진다는 입장이다. 또한 모든 사회적 제도에 대한 접근을 모든 사람에게 균등하게 열어 놓는다는 것이다. 즉, 인간사회에서는 물질, 교육, 지위, 신앙, 인종, 직업, 거주지 및 기타 기준에서 많은 사람들이 여러 계층으로 분류되기도 하는데, 사회복지 측면에서는 이들에게 아무 차별 없이 동일한 기회가 주어져야 할 도덕적 · 직업적 원칙이 있다(전재일 외, 2003).

(4) 사회연대의 원리

사람은 자기 자신, 가족, 사회에 대한 책임을 진다(상부상조의 원리). 현대사회의 문제에 대해 연대적인 책임, 공동의 과제로 임해야 한다는 원리이다.

2) 가치의 내용

가치는 많은 사람들이 공감하는 가치로서 평등, 자유, 연대, 정의, 이타주의 등으로 정리할 수 있다.

(1) 평등(equality)

사회복지의 가치에서 가장 중요한 것 중의 하나는 평등이다. 평등은 사회적 자원의 재분배를 통해 사회구성원의 삶의 질을 차별 없이 향상시키고자 하는 것이다. 평등의 개념은 수량적 평등, 비례적 평등, 기회의 평등이 있다.

① **수량적 평등**: 개인의 욕구나 능력의 차이에 관계없이 사회적 자원을 분배하는 개념이다.

② **비례적 평등**: 개인의 욕구나 능력 또는 기여 정도에 따라서 사회적 자원을 다르게 분배하는 개념이다.

③ **기회의 평등**: 과정상의 기회를 똑같이 제공하는 개념이다.

(2) 자유(freedom)

자유의 개념에는 소극적 자유와 적극적 자유가 있다.

① **소극적 자유**: 다른 사람에 의한 강제가 없는 상태(freedom from)로서 사람들 간의 상호작용 관계에서 자신의 의지대로 행할 수 있는 상태를 의미한다.

② **적극적 자유**: 자기가 원하는 모든 것을 행할 수 있는 상태를 말한다.

이러한 자유의 내용은 이념적 입장의 차이에 따라 다르게 반영되고 있다. 그래서 사회복지실천에서 많은 논란을 일으키기도 한다.

(3) 정의(justice)

정의의 개념은 ① 법률에서 정한 합법적인 절차를 강조하는 절차상의 정의, ② 분배적 정의를 결과로서 강조하는 실질적 정의, ③ 불의한 현상을 예방하고 치료하는 사회적 과정을 강조하는 능동적 과정으로서 정의로 사용되고 있다.

사회복지에서는 특히 분배적 정의를 강조하며 사회적으로 취약한 계층이나 불우한 위치에 있는 사람에게 보다 나은 처우와 권한 및 자원의 배분이 이루어지도록 노력한다.

(4) 연대 또는 사회통합

일정한 사회단위 내의 구성원이 사회에 대해 갖는 연대감을 의미한다. 사회복지는 구성원 상호 간의 도움을 주고받는 행위를 통해 사회적 자원을 재분배할 뿐 아니라 이러한 행위를 통해 구성원 상호 간의 감정적 통합을 가져오게 된다. 전통적 사회에서는 가족이나 지역공동체에 의해 자원의 재분배가 이루어지고 사회통합이 달성될 수 있었다. 그러나 시대가 빠르게 변화하면서 가족과 지역공동체의 기능이 약화되어 사회통합을 위한 새로운 사회적 장치가 필요하게 되었다.

3) 가치의 유형

(1) 가치의 수준에 따른 분류

가치는 수준 또는 중요도에 따라 일반적으로 다음과 같이 세 가지 유형으로 분류된다(Johnson & Yanca, 2004).

① 궁극적 가치

자유, 평등, 인간의 존엄, 진보, 정의 등 가장 추상적이고 대다수의 사람이 가장 쉽게 동의하는 가치이다.

② 유사 가치

보다 바람직한 특정의 목적 상태를 의미하며, 사람의 생각에 따라 찬반이 나뉘어 불일치되는 경향이 있다. 낙태에 대한 권리, 아동 훈육에 대한 권리 등이 속한다.

③ 도구적 가치

보다 바람직한 수단에 대한 것으로 일종의 행동양식이다. 자기결정권과 비밀보장 등이 있으며, 개인의 권리와 존엄을 조작화한 수단적 가치이다.

(2) 가치의 주체에 따른 분류

가치는 누가 갖느냐에 따라 구분되는데, 가치의 주체는 크게 개인적 가치, 집단가치, 사회적 가치, 전문적 가치 등으로 나뉜다(Dolgoff, 2005).

① 개인적 가치

개인적 가치는 개인이 갖고 있는 가치들이며, 사람들이 반드시 공통적으로 갖는 것은 아니다. 따라서 개인의 문화적 경험과 배경은 그 사람의 윤리적 의사결정의 방향에 영향을 미친다. 이에 사회복지사는 자신의 가치를 신중하게 들여다보고 이를 구체적이고 분명하게 정의할 수 있어야 한다.

② 집단가치

사회의 집단이 갖고 있는 가치로 종교집단의 가치 또는 소수민족집단의 가치, 지역사회의 가치가 이에 해당된다.

③ 사회적 가치

전체 사회체계의 다수 또는 사회의 지도자가 인정하는 가치들이다. 일반적으로 전문적인 윤리의 지침을 제공해 주어 전문가의 사회적 규범에 모순되는 결정이 정당화될 수 있다.

사회적 가치는 오랜 세월 속에서 변하거나 사라지기도 한다. 과거에는 받아들이지 않던 가치를 받아들이거나, 새로운 가치에 대한 다양한 집단들이 있을 경우 대립될 수 있다.

④ 전문적 가치

사회복지사와 같이 전문가집단이 선언한 고유한 가치들이다. 사회복지전문직의 가치는 사회적 가치에서 나온다. 그러나 강조점, 해석, 우선순위에서 사회적 가치와 차이가 있다. 사회복지 가치체계는 본질적으로 개인과 집단의 목적을 성취하도록 돕는 민주적인 윤리가 반영되어 있다. 그러나 집단 및 지역사회의 권리와 개인의 권리 사이에서 정확한 균형을 유지하는 것이 쉽지는 않다.

4) 사회복지실천의 가치

리머(Reamer)는 사회복지실천에서 가치의 중요성을 다음 네 가지 측면에서 설명하고 있다.

첫째, 가치는 사회복지실천의 본질적 목적과 사명에 영향을 미친다. 사회복지 가치는 사회복지사에게 신념을 제공한다.

둘째, 사회복지사가 중시하는 가치는 그가 클라이언트나 동료들, 다른 사회성원들과 맺는 관계에 영향을 미친다.

셋째, 사회복지사의 가치는 그들이 사용할 개입방법과 개입수준의 결정에도 영향을 미친다.

넷째, 가치는 전문직의 의무들이 서로 갈등을 일으킬 때, 즉 윤리적 딜레마를 해결하기 위한 기준이 된다. 이런 딜레마에 직면했을 때, 사회복지사들은 궁극적으로 사회복지실천 가치의 본질에 대한 믿음에 근거하여 상충된 가치들 중 어느 것을 우선할 것인지를 결정하게 된다.

사회복지전문직은 윤리적이며 가치지향적인 전문직으로 사회복지실천에서 가치와 윤리는 중심을 차지하고 있다(Reamer, 1995). 즉, 가치는 인간이 적절한 행동을 선택하는 데 지침 또는 기준으로 작용하기 때문에 질적인 판단인 동시에 사회복지전문가들이 지향해야 할 목적이나 목표를 제시해 준다. 사회복지실천에서 사회복지 지식과 기술을 적용하기 위해서는 실천의 핵심이 되는 가치를 우선적으로 살펴보아야 한다.

(1) 레비(Levy)의 사회복지전문직의 가치범위

레비는 사회복지전문직이 중시하는 가치들을 사람 우선의 가치(사회복지사의 인간에 대한 생각), 결과 우선의 가치(사회복지실천의 결과에 대한 생각), 수단 우선의 가치(인간을 다루는 방법에 대한 생각)에 따라 구분하였다.

① 사람 우선의 가치

사람 우선의 가치는 전문직 수행의 대상인 인간 자체에 대해 전문직이 갖추고 있어야 할 기본적 가치관이며 기본 철학과 같은 것이다. 개인의 가치와 존경, 존엄에 대한 믿음, 개인의 건설적인 변화에 대한 능력과 욕구, 상호책임성, 소속의 욕구, 공통적인 인간의 욕구, 자기결정권, 사회 변화에 동참하도록 격려되어야 한다는 믿음, 독특한 한 개인으로서 인정되어야 한다는 믿음이 포함된다.

② 결과 우선의 가치

결과 우선의 가치는 사람에 대해 서비스를 제공했을 때 나타나는 결과에 대한 가치관이다.

사회가 개인의 발전을 위해 사회참여에 대한 기회를 동등하게 제공해야 한다는 사회적 책임에 대한 가치이다. 즉, 개인이 욕구를 충족시키고 자원과 서비스 그리고 사회 형성에 참여할 평등한 기회를 제공할 의무가 있다는 믿음이 포함된다.

③ 수단 우선의 가치

서비스를 수행하는 방법 및 수단과 도구에 대한 가치이다. 인간의 자율성으로 요약될 수 있는 수단 우선의 가치는 사회복지실천 과정에서 매우 중요하게 실천되어야 할 가치체계이다.

(2) 모랄레스(Morales)와 쉐퍼(Sheafor)의 사회복지전문직의 가치범위

모랄레스와 쉐퍼는 사회복지전문직의 세 가지 가치범주를 더 명료화하였다.

① 인간에 대해 선호하는 생각(사람 우선의 가치)

- 사회복지사는 인간의 타고난 가치와 존엄을 믿는다.
- 모든 인간은 변화를 향한 동기와 능력을 선천적으로 갖고 있다.
- 모든 인간은 사회 및 인류의 자산에 대한 책임감을 가진다.
- 인간은 소속의 욕구가 있다.
- 모든 인간은 공통된 욕구를 갖지만 각 개인은 독특한 존재이다.

② 인간에 대한 선호하는 결과(결과 우선의 가치)

- 서비스의 결과로 각 개인은 잠재력을 실현할 수 있도록 성장과 개발을 위한 기회를 제공받아야 한다.
- 사회는 인간이 그들의 욕구를 충족하는 데 필요한 자원과 서비스를 제공해야 하며, 기아 문제, 부적절한 교육, 치료받지 못하는 질병, 부적절한 주거상태 등의 문제를 해결하는 데 필요한 자원과 서비스를 제공해야 한다.

③ 인간을 다루는 데 선호하는 수단(수단 우선의 가치)

서비스의 수행 수단이나 방법에서 인간의 존경과 존엄성이 지켜질 수 있어야 한다는 것이다. 그리고 서비스의 수단과 도구가 인간이 자신의 삶의 방향을 결정할 수 있도록 최대한의 기회를 갖도록 하고, 인간은 독특한 성격과 삶의 경험을 가진 독특한 존재로 다뤄져야 한다.

(3) 펌프리(Pumphrey)의 사회복지전문직의 가치범주

펌프리는 사회복지사가 맺는 관계의 방식에 따라 사회복지실천의 가치를 세 가지 범주로 분류하였다.

① **전문직의 가치를 전체 사회성원들에게 관련시키는 데 초점**: 전문직의 사명이 사회정의나 사회 변화, 일반적인 인간 욕구의 충족 등과 전체 사회의 가치들이 얼마나 양립할 수 있는가에 관심을 기울였다.

② **전문직 성원들 간의 내부적 관계에 초점**: 전문직 종사자들이 가치를 해석하고 실행하는 방식이라든지 윤리적 행위를 장려하는 방식에 주의를 기울였다.

③ **특정 집단이나 서비스를 받는 개인과의 관계에 초점**: 사회복지실천 핵심 가치에 준해서 클라이언트의 욕구에 반응하고 이해하는 것, 개인의 가치와 존엄성의 존중, 개인의 변화가능성과 자기결정권의 인정, 클라이언트 임파워먼트의 증진 등과 같은 사회복지사와 클라이언트의 관계에서 중요한 가치들을 말한다.

(4) 고든(Gordon)의 사회복지전문직의 가치범주

고든은 사회복지실천을 인도하는 핵심가치를 다음의 여섯 가지로 나누어 설명하였다.

첫째, 개인은 사회의 일차적 관심대상이다.

둘째, 사회 속의 개인들은 상호의존적이다.

셋째, 개인들은 서로에게 사회적 책임을 갖는다.

넷째, 모든 사람에게 공통적인 인간적 욕구가 있는 반면, 각각의 사람은 본질적으로 독특하고 남들과 다른 존재이다.

다섯째, 민주사회의 본질적인 속성은 각 개인이 가능성을 최대한 실현하고 적극적인 사회참여를 통하여 자신의 사회적 책임을 수행하는 것이다.

여섯째, 사회는 이러한 개인의 자아실현에 방해가 되는 것들을 극복하고 예방할 수 있는 방법을 제공할 책임이 있다.

(5) 미국사회복지사협회(NASW)의 사회복지전문직의 가치범주

첫째, 사회에서 개인이 갖는 이차적 중요성에 헌신한다.

둘째, 클라이언트와의 관계에서 비밀보장 원칙을 존중한다.

셋째, 사회적으로 인식된 욕구를 충족시키기 위한 사회 변화에 헌신한다.

넷째, 개인적인 감정과 욕구를 직업적 관계로부터 분리시키고자 하는 의지가 있어야 한다.

다섯째, 지식과 기술을 타인에게 전달하고자 하는 의지가 있어야 한다.

여섯째, 개인이나 집단 간의 차이에 대한 존중과 이해를 한다.

일곱째, 클라이언트가 스스로를 돌볼 수 있는 능력을 개발하기 위해 헌신한다.

여덟째, 실패에도 불구하고 클라이언트를 위해서 끝까지 노력하려는 의지가 있어야 한다.

아홉째, 모든 사회성원들의 경제적, 신체적, 정신적 복리와 사회정의에 헌신한다.

열 번째, 개인적·직업적 행위에 있어 높은 기준을 지키려고 노력한다.

2 가치와 윤리의 중요성

사회복지를 실천하는 것은 사회복지사 자신의 개인적인 목적에 따라서 클라이언트에게 원조하는 것이 아니라 사회복지의 궁극적인 목적과 가치에 따라서 전문적이고 과학적인 원조를 제공하여야 한다. 그러므로 사회복지사가 전문가로서 정체성을 유지하기 위해서는 사회복지의 기본적인 가치와 실천방법을 공유할 필요성이 있다.

사회복지실천 가치와 윤리는 시대, 사회, 문화의 가치관과 윤리관으로부터 비롯된다. 어떤 것을 결정하는 것은 그 결정에 참여한 사람들의 가치가 반영되므로 그 사람의 철학이나 도덕적인 부분이 많은 영향을 받게 된다. 그것은 사람의 의식은 가치관에 근거하고 가치관의 핵심은 윤리의식이기 때문이다. 그 중에 윤리는 사회복지사가 지켜야 할 도덕적 규칙으로 사회복지 가치기준에 맞는 실천을 하였는가에 대한 판단기준을 제시한다. 즉 사회복지사들의 실천현장에서 실천행동의 준거가 된다.

사회복지를 실천할 때 사회복지사는 사회복지의 기본적인 가치체계에 입각해 실천 과정을 진행하게 된다. 사회복지학은 인간의 존엄성을 기본 가치로 삼고 개인, 가족, 집단, 지역사회 등의 욕구와 문제를 충족시켜 주며 해결하려는 실천학문으로서 사회과학의 다른 학문 분야들에 비해 가치의 문제와 밀접하게 연관되어 있다. 사회복지실천 과정에서 다양한 윤리적 쟁점과 마주치게 되고, 그때마다 전문가로서 윤리적인 의사결정을 내려야 할 책임이 있다. 그러므로 사회복지사는 자신의 윤리적 행위, 실천의 질, 지식과 기술을 끊임없이 발전시키도록 노력해야 한다.

우리나라의 사회복지사가 준수해야 할 윤리 기준은 다음과 같다.

① 사회복지사의 기본적 윤리 기준인 전문가로서의 자세, 전문성 개발을 위한 노력, 경제적 이득에 대한 태도

② 사회복지사와 클라이언트에 대한 윤리 기준인 클라이언트의 관계, 동료의 클라이언트의 관계

③ 사회복지사의 동료에 대한 윤리 기준인 동료, 슈퍼바이저

④ 사회복지사의 사회에 대한 윤리 기준

⑤ 사회복지사의 기관에 대한 윤리 기준

⑥ 사회복지윤리위원회의 구성과 운영

3 사회복지사 윤리강령

1) 미국사회복지협회 윤리위원회

미국사회복지협회 윤리강령개정위원회는 사회복지실천의 가치에 대해 여섯 가지 핵심 가치와 이를 지지하는 윤리적 원칙, 개입 유형으로 나누었다(NASW, 1996).

첫째, '서비스'의 가치이다.

- 윤리적 원칙: 사회복지사의 일차적인 목적은 도움이 필요한 사람을 돕고, 사회문제 해결에 역점을 두는 것이다.
- 개입 스타일: 전문적 기술의 일부분을 서비스(무료봉사)할 의무, 혹은 전체 사회에 환원할 의무가 있다.

즉, 사회복지사는 자신보다는 다른 사람들의 이익을 위해 서비스를 제공하며, 사람들을 돕고 사회문제를 해결하는 데 지식과 가치, 기술을 사용하고, 물질적 보상 없이 전문적 기술을 자발적으로 할애하는 것 등이 서비스의 가치라고 본다.

둘째, '사회정의'의 가치이다.

- 윤리적 원칙: 사회복지사들은 사회의 불의에 도전해야 한다.
- 개입 스타일: 빈곤, 실업, 차별, 기타 사회의 부정 등에 대한 노력에 초점을 둔다.

즉, 사회복지사는 취약하고 억압받는 사람들과 집단을 위하여 그들과 함께 사회적 변화를 추구한다. 따라서 사회복지사의 사회 변화 노력은 빈곤, 실업, 차별, 기타 사회 부정의 문제에 우선적으로 초점을 두며, 이러한 활동들은 억압 및 문화적인 인종차별에 민감하게 반응한다. 따라서 사회복지사는 필요한 정보와 서비스 그리고 자원에 접근하기 위해 노력하고 모든 사람들을 위해 의미 있는 의사결정에 참여하려고 노력해야 한다.

셋째, '개인의 존엄과 가치'이다.

• 윤리적 원칙: 사회복지사들은 개인의 존엄과 가치를 존중한다.

• 개입 스타일: 사람을 돌보는 데 있어 존경하는 태도, 개인차와 문화적 다양성을 잊지 않는 태도로 사람을 대한다.

즉, 사회복지사는 개인적 차이와 문화적, 인종적 차이를 고려하는 보호와 존중의 원칙을 기반으로 각 개인을 대해야 하며 클라이언트의 자아결정을 증진시킨다. 사회복지사는 클라이언트의 욕구를 변화시키고 해결하는 기회와 능력을 향상시키기 위해 노력해야 하며, 사회적인 책임감을 가지고 사회복지의 가치와 윤리적 원칙, 그리고 전문직의 윤리적 기준에 있어 클라이언트의 이익과 사회의 이익 사이에 존재하는 갈등을 해결해야 한다.

넷째, '인간관계의 중요성'의 가치이다.

• 윤리적 원칙: 사회복지사들은 중추적인 인간관계의 중요성을 인정한다.

• 개입 스타일: 인간관계가 변화를 위한 중요한 수단이라는 것을 알아야 한다.

즉, 사회복지사는 사람과 사람 사이의 관계가 변화를 일으키는 중요한 매개체라는 것을 이해하며 원조 과정에서 동반자로서 관여한다. 사회복지사는 개인과 가족, 사회집단, 조직, 지역사회의 복지를 증진, 개혁, 유지, 향상시키기 위한 목적 있는 노력을 기울여 대인관계를 강화해야 한다.

다섯째, '성실'의 가치이다.

• 윤리적 원칙: 사회복지사들은 진심어린 태도로 행동해야 한다.

• 개입 스타일: 윤리강령에 일치된 태도로 실천해야 한다.

즉, 사회복지사는 끊임없이 전문직의 사명, 가치, 윤리 원칙, 윤리 기준을 인식하고 그것들에 일치하는 태도로 실천해야 하며, 정직하고 책임감 있게 행동하고 그들이 속한 기관에서 윤리적 실천을 증진해야 한다.

여섯째, '능력'의 가치이다.

• 윤리적 원칙: 사회복지사들은 유능하게 실천하고, 전문적 기술을 발전시키고 향상시킨다.

• 개입 스타일: 전문적 지식과 기술을 실천에 적용한다.

즉, 사회복지사는 끊임없이 전문지식과 기술을 증진시키고 그것을 적용하려고 노력하며, 전문직의 기본 지식에 기여하려고 노력해야 한다.

2) 한국의 윤리강령

한국의 사회복지사 윤리강령은 1980년 최초로 공식 제정되었고 이후 2001년 12월 6개의 영역으로 구성된 전문직의 윤리지침으로서 강화된 윤리강령이 만들어졌다. 사회복지사 윤리강령 전문은 '인본주의와 평등주의' 철학을 근거로 하여, 사회복지사의 윤리 기준을 기본적 윤리 기준(전문성), 클라이언트와의 관계, 동료와의 관계, 사회와의 관계, 기관과의 관계, 윤리위원회의 구성과 운영으로 구분되어 있다. 즉, 인간의 존엄성, 정의, 공평 등의 가치를 추구하면서 균등하고 차별 없는 서비스를 받을 클라이언트의 권리와 사회복지사 개인의 이익을 배제하고 전문적 지식과 기술 개발을 위해 계속해서 노력할 것과 팀워크, 전문인으로서의 책임성 등을 강조하고 있다.

전 문

사회복지사는 인본주의 · 평등주의 사상에 기초하여, 모든 인간의 존엄성과 가치를 존중하고 천부의 자유권과 생존권의 보장활동에 헌신한다. 특히 사회적 · 경제적 약자들의 편에 서서 사회정의와 평등 · 자유와 민주주의 가치를 실현하는 데 앞장선다. 또한 도움을 필요로 하는 사람들의 사회적 지위와 기능을 향상시키기 위해 저들과 함께 일하며, 사회제도 개선과 관련된 제반 활동에 주도적으로 참여한다.

사회복지사는 개인의 주체성과 자기결정권을 보장하는 데 최선을 다하고, 어떠한 여건에서도 개인이 부당하게 희생되는 일이 없도록 한다. 이러한 사명을 실천하기 위하여 전문적 지식과 기술을 개발하고, 사회적 가치를 실현하는 전문가로서의 능력과 품위를 유지하기 위해 노력한다.

이에 우리는 클라이언트 · 동료 · 기관 그리고, 지역사회 및 전체 사회와 관련된 사회복지사의 행위와 활동을 판단 · 평가하며 인도하는 윤리 기준을 다음과 같이 선언하고 이를 준수할 것을 다짐한다.

윤리 기준

Ⅰ. 사회복지사의 기본적 윤리 기준

1. 전문가로서의 자세

1) 사회복지사는 전문가로서의 품위와 자질을 유지하고, 자신이 맡고 있는 업무에 대해 책임을 진다.
2) 사회복지사는 클라이언트의 종교 · 인종 · 성 · 연령 · 국적 · 결혼상태 · 성 취향 · 경제적 지위 · 정치적 신념 · 정신, 신체적 장애 · 기타 개인적 선호, 특징, 조건, 지위를 이유로 차별대우를 하지 않는다.
3) 사회복지사는 전문가로서 성실하고 공정하게 업무를 수행하며, 이 과정에서 어떠한 부당한 압력에도 타협하지 않는다.
4) 사회복지사는 사회정의 실현과 클라이언트의 복지 증진에 헌신하며, 이를 위한 환경 조성을 국가와 사회에 요구해야 한다.
5) 사회복지사는 전문적 가치와 판단에 따라 업무를 수행함에 있어, 기관 내외로부터 부당한 간섭이나 압력을 받지 않는다.
6) 사회복지사는 자신의 이익을 위해 사회복지전문직의 가치와 권위를 훼손해서는 안 된다.
7) 사회복지사는 한국사회복지사협회 등 전문가단체 활동에 적극 참여하여, 사회정의 실현과 사회복지사의 권익 옹호를 위해 노력해야 한다.

2. 전문성 개발을 위한 노력

1) 사회복지사는 클라이언트에게 최상의 서비스를 제공하기 위해, 지식과 기술을 개발하는 데 최선을 다하며 이를 활용하고 전파할 책임이 있다.

2) 클라이언트를 대상으로 연구하는 사회복지사는 저들의 권리를 보장하기 위해, 자발적이고 고지된 동의를 얻어야 한다.
3) 연구 과정에서 얻은 정보는 비밀보장의 원칙에서 다루어져야 하고, 이 과정에서 클라이언트는 신체적, 정신적 불편이나 위험 · 위해 등으로부터 보호되어야 한다.
4) 사회복지사는 전문성을 개발하기 위해 노력하되, 이를 이유로 서비스의 제공을 소홀히 해서는 안 된다.
5) 사회복지사는 한국사회복지사협회 등이 실시하는 제반교육에 적극 참여하여야 한다.

3. 경제적 이득에 대한 태도
1) 사회복지사는 클라이언트의 지불능력에 상관없이 서비스를 제공해야 하며, 이를 이유로 차별대우를 해서는 안 된다.
2) 사회복지사는 필요한 경우에 제공된 서비스에 대해, 공정하고 합리적으로 이용료를 책정해야 한다.
3) 사회복지사는 업무와 관련하여 정당하지 않은 방법으로 경제적 이득을 취하여서는 안 된다.

II. 사회복지사의 클라이언트에 대한 윤리 기준

1. 클라이언트와의 관계
1) 사회복지사는 클라이언트의 권익옹호를 최우선의 가치로 삼고 행동한다.
2) 사회복지사는 클라이언트에 대하여 인간으로서의 존엄성을 존중해야 하며, 전문적 기술과 능력을 최대한 발휘한다.
3) 사회복지사는 클라이언트가 자기결정권을 최대한 행사할 수 있도록 도와야 하며, 저들의 이익을 최대한 대변해야 한다.
4) 사회복지사는 클라이언트의 사생활을 존중하고 보호하며, 직무 수행 과정에서 얻은 정보에 대해 철저하게 비밀을 유지해야 한다.
5) 사회복지사는 클라이언트가 받는 서비스의 범위와 내용에 대해, 정확하고 충분한 정보를 제공함으로써 알 권리를 인정하고 존중해야 한다.

6) 사회복지사는 문서 · 사진 · 컴퓨터 파일 등의 형태로 된 클라이언트의 정보에 대해 비밀보장의 한계 · 정보를 얻어야 하는 목적 및 활용에 대해 구체적으로 알려야 하며, 정보공개 시에는 동의를 얻어야 한다.
7) 사회복지사는 개인적 이익을 위해 클라이언트와의 전문적 관계를 이용하여서는 안 된다.
8) 사회복지사는 어떠한 상황에서도 클라이언트와 부적절한 성적 관계를 가져서는 안 된다.
9) 사회복지사는 사회복지 증진을 위한 환경조성에 클라이언트를 동반자로 인정하고 함께 일해야 한다.

2. 동료의 클라이언트와의 관계

1) 사회복지사는 적법하고도 적절한 논의 없이 동료 혹은 다른 기관의 클라이언트와 전문적 관계를 맺어서는 안 된다.
2) 사회복지사는 긴급한 사정으로 인해 동료의 클라이언트를 맡게 된 경우, 자신의 의뢰인처럼 관심을 갖고 서비스를 제공한다.

Ⅲ. 사회복지사의 동료에 대한 윤리 기준

1. 동료

1) 사회복지사는 존중과 신뢰로서 동료를 대하며, 전문가로서의 지위와 인격을 훼손하는 언행을 하지 않는다.
2) 사회복지사는 사회복지전문직의 이익과 권익을 증진시키기 위해 동료와 협력해야 한다.
3) 사회복지사는 동료의 윤리적이고 전문적인 행위를 촉진시켜야 하며, 이에 반하는 경우에는 제반 법률규정이나 윤리 기준에 따라 대처해야 한다.
4) 사회복지사가 전문적인 판단과 실천이 미흡하여 문제를 야기시켰을 때에는, 적절한 조치를 취하여 클라이언트의 이익을 보호해야 한다.
5) 사회복지사는 전문직 내 다른 구성원이 행한 비윤리적 행위에 대해, 제반 법률규정이나 윤리 기준에 따라 조치를 취해야 한다.

6) 사회복지사는 동료 및 타 전문직 동료의 직무 가치와 내용을 인정 · 이해하며, 상호 간에 민주적인 직무관계를 이루도록 노력해야 한다.

2. 슈퍼바이저

1) 슈퍼바이저는 개인적인 이익의 추구를 위해 자신의 지위를 이용해서는 안 된다.
2) 슈퍼바이저는 전문적 기준에 의해 공정하게 책임을 수행하며, 사회복지사 · 수련생 및 실습생에 대한 평가는 저들과 공유해야 한다.
3) 사회복지사는 슈퍼바이저의 전문적 지도와 조언을 존중해야 하며, 슈퍼바이저는 사회복지사의 전문적 업무수행을 도와야 한다.
4) 슈퍼바이저는 사회복지사 · 수련생 및 실습생에 대해 인격적 · 성적으로 수치심을 주는 행위를 해서는 안 된다.

Ⅳ. 사회복지사의 사회에 대한 윤리 기준

1) 사회복지사는 인권존중과 인간평등을 위해 헌신해야 하며, 사회적 약자를 옹호하고 대변하는 일을 주도해야 한다.
2) 사회복지사는 필요한 사회서비스를 개발하기 위한 사회정책의 수립 · 발전 · 입법 · 집행에 적극적으로 참여하고 지원해야 한다.
3) 사회복지사는 사회환경을 개선하고 사회정의를 증진시키기 위한 사회정책의 수립 · 발전 · 입법 · 집행을 요구하고 옹호해야 한다.
4) 사회복지사는 자신이 일하는 지역사회의 문제를 이해하고, 그것을 해결하는 일에 적극적으로 참여해야 한다.

Ⅴ. 사회복지사의 기관에 대한 윤리 기준

1) 사회복지사는 기관의 정책과 사업 목표의 달성 · 서비스의 효율성과 효과성의 증진을 위해 노력함으로써, 클라이언트에게 이익이 되도록 해야 한다.
2) 사회복지사는 기관의 부당한 정책이나 요구에 대하여, 전문직의 가치와 지식을 근거로 이에 대응하고 즉시 사회복지윤리위원회에 보고해야 한다.
3) 사회복지사는 소속기관 활동에 적극 참여함으로써, 기관의 성장발전을 위해 노력해야 한다.

VI. 사회복지윤리위원회의 구성과 운영

1) 한국사회복지사협회는 사회복지윤리위원회를 구성하여, 사회복지윤리실천의 질적인 향상을 도모하여야 한다.
2) 사회복지윤리위원회는 윤리강령을 위배하거나 침해하는 행위를 접수받아, 공식적인 절차를 통해 대처하여야 한다.
3) 사회복지사는 한국사회복사협회의 윤리적 권고와 결정을 존중하여야 한다.

사회복지사 선서

나는 모든 사람들이 인간다운 삶을 누릴 수 있도록, 인간존엄성과 사회정의의 신념을 바탕으로, 개인 · 가족 · 집단 · 조직 · 지역사회 · 전체 사회와 함께 한다.
나는 언제나 소외되고 고통받는 사람들의 편에 서서, 저들의 인권과 권익을 지키고, 사회의 불의와 부정을 거부하면서, 개인이익보다 공공이익을 앞세운다.
나는 사회복지사 윤리강령을 준수함으로써, 도덕성과 책임성을 갖춘 사회복지사로 헌신한다.
나는 나의 자유의지에 따라 명예를 걸고 이를 엄숙하게 선서합니다.

- 1973.2 초안 제정 결의
- 1980.3 사회복지사 윤리강령 제정 공포
- 1992.10 제1차 사회복지사 윤리강령 제정
- 2001.12 제2차 사회복지사 윤리강령 제정

4 가치와 윤리의 필요성

리머(Reamer)와 같은 학자는 사회복지실천에 있어 윤리의 필요성을 다음과 같이 소개하고 있다.

첫째, 사회복지실천의 윤리는 전문가 자신의 가치와 다른 사람들의 가치관 사이에 어떤 공통점과 차이점이 있는가에 관해 체계적으로 확인하기 위해 필요하다.

둘째, 사회복지실천 윤리는 사회복지사들이 윤리적 딜레마를 이해하고 이에 대처할 수 있는 능력을 갖추기 위해 필요하다.

셋째, 사회복지실천 윤리는 다양한 가치들 사이에 관계의 정위 또는 순위를 결정하기 위해 필요하다. 여러 가지의 가치가 상충될 경우 어떤 가치에 우선순위를 부여할 것인지를 정해 실천가들이 윤리적인 판단을 내릴 수 있도록 지침을 마련해 줄 수 있다.

넷째, 사회복지실천 윤리는 사회복지의 현 시대의 가치가 얼마나 정당한가를 파악하고 나아가서 시대적 흐름에 맞는 가치를 정립하기 위해 필요하다. 이는 사회복지의 주요 가치가 시대에 따라 지속적으로 변화하였기 때문이다.

다섯째, 사회복지실천 윤리는 사회복지전문성을 발전시키고 실천방법을 개발하기 위해 필요하다. 사회복지실천 윤리를 이해함으로써 사회복지 지식과 기술을 습득하게 된다.

5 사회복지실천의 윤리적 딜레마

딜레마는 사회복지사가 두 개의 똑같이 비중 있는 상황에서 한 쪽을 선택해야 할 때 일어나는 갈등이다. 사회복지실천은 그 자체가 본질적으로 윤리적인 측면을 내포하고 있기 때문에 클라이언트와 함께 하는 사회복지전문직의 원조 과정 속에서 사회복지사는 필연적으로 윤리적 딜레마에 부딪힐 수밖에 없으며, 따라서 딜레마의 성격상 사회복지사가 겪는 윤리적인 어려움의 문제는 실천가로서 피할 수 없는 측면이라고 할 수 있다.

이러한 딜레마 현상의 특징을 살펴보면 첫째, 일반적으로 딜레마 상황에는 상이한 두 가치가 개입된 두 대안이 존재한다. 두 대안에서 어떤 선택을 내릴지 갈등하는 상황뿐 아니라 명목상 대안이 하나인 경우에도 그것을 선택할 것인가 아니면 포기할 것인가 하는 갈등 상황이 있을 수 있다. 둘째, 두 대안은 서로 단절적이다. 이는 대안들을 맞교환할 수 있는 가치의 차원이 다르거나 혹은 찾을 수 없다는 것이다. 그러므로 딜레마 상황은 대안들을 비교하거나 우선순위에 따라 나열하기가 애매모호한 상황을 말한다. 셋째, 두 대안은 서로 상충적이다. 상충적이라는 것은 두 대안을 동시에 선택하거나 동시에 포기할 수 없는 상황과 하나의 대안을 선택함으로써 다른 대안을 포기할 수밖에 없는 상황을 의미한다. 또한 구체적으로 실행에 옮길 수 있는 행동 대안 간의 실제적 충돌이 발생하여 선택문제에 봉착했을 때를 딜레마 상황이라고 할 수 있다. 넷째, 주어진 시간 내에 상충하는 대안들 가운데 하나를 선택해야 한다. 그리고 시간 제약이 있다는 것은 딜레마 상황에서 선택할 때 상황의 통제가 힘들다는 것이다. 다섯째, 딜레마 상황에서 두 대안 중 어떠한 선택도 가치평가의 기준이 애매하기 때문에 결코 만족할 만한 것이 못 된다는 것이 딜레마의 특징이라 볼 수 있다.

로젠버그(Loewenberg) 등은 사회복지 영역에서 가치 및 윤리문제가 발생하는 영역과 개념을 정의하였는데, 즉, '클라이언트 · 사회복지사 · 기관 · 지역사회 · 전문직 · 사회'가 '문제정의 · 목표설정 · 우선순위 결정 · 방법전략의 결정 · 바람직한 결과 등의 제안'에서 갈등이 있을 때 사회복지실천에서 윤리적 문제가 발생한다고 하였다(양옥경 외, 2004). 왜냐하면 각 체계는 '인간특성 · 가치 · 주요 과제 · 체계수준' 등에 대한 가정이 각각 다르게 연계되었고 가치에 따라 달리 선택되기 때문이다. 일반적으로 사회복지사가 준수해야 하는 윤리는 윤리강령을 통해 명시되어 있으나, 윤리적 딜레마 상황에서 사회복지사는 자신의 가치와 클라이언트의 가치, 사회적 가치와 전문직 윤리를 모두 고려하여 적절하게 딜레마 상황을 해결해야 할 것이다. 가치로부터 전문직 실천의 윤리적 원칙들이 나오기 때문에, 여기서 무엇이 옳고 그른가

하는 윤리의 문제와 어떠한 지향을 선호하는가에 관한 가치의 문제는 동시에 중요하게 고려되어야 할 것이다.

사회복지가 지향하는 가치와 이념들은 매우 다양하기 때문에 사회복지사가 전문적 실천활동을 하는 과정에서 이러한 가치와 이념들이 상호 경합하거나 충돌하는 상황이 발생하는 것은 필연적이다. 이와 같이 사회복지사가 전문가로서 지켜야 할 윤리적 가치나 원칙이 서로 충돌하고 있어 주어진 상황에서 어떠한 실천활동이 가장 윤리적으로 올바른 것인지를 판단하기 어려운 것이다. 이러한 윤리적 딜레마를 해결하는 데 지침이 되는 것이 전문적 윤리강령이지만, 최선의 행동을 선택하기 위해서는 각 대안들을 면밀히 검토하고 우선순위를 두어야 한다(Kirst-Ashman & Hull, 2008). 즉, 윤리강령은 윤리적 결정을 내리는 데 지침을 제공하지만, 일반적으로 사회복지사에게 발생하는 특정한 상황에 대한 해답을 제공하지는 않는다.

1) 윤리적 의사결정의 과정

사회복지사가 사회복지실천 현장에서 경험하게 되는 윤리적 딜레마를 해결하기 위한 정확한 공식은 존재하지 않는다. 더구나 모든 경우에 적용되는 윤리적 원칙이나 기준이 있다는 것도 바람직하지 않다.

그럼에도 불구하고 사회복지사는 경험하는 윤리적 딜레마에 대해 윤리적 결정을 내려야 하고, 이때 윤리적 의사결정의 우선순위와 윤리적 의사결정의 과정은 도움이 된다.

리머가 제시하는 윤리적 의사결정의 과정은 다음과 같다.

① 상충하는 사회복지 가치와 의무를 포함하여 갈등을 일으키는 윤리적 이슈가 무엇인지 규명한다.

② 윤리적 결정으로 영향을 받을 수 있는 개인, 집단, 조직을 규명한다.

③ 가능해 보이는 모든 실천활동과 관련된 당사자, 그리고 그에 따른 잠재적 이득

과 위험 등을 규명한다.

④ 각 행동방안에 대한 찬성과 반대 이유와 근거를 고려하여 충분히 검토한다.

⑤ 동료 혹은 적당한 전문가와 상의한다(기관의 직원, 슈퍼바이저, 관리자, 변호사, 윤리학자 등).

⑥ 결정을 내리고 의사결정 과정을 기록한다.

⑦ 결정내용을 모니터, 평가, 기록한다.

(1) 윤리적 의사결정의 준거틀

① 로젠버그(Loewenberg)와 돌고프(Dolgoff)의 준거틀

- **윤리 원칙 1 – 생명보호의 원칙**: 인간의 생명보호는 클라이언트를 비롯한 모든 사람에게 적용된다. 따라서 생명과 관련된 상황은 그 어떤 상황보다 우선으로 개입한다.
- **윤리 원칙 2 – 평등과 불평등의 원칙**: 평등과 불평등은 원칙에 따르면 동등한 사람들은 평등하게 처우를 받아야 하며, 동등하지 않은 상황의 사람들은 상황 그 자체가 문제가 되고 있다면 그에 따라 다르게 처우되어야 할 권리를 가진다.
- **윤리 원칙 3 – 자유의 원칙**: 사회복지사는 개인의 자율성과 독립성 그리고 자유를 신장시키는 실천적 결정을 해야 한다. 그러나 자유의 원칙은 타인과 자신에게 위험을 초래하지 않는 범위에서 가능하다. 클라이언트가 자기 자신이나 다른 사람을 해칠 위험이 있는 결정을 하려고 할 때 사회복지사는 이에 개입해야 할 의무가 있다.
- **윤리 원칙 4 – 최소 해악의 원칙**: 사회복지사는 불가피하게 손실만 초래될 가능성이 높음에도 선택해야만 할 때가 있다. 비록 손실이 발생한다 해도 가장 최소화되거나 또는 발생할 손실이 가장 쉽게 회복될 수 있는 기회를 선택해야 한다.
- **윤리 원칙 5 – 삶의 질의 원칙**: 사회복지사는 지역사회뿐만 아니라 개인과 모든

사람의 삶의 질을 좀 더 향상시키는 기회를 선택해야 한다.

- **윤리 원칙 6 – 사생활과 비밀보장의 원칙:** 사회복지사는 모든 사람의 사생활보호의 권리를 신장시키는 실천적 결정을 해야 한다. 실천서비스 과정에서 알게 된 사항은 반드시 비밀을 유지해야 한다.
- **윤리 원칙 7 – 진실과 사실을 알릴 원칙:** 사회복지사는 클라이언트와 다른 사람에게 진실을 말하고 모든 관련 정보를 충분히 개방하는 것을 허용하는 실천적 결정을 해야 한다.

② 메티슨(Mattison)의 준거틀

사회복지사가 윤리적 딜레마를 해결하는 데 더욱 쉽게 채택하여 사용할 수 있도록 단계별 과정을 상세히 기술했다.

- 1단계: 사례 이면의 사실과 사례의 세부사항에 대한 정보수집 · 평가
- 2단계: 실천에 대한 고려와 윤리적 요소의 구분
- 3단계: 가치 갈등에 대한 확인
- 4단계: 사례에 영향을 미치는 윤리강령 원칙들의 확인
- 5단계: 가능한 행동양식 결정
- 6단계: 어떤 의무가 우선적 인지를 평가하고 행동의 선택을 정당화함
- 7단계: 해결과 반성

③ 리머(Reamer)의 준거틀

- 인간행동의 필수적인 전제조건(예: 생명 그 자체, 건강, 음식물, 주거지, 정신적 균형 상태 등)에 대한 위해와 관련된 규범들은 거짓 정보제공이나 비밀의 폭로, 그리고 여가활동이나 교육, 부(富) 등과 같은 부차적인 것들의 위협과 관련된 조항보다 우선한다.
- 한 개인이 누릴 기본적 안녕(인간의 활동을 위한 필수적인 재화를 포함해서)에 대한

권리는 다른 사람이 소유한 자기결정권보다 우선한다.

- 한 개인이 가지는 자기결정권은 자신의 기본적 안녕에 대한 권리보다 우선한다.
- 자신이 자발적으로 자유의사에 따라 동의한 법이나 규칙, 규정을 준수하는 것은 이러한 법, 규칙, 규정과 상충되는 방식으로 자유롭게 행동할 수 있는 개인의 권리보다 우선한다.
- 개인의 행복권이 자신이 자발적으로 참여한 단체의 법, 규칙, 규정, 협정 등과 충돌할 때는, 개인이 갖는 안녕에 대한 권리가 우선한다.
- 기아 등과 같은 기본적인 해악을 예방해야 한다는 의무와 주택, 교육, 공적부조 등과 같은 공공재를 제공해야 한다는 의무는 개인이 자신의 재산권에 대해서 전적으로 가지는 처분권에 우선한다.

Chapter 04

사회복지의 구성요소

1. 사회복지의 주체
2. 사회복지의 대상
3. 급여형태
4. 전달체계
5. 재원

social welfare

Chapter 04

사회복지의 구성요소

사회복지제도나 프로그램이 실제로 실행되기 위해 필요한 요소를 사회복지 구성요소라고 할 수 있다. 예를 들면 지역사회 사회복지조직 내에서 청소년상담이 실행되기 위해서는 사회복지서비스의 주체로써의 사회복지조직 및 사회복지사, 서비스 대상인 청소년, 상담이라는 급여형태, 사회복지조직 운영을 위해 필요한 재원, 행정체계를 통해 사회복지 재원과 사업운영 지침을 전달하는 전달체계가 필요하다. 이와 같이 실제 사회복지서비스 정책의 주된 과제는 사회복지 구성요소를 어떻게 형성하여 서비스 정책을 실행하는 것이 정책의 효과성 및 효율성을 가져올 수 있는가 하는 문제이다. 본 장에서는 사회복지 구성요소를 주체, 대상, 급여, 재원, 전달체계 그리고 재원으로 보고 각각의 구성요소의 특성과 사회복지정책상의 의미에 대해 살펴보기로 한다.

1 사회복지의 주체

사회복지의 주체란 사회복지의 공급을 누가 하는가에 대한 것이다. 오늘날 복지 선진국을 비롯해 우리나라에서도 사회복지를 실시하는 주체는 다양해지고 있다. 가족, 친지, 이웃과 같은 비공식적 부문에 의존했던 단계에서 국가의 개입을 전제로 하는 단계로 발전하고 있으며 최근에는 비정부단체와 비영리단체 및 영리단체에 이르기까지 다양한 주체가 사회복지에 참여하고 있다.

1) 공적 주체와 민간 주체

사회복지는 빈민구제라는 사회적 실천에서 출발하였다고 볼 수 있다. 사회복지발달사를 살펴보면 1601년 엘리자베스 구빈법이 제정되기 전까지 유럽에서 빈민구제는 주로 교회와 같은 종교기관에 의해 이루어졌다. 엘리자베스 구빈법의 제정은 더 이상 종교기관에 의존한 구호나 자선활동으로는 사회적 안정을 유지하기 힘들었다는 것을 의미하며, 이와 같은 상황 인식을 토대로 국가는 빈민구제를 제도화하였다고 볼 수 있다. 이를 통해 사회복지의 출발은 빈민에 대한 민간영역 종교기관의 자선적 구제에서 비롯되었으며, 이를 국가가 제도화함으로써 점진적인 발달이 이루어졌음을 알 수 있다.

빈민에 대한 국가의 책임이 제도화된 이후에도 공적영역에서 빈민구제의 책임을 전적으로 지지는 않았다. 초기에는 빈민구제라기보다 사회적 통제의 성격을 가진 감금, 강제노역 등이 행해졌으며, 재정적 능력에서나 이념적 입장에서도 구제활동을 최소화하려는 경향이 강했다. 따라서 민간영역의 구제활동은 유사 이래 다양한 이유에서 이어져 왔던 활동으로 볼 수 있으며, 현대사회에서는 활동 자체도 자원봉사, 법정기부금에 대한 세제혜택 등으로 제도화되고 조직화되어 발전했다고 볼 수 있다.

일반적으로 사회복지의 공적 주체는 국가와 지방자치단체를 의미하며, 민간 주체는 사회복지법인, 종교단체들이 그 예이지만 사회복지법인이 우리나라에서 대표적으로 제도화되고 공식화된 민간사회복지 주체라고 할 수 있다.

공적과 민간사회복지 주체의 특성을 비교해 보면, 공적 주체는 사회복지를 통하여 사회적 형평성 확보를 추구하는 반면 민간 주체는 자선이나 사랑의 실천을 추구한다. 공적 사회복지의 의사결정 주체는 정책과 예산에 대한 결정권을 가지는 의회가 되는 반면, 민간사회복지법인은 법인 이사회가 의사결정의 주체가 된다. 서비스의 특성은 공적사회복지 주체인 정부나 지방자치단체는 사회구성원의 다양한 욕구에 따라 광범위한 서비스를 안정적으로 제공하는 특성을 가지는 반면, 민간 주체는 특정영역에 대한 전문적인 서비스를 융통성을 가지고 제공한다. 공적 사회복지의 재원은 조세와 사회보험료를 통해 조달되는 반면, 민간은 기부금을 그 재원으로 한다.

이와 같이 사회복지의 공적 주체와 민간 주체의 특성은 현실적 사회복지 주체에서는 명확하게 구분되지 않는다. 그 이유는 대표적인 민간 주체인 사회복지법인의 경우 자체의 기부금을 토대로 사업을 영위하기보다 공적영역의 사회복지사업을 위탁받는 형태로 사업을 수행하기 때문에 재원의 제공자인 정부의 사업지침 내에서 활동하는 경우가 대부분이기 때문이다. 결과적으로 민간 주체의 서비스가 가지는 융통성이나 전문성이 잘 나타나지 않고 오히려 관료적인 특성이 표출되는 경우가 많다. 이와 같은 이유에서 사회복지의 주체를 공공과 민간으로 이분화하는 분류는 현실적 설명력에 한계를 가지기 때문에 다양한 분류방식이 나타나게 된다.

2) 정책 주체, 운영 주체, 실천 주체

사회복지 주체에 관한 논의의 설명력을 높이기 위해서는 그것을 정책 주체, 운영 주체, 실천 주체로 나누어볼 수 있다. 실제 우리나라의 사회복지는 이와 같은 세 주체가 서로 다른 형태로 나타나는 경우가 대부분이다. 정책 주체는 사회복지정책을 계획하고 실행하며 평가하는 주체를 말한다. 일반적으로 국가 및 지방자치단체가 정책 주체가 된다. 우리나라에서는 2005년부터 사회복지 재정을 중앙정부로부터 지방에 이양함으로써 재정적 책임과 행정적 책임을 단일화하는 재정분권이 제도화되었는데, 이 제도는 앞으로 지방자치단체가 중요한 정책 주체의 역할을 하는 계기가 될 것으로 보인다.

운영 주체는 사회복지사업을 조직단위에서 운영하는 주체를 말하며, 민간사회복지법인이 일반적인 주체이지만 국립재활원처럼 국가가 직접 운영하는 경우도 있다. 즉, 운영 주체는 국가 및 지방자치단체, 사회복지법인, 종교단체, 개인도 될 수 있으며, 최근에는 영리기업도 노인복지나 사회서비스 분야에서 활동하고 있다.

실천 주체는 사회복지서비스를 대상자들에게 직접 전달하는 개인적 주체로서, 사회복지사, 임상심리사, 작업치료사, 언어치료사, 특수교사 등과 같은 다양한 주체가 사회복지조직에서 활동하고 있다.

3) 사회복지 주체의 다양화

공공부문, 즉 국가나 지방자치단체가 사회복지에 관한 재화나 서비스를 주도적으로 공급해야 하는 이유에 대해서는 두 가지 입장이 있다. 하나는 규범적이고 가치적인 이유에서 평등, 소득재분배, 사회통합 등과 같은 이유이며, 다른 하나는 경제적 효율성의 측면에서 국가의 역할이 필요하다는 것이다(김태성 · 송경륭, 1993).

공공부문이 사회복지를 제공해야 하는 경제적인 이유를 다음과 같이 살펴볼 수 있다.

첫째, 사회복지에 관한 재화 및 서비스는 공공재적인 성격을 가지기 때문에 공공부문이 제공하는 것이 효율적이라고 할 수 있다. 공공재란 사회 전체적으로 커다란 이익을 가져다주지만 시장에 맡겨두는 경우에 사회적으로 필요한 만큼 공급되기 힘든 재화를 말한다. 예를 들어 각종 질병에 관한 예방서비스는 사회적으로 질병의 확산을 방지함으로써 개인 건강적 측면이나 사회적 생산성 측면에서 매우 필요한 것이지만 개인에게 맡겨둘 경우 질병의 확산을 방지할 만큼의 서비스를 개인들이 구매하지 않는다는 것이다. 이와 같이 노인에 대한 여가서비스는 노인들의 건강증진을 통해 사회적으로 의료비용 부담을 완화시키고 개인적 비용을 통하여 구매하는 데에는 한계가 있는 재화라고 볼 수 있다.

둘째, 사회복지에 관한 재화 및 서비스는 외부효과를 가지지 때문에 국가에 의해 제공되어야 한다는 것이다. 외부효과란 어떤 사람의 행동이 다른 사람의 복지에 시장기제 밖에서 영향을 주는 것을 말한다. 예를 들어 어떤 부자가 지역사회의 실업자들에게 재정적 지원이나 일자리를 마련해 준다면 지역사회의 범죄율 감소가 나타나 지역사회의 상업이 발전하거나 밤거리가 안전해짐으로써 주변 사람들도 이득을 보게 되는 효과를 말한다. 사회복지 재화의 공급은 빈곤 감소와 사회적 유대 강화를 통해 사회적 통합과 안정을 가져오는 효과를 가지고 있으나 사회적 약자들이 지불능력이 취약한 경우가 대부분이기 때문에 공공부분에서 제공해야만 한다.

셋째, 불완전한 정보로 인하여 시장에서 효율적으로 배분이 이루어지기 어려운 재화는 공공영역에서 공급할 필요가 있다. 예를 들어 의료서비스와 사회복지사의 전문적 개입처럼 매우 세부적으로 전문적인 기술을 토대로 한 서비스는 시장에 맡겨두면 불필요한 서비스의 과잉공급이 일어나 사회적인 부담이 급증하는 경우가 생기거나 전혀 공급되지 않는 경우가 발생하기 때문에 공공영역에서 제공하는 것이 바람직하다. 현재 우리나라 의료체계에서 발생하는 과다한 약물처방, 필요불가결하지 않은 의료행위 과잉이용 등은 의료서비스를 사적 시장에 지나치게 의존한 결과로 볼 수 있다.

넷째, 역의 선택(adverse selection)이 발생하는 재화는 공공영역에서 제공되어야 한다. 역의 선택이란 건강보험을 사회보험으로 강제화하지 않는 경우 의료 이용가능성이 높은 건강상태가 좋지 못한 사람이나 노인계층이 주로 가입하게 됨으로써 가입자나 민간보험회사는 그 비용을 감당하지 못하게 되는 결과를 말한다. 따라서 이와 같은 경우에는 전체 사회구성원의 가입을 강제화하여 공공영역에서 서비스를 주도함으로써 건강보험이 사회적으로 예측가능한 일정한 위험에 대한 보장기능을 수행할 수 있도록 하는 것이다.

다섯째, 도덕적 해이가 발생하기 쉬운 서비스는 공공영역에서 제공할 필요가 있다. 예를 들어 실업보험의 경우 그 제도가 잘 정비되어 있을수록 사람들이 쉽게 직장을 그만두고 실업보험 급여로 생활하고자 하는 경향이 나타나기 쉽다. 이런 경우 사적 시장에서는 이 문제를 다루기 어렵기 때문에 공공영역에서 해결하여야 한다.

여섯째, 사회복지의 재화나 서비스가 필요한 위험의 발생이 사람들 사이에서 상호 의존되어 있는 경우 공공영역에서 제공하여야 한다. 즉, 우리나라의 IMF 구제금융 도입과 같은 상황은 일시에 많은 사람들의 실업과 소득의 문제를 만들어낸 것처럼, 서비스를 제공해야 하는 상황의 위험이 사람들마다 독립적이 아니라 동시에 대규모로 나타날 수 있는 사회복지에 관한 재화나 서비스는 민간영역에서 담당하기 어렵다는 것이다. 실업보험과 같은 것은 실제로 민간영역이 담당하기 어려운 많은 위험을 가지고 있다.

일곱째, 규모의 경제가 작용하는 경우 공공영역에서 서비스를 제공하는 것이 효율적이다. 즉, 대량의 주택공급, 교육, 의료, 노인돌봄 등과 같은 서비스는 국가가 대량으로 공급하는 경우 낮은 비용으로 제공할 수 있으나 개별기업에 맡기는 경우는 많은 거래비용을 소모하게 된다.

공공영역에서 사회복지를 제공해야 하는 경우 이와 같이 자원배분의 효율성이 강화되는 결과를 가져오는 경우가 많지만 현실적으로는 다양한 형태의 민간영역이 함께 서비스를 제공하는 경우가 점차 증가하고 있다. 이와 같은 변화는 사회복지라고 인식되는 서비스의 총량이 이전과 비교하기 어려울 만큼 확대되고 있으며, 그에 따라 전통적인 사회복지 공급 주체로는 서비스에 한계를 가져다주기 때문이다.

국가는 사회복지서비스를 다양한 조직에 위탁하여 제공함으로써 전통적인 공공과 민간 공급 주체의 이분법의 실효성을 약화시켰으며, 사회복지서비스를 공급하는 영리기업이 등장하고 있어 전통적으로 선의에 입각해 수행되던 사회복지에 많은 변화를 초래하게 되었다. 그것은 공공부문이 경제적 효율성을 가지고 오는 경우도 있으나 관료적 경직성과 같은 문제로 인하여 서비스 질을 약화시키고 재정적 한계로 인해 사회적으로 필요한 서비스를 제대로 공급하지 못한 결과를 가져오기도 하였기 때문이다.

따라서 현재 사회복지 재화 및 서비스를 공급하는 주체는 이전보다 다양화되고 있으며 이를 다음과 같이 비공식부문, 공공부문, 민간비영리, 민간영리로 구분할 수 있다.

(1) 비공식적 부문

비공식적 부문이란 가족, 친구, 친척 등과 같은 대면적이고 원초적인 인간관계의 영역을 말한다. 비공식적 부문에 의한 사회복지의 공급은 주로 가족 및 친구, 친척 그리고 이웃들에 의한 보호를 의미한다. 이러한 비공식적 부문은 전통사회에서 국가보다 중요한 주된 사회복지서비스 공급 주체였으며, 현대사회에서도 화폐적으로 환산한다면 가장 많은 사회복지를 공급하는 주체이다. 실제 사회복지정책에서 재정적 부담을 완화하기 위해 의도적으로 사회복지서비스 공급의 책임을 가족에게 두는 경우가 많다. 예를 들어 기초생활보장 수급자의 수급자격에는 보호의무자가 없거나 있어도 부양능력이 없는 경우 수급자가 될 수 있다. 즉, 부양능력이 있는 보호의무자가 국가보다 우선순위의 사회복지공급자가 되는 것이다.

비공식부분의 특성은 사회복지서비스를 필요로 하는 욕구에 가장 쉽게 대응할 수 있다는 점이다. 보편주의적 가치와 획일적 기준으로 대응하는 공공부문은 위급한 상황이나 재난과 같은 예측 불가능한 상황이 발생하는 경우 재빠르게 대처하기가 어렵다. 그러나 비공식적 부문은 대상자의 욕구에 신속하고 적절하게 대응할 수 있으며 서비스의 효과성도 높다는 특성을 가진다.

(2) 공공부문

국가나 지방자치단체가 공공부문의 사회복지공급자가 된다. 우리나라 사회복지체계에서 공공부문이 명확하게 책임을 지는 영역은 기초생활보장제도에 근거한 사회복지급여이다.

(3) 민간비영리부문

민간비영리부문은 우리나라에서 사회복지법인과 같은 영역을 말하며, 국가가 아닌 민간이 운영한다는 측면에서 공공부문과는 구별되며 영리를 추구하지 않는다는 측면에서 민간기업과도 구별된다. 우리나라에서 전통적으로 대부분의 사회복지서비스는 민간비영리부문에 의해 전달되고 있다. 이는 국가의 입장에서 전문인력의 고용회피를 통해 전체 서비스 비용의 절감효과를 가지기 때문이라고 볼 수 있다.

(4) 민간영리부문

사회복지는 그 개념상 인간의 기본적인 욕구를 해결하는 것이기 때문에 무료로 평등하게 제공되어야 한다는 인식을 가지고 있었다. 그러나 사회가 발달함에 따라 기초적이고 포괄적인 욕구가 충족된 이후 부가적이고 일상적인 성격을 가진 사회복지관련 욕구가 새롭게 창출되면서 사회복지서비스를 시장원리에 따라 구매하는 형태가 나타나게 되었다.

민간영리부문은 복지서비스를 경제적 시장에서 공급하는 체계를 의미하는 것으로 이와 같은 영역은 미국, 일본과 같은 국가에서는 이미 상당히 발전하였다. 노인보건복지시설의 운영 주체로서 영리기업이 허용되고 있으며, 2007년부터 시작된 사회서비스 혁신사업에서도 영리기업들이 민간비영리조직과 서비스질의 경쟁을 하는 관계가 형성되었다. 이와 같은 변화는 실제 사회 전체의 사회복지 총량을 매우 빠른 속도로 확산시키면서 국가의 입장에서 인프라 구축비용을 절감할 수 있는 정책적 방안이 될 수 있다. 그러나 다른 한편으로는 사회복지서비스 욕구가 가장 강하면서도 시장화가 어려운 빈곤계층에 대한 서비스는 사회적으로 감소할 우려가 존재한다는 문제를 가질 수 있다. 또 다른 한편으로는 기존에 경제적 이해관계와는 상관없이 미풍양속으로 지속되었던 돌봄과 같은 노동이 시장화됨으로써 복지국가에는 가까워지지만 인간적 유대에 의한 복지사회와는 점점 멀어지는 결과를 초래할 수도 있다.

4) 국가와 민간 혼합주체

사회복지의 주체에 대한 결정은 여러 가지 복잡한 변수에 따라 이루어지게 되는데 오늘날 개별적 서비스를 제공하는 부분에 대한 사회복지의 공급 주체는 완전 국가 혹은 완전 민간부문이 담당하는 부문은 점차 사라지는 추세라고 할 수 있다. 1970년대 중반 이후 복지국가의 위기라는 시대적 상황에서 대부분의 국가가 민간부문으로 이양(移讓)하거나 공사 혼합체계로 변화되고 있다. 이러한 변화는 공공부문의 재정악화로 인해 민영화를 강조하는 분위기에서 생겨난 것으로 매우 다양한 형태로 나타난다. 예를 들어 사회복지서비스 공급에 있어서 프로그램 운영은 민간부문이 하되 정부가 민간부문에 재정지원을 하면서 일정 조건을 붙여 여러 가지 규제를 하는 것으로 설명할 수 있다. 이러한 혼합체계가 필요한 이유는 민간부문의 시장원리의 장점, 즉 효율성, 경쟁성, 선택의 자유, 접근성, 대응성, 융통성 등을 살릴 수 있고 민간부문이 가진 단점인 공공재적 성격을 갖춘 재화 제공의 어려움, 평등의 가치를 발휘하게 어렵다는 점과 규모의 경제에서의 단점 등을 크게 극복할 수 있기 때문이다(권육상, 2010).

2 사회복지의 대상

사회복지의 대상이라고 하면 사회복지가 해결하고자 하는 대상 혹은 사회복지가 개입하여 변화를 일으키고자 하는 대상을 의미한다. 즉, 선별적 관점에서 빈곤계층만을 사회복지서비스의 대상으로 설정하는가 아니면 보편적 관점에서 경제적 수준에 관계없이 특정의 사회복지 급여에 대한 사회적 욕구를 가지고 있는 일반인을 모두 사회복지의 대상으로 하는가의 문제라고 하겠다. 따라서 사회복지의 대상에 관한 논의는 단순히 실천적 측면에서 수급자의 범주를 어떻게 결정하는가의 차원과 사회복지가 대상으로 하는 사회적 욕구 혹은 사회문제가 무엇인가의 차원에서 논의될 수 있다.

1) 사회복지의 대상자

사회복지 발달 과정에서 초기 사회복지는 소수의 빈민을 대상으로 최소한의 생존만을 보장하는 의식주를 제공하는 수준이었다. 즉, 외부적 지원 없이는 생존이 불가능한 사람들을 대상으로 생존에 필요한 최소한의 의식주를 제공하였다. 결국 누가 사회복지프로그램의 수급을 받을 수 있는가는 경제적 사유에 의해 결정되었고, 복지문제는 경제적 문제와 분리되지 못하였다고 할 수 있다.

사회복지 발달 과정에서 대상과 관련한 두 가지 변화는 아동, 노인, 장애인, 병자 등과 같은 소수의 소외계층을 대상으로 한 사회복지가 보편적인 일반 인구에게 확대되어 갔다는 것과 경제적 문제를 중심으로 사회복지 대상을 규정하였던 데에서 그것과 분리되는 교육, 훈련, 상담 및 지지 등과 같은 보호 욕구를 그 대상으로 포괄해 나갔다는 것이다. 즉, 이미 발생한 빈곤의 문제를 중심으로 수행되는 사회복지가 장래에 발생가능한 다양한 사회적 욕구의 결핍을 예방하기 위한 기능으로 확대되면서 사회복지는 모든 인구집단을 대상으로 그 범주를 확대해 나갔으며, 경제적 문제 이외에 사회적 보호가 필요한 부적응, 중독 등과 같은 문제도 대상영역으로 삼게 되었다.

이와 관련해 로마니쉰(Romanyshyn)은 산업화 이전과 산업화 이후의 사회복지 대상에 대한 인식과 범위의 변화는 다음과 같은 맥락에 있는 것으로 제시하였는데 그 변화는 첫째, 보충적 · 선별적 차원에서 제도적 · 보편적 차원으로, 둘째 자선에서 시민의 권리로, 셋째, 특수성에서 보편성으로, 넷째, 최저조건에서 최적조건의 급여나 서비스로, 다섯째, 개인에서 사회개혁으로 여섯째, 민간에서 공공지원으로, 일곱째, 빈민복지에서 복지사회로 변화되어 왔다는 것이다. 이는 국가마다 정도의 차이는 있다 하더라도 변화의 경향성을 이해하는 데 많은 도움을 주는 견해이다.

2) 사회복지 대상자의 욕구

사회복지가 추구하는 궁극적인 목적은 사회구성원의 개개인이 인간다운 생활을 영위할 수 있도록 함으로써 인간의 존엄성을 보장하고자 한다. 즉, 인간으로서 삶을 살아가는 과정에서 인간의 존엄성을 위협하는 문제에 대해 그들이 필요로 하는 도움을 제공함으로써 문제해결을 하거나 도움을 주고자 함이다.

인간의 기본적 욕구란 모든 개인에게 공통적으로 존재하며 필수불가결하며 최소한의 수준에서 꼭 있어야 하는 욕구를 말한다. 개인에게 공통적으로 존재하는 기본적 욕구는 인종, 종교, 성, 연령, 교육수준 및 사회경제적 지위에 관계없이 한 인간으로 동일하게 지니는 욕구를 말하며, 사회복지서비스를 제공하는 과정에 무차별 평등의 원리로 표현된다(권육상 외, 2010).

사회복지 대상으로서의 욕구는 사회복지 혹은 사회정책이라는 범주에서 정책적으로 다루어질 수 있는 사회적 욕구나 위기의 영역을 의미한다. 욕구란 어떠한 목적을 위해 좋은 것, 필요한 것, 필수적인 것을 의미하며 나아가 목적을 위해 이러한 필수적인 것들이 결여되거나 결핍된 상태를 지칭하는데(성민선 외, 2005), 인간다운 삶을 위해 사회적으로 일정 수준을 보장해 줄 필요가 있는 사회적 욕구가 무엇인가 하는 문제가 사회복지 대상으로서의 욕구가 된다.

사회복지 대상으로서의 욕구는 그 사회가 해결해 나가야 할 사회적 문제나 위기가 무엇인가에 따라 다양하게 나타난다. 현재 한국사회의 고령화는 매우 압축적으로 진행되고 있다. 2006년 현재 65세 이상 노인비율은 8.7%에 달하고 2019년 14.4%의 고령사회, 2026년에는 노인 비율이 20%에 달하는 초고령사회로 압축적 고령화가 예상되고 있다. 또한 고령화와 더불어 나타나고 있는 저출산현상은 사회복지정책의 측면에서 고령화의 위기를 한층 가중시키는 심각한 사회적 문제가 되고 있는 것이 현실이다.

우리 사회가 직면하고 있는 저출산·고령화는 사회 전체에서 경제활동인구의 비율을 급속하게 감소시키는 동시에 사회적 부양계층을 빠른 속도로 증가시키고 있기 때문에 궁극적으로는 사회적 생산력의 문제뿐만 아니라 사회보장제도의 유지라는 측면에서 심각한 문제를 제기하게 될 수 있다. 현실적으로 일부 지역사회는 저출산으로 인한 인구의 급격한 감소, 산업의 공동화, 노인 인구의 과도한 증가로 지역사회의 존립조차 불투명한 상태이다. 사실상 이와 같은 문제는 이미 서구에서 경험되었던 문제이나 상대적으로 완만하게 진행되었던 것에 비해, 우리나라의 경우 그 진행속도가 매우 빠르게 나타나고 있기 때문에 충분한 대비책이 마련되어 있지 않다는 데에 문제의 심각성이 있다.

서구의 전통적인 복지국가는 지속적 경제성장을 바탕으로, 높은 고용률과 가장인 남성 노동자의 가족임금을 중심으로 한 사회경제구조를 형성하였다. 따라서 이 시대의 가장 큰 사회적 위기는 가장인 남성 노동자의 실업, 장애, 사망 등으로 인해 발생하는 소득의 중단이었기 때문에 노령연금, 질병보험, 실업보험 등의 현금 이전을 중심으로 하는 사회보험을 통해 사회적 위험에 대처하는 전통적 복지국가가 수립되었고 그 유지에 별다른 문제가 없었다. 그러나 서구사회에서 1980~1990년대부터 두드러지기 시작한 저출산·고령화 양상의 인구구조 변화는 많은 사회경제적 변화를 야기시키고 현금 이전 중심의 전통적 복지국가 운영방식에 새로운 위험을 가져다주게 되었다.

저출산·고령화라는 인구구조 변화를 핵심으로 하는 사회경제적 변화는 이전과는 다른 사회적 위험을 발생시키게 되었다. 즉 핵가족 중심 가정에서 여성의 노동시장 참여 확대로 인한 아동양육 문제, 노인인구 증가에 의한 돌봄에 대한 부담 증가 등과 같은 새로운 사회적 위험이 등장하게 되었다. 따라서 현금 이전 중심의 사회복지는 새로운 사회적 위험을 대응하는 데 상당한 한계를 가질 수밖에 없는 상황이 되었다. 따라서 기존의 사회복지 주요 대상 욕구가 산업구조의 변화와 그에 따른 비자발적 실업에 대한 대응이었다면, 새로운 시대의 중요한 사회적 욕구는 첫째, 가족 기능의 약화에 따른 아동양육, 노인돌봄의 사회화 욕구, 둘째, 인구 고령화와 장애인의 증가 등으로 인한 재가복지서비스에 대한 욕구, 셋째, 여성 취업 증가에 따른 고용평등 및 안정에 대한 욕구, 넷째, 생활수준의 향상과 자원의 증가, 건강 및 삶의 질에 대한 관심 증가로 인한 여가 및 건강에 대한 프로그램 욕구 등이라고 하겠다(성민선 외, 2005).

사회복지정책을 통해 제공하는 서비스에서 근거해야 하는 욕구의 수준은 무엇인가와 관련하여 브레드쇼(Bradshaw)의 욕구에 대한 분류는 분석의 용이성을 제공한다. 브레드쇼는 인간의 욕구를 사회적 측면에서 규범적 욕구, 감지된 욕구, 표현된 욕구, 비교적 욕구로 구분하였다.

- **규범적 욕구**: 전문가 및 행정가들이 바람직한 욕구의 수준을 정해놓고 이 수준에 미치지 못하는 사람들은 욕구를 가진 것으로 인정한다. 최저생계비는 정책적으로 최소한 보장되어야 하는 빈곤계층의 최소한의 생계비를 규정한 것이며, 인간의 최소한 욕구 충족을 위해 필요한 정도의 비용을 의미한다.
- **감지된 욕구**: 주관적인 것으로 개인이 스스로 결핍된 상태에 있다고 인식할 때 가지는 그것을 욕구로 인정하는 것이다. 욕구조사에서 이 지역에 어린이집이 설립된다면 이용의사가 있는지를 질문하고 그 결과를 토대로 어린이집 건립계획을 수립한다면 이는 감지된 욕구를 중심으로 정책을 수립하는 것이다.
- **표현된 욕구**: 실제 욕구를 가졌고 그것을 충족하기 위한 행위로 표현되는 것을 의미한다. 이러한 욕구측정의 예는 지역사회의 어린이집 대기자, 즉 빈자리가 생기면 어린이집을 이용하겠다고 구체적으로 신청한 아동의 수를 지역사회의 어린이집에 대한 욕구로 파악하는 경우이다. 대부분의 경우 표현된 욕구는 감지된 욕구보다 적게 나타나는 것이 일반적이다.
- **비교적 욕구**: 어떤 서비스를 받고 있는 사람들과 비슷한 특징을 가지면서도 서비스를 받고 있지 않은 사람들을 욕구상태에 있는 것으로 규정하는 것이다. 예

를 들어 A라는 지역의 장애인재활 프로그램이 실시되는 경우 그 참여자 수를 이 프로그램이 실시되지 않지만 유사한 특징을 가진 B라는 지역사회의 욕구로 보는 것이다.

3 급여형태

사회복지의 급여형태는 일반적으로 현금, 현물, 서비스, 증서, 기회, 권력 등이 있다(성민선 외, 2005).

현금급여는 일단 수급한 이후에 어디에 사용하는가 하는 문제가 수급자에게 전적으로 맡겨진다는 측면에서 수급자의 효용을 극대화하고 수급자 선택의 자유와 소비자주권을 강화시키며, 인간의 존엄성을 존중하며 프로그램 운영비용을 최소화한다는 장점을 가진다. 대부분의 재화와 서비스를 시장에서 구매할 수 있는 현대 자본주의 사회에서 현금급여는 수급자가 선호하는 급여형태인 동시에 시장기제를 통해 소비가 이루어짐으로써 시장에 대한 왜곡이 발생하지 않는다는 점에서 지지를 받고 있다(엄기욱 외, 2013). 예를 들어 노인장기요양보험에서 노인돌봄비용을 노인들에게 현금으로 지급하게 되는 경우 행정은 매우 간단하며, 그 현금을 가지고 케어서비스를 어떻게 구매할 것인가는 소비자인 노인들에게 전적으로 맡겨지게 된다. 반면에, 기대하는 용도와 다른 사용으로 인한 낮은 목표효율성, 사회 전체의 효용을 감소시키는 단점을 가진다. 즉, 알코올 문제를 가진 빈곤계층에 지급된 생계비가 오히려 알코올을 구입하는 비용으로 사용됨으로써 수급자의 건강을 악화시켜 사회적 효용이 떨어지는 경우이다.

현물 또는 서비스는 의료서비스, 교육, 주택, 음식, 직업훈련 및 상담 등과 같은 것이며, 용도와 지출 억제를 통한 목표효율성 제고, 프로그램 이해관련 집단의 정치적 선호, 물품평등주의로 인한 프로그램 도입 용이, 규모의 경제 등과 같은 장점을 가진다. 반면에 스티그마 발생, 높은 프로그램 운영비용, 수급자 선택의 자유 제한 등과 같은 단점이 있다. 또한, 현물급여는 현물의 보관 및 유통 과정에 추가비용이 들어 관리운영에 대한 효율성이 떨어질 수 있다.

증서는 정부가 지불을 보증하는 일종의 전표로서 특정한 재화나 서비스를 구입할 수 있도록 구매력을 높여주는 소득지원의 한 형태이다. 이는 일정한 용도 내에서 수급자로 하여금 원하는 재화나 서비스를 자유롭게 선택할 수 있게 함으로써 이용자의 선택권을 강화하면서 제공자의 서비스 질 경쟁을 유도하는 장점을 가진다. 반면, 중간적 성격으로 확고한 정치적 지지가 없고, 현금보다 크지는 않지만 지정 용도와 다른 용도로의 사용에 따른 목표효율성 감소를 가져오는 문제를 가질 수 있다. 식권(food stamp)이나 교육증서(educational voucher) 등을 예로 들 수 있다. 최근 우리나라의 사회서비스혁신사업에서는 신용카드와 유사한 형태의 전자바우처를 지급하여, 월 일정액의 정부지원 비용을 서비스 이용에만 사용하도록 하는 방식을 사용하고 있다.

기회는 사회의 불이익 집단들에게 진학, 취업, 진급 등에서 유리한 기회 부여를 통한 불평등을 완화시키는 장점을 가지지만, 단순한 기회의 제공은 불평등을 완화하는 데 그다지 기여할 것이 없으며 사회의 기득권을 합리화하기 위한 수단으로 이용된다는 비판을 받는다. 학교 입학 시 소수인종 학생에게 특혜를 주는 것, 장애인의 무고용제 등을 기회의 예로 들 수 있다.

권력은 사회복지프로그램의 수급자로 하여금 정책결정 과정에 참여할 수 있는 권력을 주어 자신들에게 유리한 방향으로 정책의 내용들이 결정되도록 하는 것을 뜻한다. 그러나 수급자를 대표한 인물보다는 기존의 정책결정자들에 의해 선호되는 인물이 참여자로 선택되는 경향이 있으며, 참여율이 낮은데다 참여하는 경우에도 프로그램의 내용에 대한 이해가 낮아 실질적인 영향력을 행사하는 경우는 드물어 기득권의 합리화 도구로 전락하기 쉽다.

4 전달체계

사회복지 전달체계는 사회복지 관련 급여 및 서비스의 공급자와 소비자를 연결해 주는 조직적 체계라고 할 수 있다. 그 담당주체에는 중앙정부, 지방정부, 중앙정부와 지방정부의 혼합체계, 정부와 민간조직 혼합체계, 민간조직 등이 있다. 예를 들어 서울시 관악구에서 제공되는 노인복지서비스는 중앙정부가 정책지침을 정하게 되면, 서울시와 관악구의 예산을 수립한다. 그리고 서울시에서 수립된 사업예산이 관악구청에 전달되면 관악구의 구예산과 합하여 예산을 마련한다. 그리고 관악구의 담당부서에서는 지역의 노인복지관으로 예산을 지급하고 노인복지관에 근무하는 사회복지사는 그 예산에 의해 인건비와 운영비를 받아 서비스를 제공하게 되는 절차를 거친다.

우리나라 사회복지 전달체계는 정책은 중앙정부에서 예산은 지방자치단체에서 부담하는 형태로 2005년부터 구조화되어 있다. 그리고 실제적인 서비스 전달은 대부분 지방자치단체의 예산을 지원받는 민간비영리 사회복지법인이 운영하는 사회복지기관에 위탁되어 있다.

1) 민영화

민영화는 전통적으로 공공영역에서 제공하여 오던 서비스를 민간기관으로 제공주체를 이양하여 서비스를 제공하는 것을 말한다. 사회복지서비스의 민영화는 영국의 대처정부에 의해 정책적으로 추진되었으며, 그 목적은 정부기구의 통폐합, 기구축소 그리고 공무원의 감원을 통해 공공부문은 효율성 증진을 도모하고자 하는 것이다(박정호, 2001). 즉, 민영화가 추구하는 목표는 공공부문의 서비스가 가지는 관료적 획일성과 폐쇄성에서 벗어나 자유시장의 경쟁 논리를 도입함으로써 서비스의 질을 향상시키고 재정을 효율적으로 운영하는 것이다.

우리나라의 경우 전통적으로 국가가 직접적으로 제공한 경우는 매우 예외적인 상황이며, 전후 사회복지사업의 출발 자체가 민간 비영리조직에 예산을 지원하는 방식으로 이루어졌다. 따라서 일반적으로 공공영역에서 운영하던 사업을 민간영역으로 이양한다는 의미에서 민영화에 관한 논의는 우리나라의 사회복지 현실에서는 매우 제한적인 의미를 갖는다.

민영화가 추구하는 바는 공공영역의 서비스가 가지는 관료적 획일성과 폐쇄성에 의한 비효율을 제거하기 위해 자유시장의 경쟁논리를 도입하여 서비스 질의 향상과 재정의 효율성을 얻고자 하는 것이다(박정호, 2001). 이와 같은 민영화의 전제로 민간기관은 사회복지에 대한 높은 전문성을 가지고 있어야 하며, 시장에서 서비스 질 경쟁을 위한 다수의 서비스공급자를 가지고 있어야 한다. 이와 관련하여 우리나라 기존 사회복지 전달체계는 두 가지 측면의 문제를 가지고 있다.

첫째, 기존 서비스제공자 결정방식이 한 사업에 소요되는 예산을 특정의 사회복지기관에 전적으로 제공하는 계약에 의해 이루어졌다. 즉, 지역사회의 특정 사회복지사업은 하나의 기관에 의해 독점적으로 제공되는 방식으로 이루어졌기 때문에 실제 서비스의 전달이 얼마나 전문적이고 효과적인지를 평가할 방법이 거의 존재하지 않았다.

둘째, 기존 사회복지인프라는 정부의 지원에 의존하여 구축되어 왔기 때문에 민영화에 의한 경쟁체계가 수립될 수 있는 여건이 수립되지 않았다. 즉, 가장 기초적인 사회복지서비스를 제공할 수 있는 정도의 사회복지 인프라조차 구축되지 않는 상황이라 사회복지조직들 간의 경쟁체계는 형성될 수 없는 상황이다. 때문에 민영화는 단지 정부기구의 확장을 방지하는 역할 정도에 머물러 있다고 보는 것이 현실이다.

2) 영리화

전통적으로 사회복지서비스는 민간비영리기관에 의해 제공되었기 때문에 적어도 영리적인 것과는 거리가 멀었다. 그러나 최근 노인복지시설의 영리기관 운영을 법적으로 허용하고 있고 사회서비스 사업에서도 서비스제공자로서 영리기관의 참여를 인정하는 변화가 일어나고 있다. 그리고 향후 노인장기요양제도와 장애인요양제도에 있어서 영리조직의 사회복지서비스 참여는 더욱 확산될 전망이다.

우리나라의 상황에서 영리화가 가지는 장점은 사회복지서비스가 일정 정도 기업적 이윤을 보장해 주는 한 매우 빠른 속도로 인프라가 구축될 수 있다는 점이다. 그리고 수익 창출을 위해 기존 서비스보다 더욱 효과적이고 효율적인 서비스가 개발될 가능성도 있을 것이다. 반면 영리화가 과도하게 진행된다면 사회복지서비스 중 영리가 보장되지 않는 영역이나 지불능력이 없는 사회적 취약계층을 대상으로 한 서비스가 약화됨으로써 서비스 욕구가 높은 집단에게 오히려 서비스가 소멸되는 결과를 초래할 위험도 가지고 있다. 즉 우리나라에서 의료서비스가 더욱 필요한 의료급여대상자들이 서비스시장에서 오히려 차별당하는 것과 유사한 결과를 가져올 수 있다는 것이다.

길버트(Gilbert, 1984)는 비영리기관이 영리기관보다 이용자에 대한 책임성과 공익에 대한 고려수준이 높을 것이라는 것을 전제로 영리기관과 비영리기관 선택기준을 제시하고 있다.

첫째, 서비스의 표준화 정도가 하나의 선택기준이 된다. 즉, 공중예방접종과 같은 표준적 절차나 내용을 담고 있는 서비스는 일관적인 절차나 계획에 의해 운영되는 비영리기관이 영리기관보다 적합할 것이다. 그러나 치료서비스와 같이 사례별로 다른 기술이 필요한 서비스에는 적용하기 어렵다.

둘째, 클라이언트의 능력이 중요 기준이 된다. 즉 아동, 지적 장애인 등과 같이 그들에게 제공되는 서비스의 질을 평가할 능력이 부족한 이용자에 대한 서비스는 공적 책임성이나 자선의 윤리가 영리기관보다 비영리기관에 적합할 것이다.

셋째, 서비스의 강제성이다. 보호관찰이나 기초생활보장 조건부수급자의 서비스와 같이 강제적으로 제공되는 서비스는 이용자의 자유에 심각한 위협을 줄 수 있다. 이와 같은 경우 서비스제공기관의 공적 책임성이 매우 중요하기 때문에 비영리기관이 영리기관에 비해 적합하다는 것이다.

넷째, 규제적 환경의 정도가 하나의 기준이 될 수 있다. 영리기관과 비영리기관들이 규정이나 기준을 유지하고 이용자 보호를 보장하는 공공규제가 충분할 때에는 제공자가 누구인가는 그렇게 중요한 의미를 가지지 않는다. 그러나 공공규제가 불충분한 경우 공적 책임성이 강한 비영리조직이 적합할 수 있다.

3) 사회복지전달체계의 조건

효과적인 전달체계가 이루어지려면 사회복지기관의 행정구조적 측면과 서비스 제공자의 측면별로 갖추어야 할 조건이 있다. 행정구조적 측면은 최선의 행정적 지원이 갖추어진 상황에서 서비스를 받는 대상자의 욕구가 해결되도록 하는 것이다. 반면 서비스 제공자의 측면은 대상자에게 서비스를 제공하는 전문가들이 지켜야 할 원칙을 실천할 수 있는 환경을 만들어 주는 것이다.

(1) 행정구조적 측면

일선 사회복지기관에서는 다음과 같은 원칙의 행정구조가 갖추어졌을 때 효율적인 사회복지실천이 가능하다고 볼 수 있다(윤철수 외, 2012).

① 체계적인 기능분담

중앙정부에서부터 지방정부, 나아가 일선 사회복지기관에 이르기까지 모두 사회복지전달체계를 형성하고 있다. 그러나 각 주체별로 기능을 분담할 필요성을 가진다. 예컨대 보건복지부와 같은 상위체계에서는 정책을 결정하고 계획하며, 통제하는 기능을 담당한다. 중간체계에 해당하는 시·군·구 및 읍·면·동의 지방자치단체에서는 기획, 감독 및 지도의 기능을 맡고 마지막 하위체계인 일선 복지기관에서는 구체적인 서비스를 제공하는 부문에 초점을 맞추어 기능분담이 이루어져야 효율적인 서비스 제공이 이루어진다.

② 전문성에 따른 업무분담

사회복지서비스를 제공하는 과정에서 필요한 업무는 보다 전문성이 요구되는 업무와 상대적으로 전문성이 덜 요구되는 업무로 분류될 수 있다. 예를 들면 대상자의 욕구 파악, 진단, 서비스 판정 및 평가에 관련된 업무는 상대적으로 전문성이 높은 업무라고 한다면 보고서의 정리나 보관, 대상자의 소재지 파악 등과 같은 전문가의 감독 아래 이루어질 수 있는 업무도 있다. 또한 전문가의 전문성이 발휘되어 필요한 행정구조를 만드는 것도 필요하다. 전문가로서의 능력을 발휘하기 위해 필요한 권위나 자유재량권 등을 부여하는 것이다.

③ 책임성

사회복지서비스를 제공하는 사람은 정확한 절차에 따라 서비스를 전달해야 할 책임이 있다. 구체적으로 사회에 대한 책임, 대상자에 대한 책임, 전문가로써의 책임으로 나누어 볼 수 있다. 먼저 사회에 대한 책임은 실적평가, 감사 결과, 업무 태만 등과 같은 사실이 발견되면 해당 기관에 신속하게 책임을 물을 수 있는 행정체계가 되어야 한다는 뜻이다. 대상자에 대한 책임은 대상자의 욕구를 최대한 해결해야 하는 책임을 의미하며, 클라이언트의 불만이나 비판도 표현할 수 있도록 하는 행정체계를 갖추어야 할 것이다. 또한 전문가로서 지켜야 할 사회복지 윤리강령을 준수하고 만약 부적절한 행위가 있을 때는 조치를 취하게 하는 행정체계가 필요하다.

④ 접근성

서비스를 필요로 하는 대상자가 적절한 시기에 적절한 장소에서 서비스를 받을 수 있도록 하는 전달체계가 필요하다. 적절한 시기에 서비스를 받지 못하여 문제가 악화되는 경우에는 동일한 서비스를 제공하더라도 서비스의 효과가 떨어진다. 또한 적절한 장소에서 서비스를 받을 수 있는가의 여부에 따라 서비스를 이용하게 되기도 하고 그렇지 못하기도 한다. 예를 들면, 가정폭력 문제로 상담이 필요한 여성 대상자가 몇 시간이나 걸리는 장소에 가야지만 상담을 받을 수 있다면 번거로움에 상담을 포기할 수도 있을 것이다. 이런 경우 문제는 더욱 심각해지고 돌이킬 수 없는 상황에 이를 수도 있다. 나아가 서비스 제공기관에 대한 정보를 가지고 있지 못해 서비스가 필요한 대상자가 도움을 받지 못하는 경우, 설령 기관에 대해 잘 알고 있으나 해당 복지기관에 대한 심리적 거부감으로 인해 서비스를 이용하지 않는 경우 등도 접근성의 차원에서는 문제가 있다. 그러므로 이런 경우 기관에서 잠재적 복지 대상자를 찾아내고 대상자에게 직접 찾아가는 방법을 통해 서비스에 대한 접근성을 높일 필요가 있다.

⑤ 지역사회에 참여

현대사회에서 사회복지 대상자가 늘어나고 대상자가 가진 문제가 복잡해지면서 공적 서비스만으로는 부족한 경우가 많아졌다. 따라서 가족을 포함한 지역사회의 다양한 자원을 활용하여야 할 필요성이 높아지고 있다. 자원봉사활동의 촉진이나 민간 복지영역의 확대 등과 같은 지역적 차원의 노력이 더욱 필요하다.

⑥ 조사와 연구

서비스를 효율적으로 전달하기 위해서는 과학적 방법에 근거한 욕구 조사와 이를 토대로 한 서비스 전달이 필요하다. 또한, 전달한 서비스가 어떤 효과를 가져왔는지를 평가함으로써 보다 효율적인 서비스 제공이 가능하다. 뿐만 아니라 어떤 서비스나 프로그램이 필요한지 새롭게 발굴하고 관리하는 연구방법을 통해 사회복지의 전문성을 발휘할 수 있다.

(2) 서비스 제공자 측면

서비스 제공자는 다음과 같은 원칙을 가지고 대상자에게 서비스를 제공할 때 보다 효율적인 전달이 가능하다.

① 평등성의 원칙

이 원칙은 사회구성원 모두가 사회복지서비스의 대상자이며 서비스를 이용할 권리가 있다는 사실에 근거한다. 다시 말해 대상자의 성, 연령, 지역, 종교 등에 의해 차별받지 않고 서비스를 필요로 하는 경우에 이용할 수 있도록 하는 것이다. 그러나 현실적으로 서비스의 양은 한정적이기 때문에 서비스 대상자의 적격 여부를 판단할 때에는 우선순위의 기준에 입각하여 제공하는 실정이다.

② 자립지원의 원칙

사회복지에서 목표하는 바는 아무리 좋은 사회복지서비스라도 끊임없이 서비스를 제공하는 것이 아니라 하루빨리 대상자가 서비스 혹은 지원을 받지 않아도 되도록 지원하는 것이다. 대상자 스스로가 자립하고 정상적으로 사회에 복귀하도록 서비스 제공자는 노력해야 한다.

③ 적절성의 원칙

대상자의 욕구와 전문가가 판단한 욕구 사이에는 차이가 있을 수 있다. 즉, 대상자가 아무리 많은 도움이 필요하다고 호소하더라도 전문가로서 적절한 서비스의 양과 기간을 판단하여 문제를 해결해야 한다.

④ 포괄성의 원칙

통합 · 조정의 원칙에서 살펴본 바와 같이 다양한 문제가 얽혀 있는 대상자는 복지에 대한 욕구뿐만 아니라 교육, 의료, 소득 등의 욕구를 동시에 가질 수 있다. 이상적인 전달체계에서는 대상자의 다양한 욕구를 충족시킬 수 있도록 포괄적인 체계가 조직화되어야 한다.

⑤ 지속성의 원칙

서비스가 필요한 대상자에게 문제가 해결될 때까지 대상자의 상황에 맞게 서비스 내용을 적절히 바꾸어가면서 지속적으로 제공될 때 비로소 서비스의 효과를 얻을 수 있다. 도중에 서비스 담당자가 바뀌는 경우에도 지속적으로 필요한 서비스가 전달될 수 있도록 체계를 갖추어야 한다. 포괄성의 원칙, 적절성의 원칙과 밀접한 관련이 있다.

⑥ 가족중심의 원칙

개인에게서 나타나는 많은 문제는 가족, 집단, 지역사회의 구조적 문제로 시작된다. 문제해결이 필요한 대상자는 개인이나 근본적인 문제를 극복하기 위해서는 가족중심의 단위로 개입해야 하는 경우가 많다.

5 재원

사회복지 재원은 크게 공공재원과 민간재원으로 구분할 수 있고 공공재원은 다시 일반조세수입과 사회보험료, 민간재원은 이용자 부담, 기부금 등으로 구분할 수 있다.

1) 공공재원

(1) 조세

조세는 과세 주체별로 보면 중앙정부가 징수하는 국세와 지방자치단체가 징수하는 지방세가 있다. 국세는 국가의 수입에 포함되어 국방, 외교, 사회기반시설 구축, 사회보장 등에 소요되는 재원으로 사용된다. 지방세는 지방자체단체의 수입에 포함되어 지역경제발전이나 보건위생, 교육 등 주민들의 복지를 위해 사용된다. 일반조세수입은 소득세, 소비세, 부유세 등 다양한 조세로 구성된다. 지방세소득세는 부담능력을 고려하여 누진세율로 부과됨으로써 소득재분배효과가 크다. 반면에 소비세는 부담능력을 고려하지 않고 상품을 소비할 때마다 부과되며, 소득재분배효과가 상대적으로 적다. 부유세는 일반예산 가운데 가장 적은 비중이며 재산세, 상속세, 증여세 등이 있다.

어떤 조세가 누진적이라고 함은 경제적 능력이 클수록, 즉 소득이 높을수록 조세부담률이 높아지는 것을 의미한다. 일반조세의 장점은 다른 재원에 비해서 누진적이라서 소득재분배 효과가 크며, 소득재분배적 급여를 하는 데 있어서 제약이 적다. 그리고 급여의 보편성을 획득하는 데 유리하며, 민간재원에 비해 안정성이 높다. 그러나 사회보장재원으로서의 일반조세는 다른 정부정책 프로그램과 경쟁해야 하며 용도가 정해지지 않아 사회보험료에 비해 조세저항이 크다.

일반조세 수입에 의한 사회복지서비스 재정은 지방교부세로서 지방자치단체에 교부되어 사회복지서비스가 이용자에게 전달된다. 참여정부는 지방분권과 국가균형발전을 핵심적인 국정과제로 설정하고 가시화된 정책성과의 하나로 국가보조금을 2004년 7월 크게 개편하였다. 이와 같은 개혁은 지방교부세법 제3조의 개정을 통하여 보통교부세와 특별교부세로 이루어진 지방교부세를 분권교부세를 신설하였다.

2005년 12월 개정된 지방교부세법은 교부세 총액을 내국세 총액의 19.13%에서 19.24%로 상향조정되었으며, 이에 따라 분권교부세는 내국세 총액의 0.83%에서

0.94%로 상향되었다. 이와 같이 분권교부세 형태로 지원되는 사회복지서비스 예산은 이전까지 중앙정부에서 사업별, 프로그램별로 지원하던 방식에 비하여 지방자치단체의 사회복지에 대한 재량권을 크게 확대하였다. 그러나 지방재량의 확대 이후에 실제적으로 지방자치단체에서 사회복지서비스를 확대하는 경향은 찾기 어려우며, 오히려 사회복지예산의 동결이나 축소 형태로 나타나 지방자치단체의 다른 사업에 비해 우선순위가 밀려나고 있는 상황이다. 이에 대한 대안으로 제시되고 있는 방안은 분권교부세를 복지분권교부세로 개정하여 지방자치단체에서 사회복지 이외의 용도로 사용하는 것을 방지해야 한다는 주장이 나타나고 있다.

(2) 사회보험료

사회보험료는 자본주의 시장에서의 사회계층상의 위치를 변화시키지 않으면서 위험발생 시 과거의 소득에 비례하여 보장함으로써 정치적 지지기반이 넓다. 그리고 급여에 대한 권리의식이 강하며 자조의 이념에 입각함으로써 적선에 대한 거부감을 축소시키고 지출용도가 정해져 있으므로 부과에 대한 거부감이 상대적으로 적다.

보험료임에도 공공부문의 재원으로 분류하는 이유는 사회보험료는 국가에 의해 조세처럼 강제로 부과하며 또한 관리나 운영도 공공기관에서 이루어지기 때문이다.

사회보험의 단점은 자산소득이 보험료 부과 대상소득에서 제외되어 역진적 현상이 나타나며 보험료 부과는 모든 소득이 아닌 상한선 이하의 소득에 대해서만 부과되며, 소득세와 같이 가족 수나 욕구에 따른 감면이 없고, 근로자 고용비율이 높은 노동집중적인 산업은 그 비율이 낮은 자본집중적인 산업에 비해 보험료 비용 면에서 불리하다는 것이다.

현재까지 우리나라에서는 사회보험에 의한 사회복지급여는 의료서비스 형태로 주어지는 건강보험을 제외하면 주로 현금급여 형태로 제공되었다. 2008년부터 시행되고 있는 노인장기요양제도는 노인의 케어를 위한 사회복지서비스를 사회보험에 의해 직접적으로 제공하고 있다.

2) 민간재원

(1) 이용자부담

이용자부담(user fee)은 서비스를 이용할 때 서비스 비용의 전액 혹은 일부 비용을 이용자가 부담하는 것을 말한다. 복지서비스의 이용자가 저소득층을 많이 포함하고 있기 때문에 이용자에게 부담을 주는 것이 바람직하지 않을 수도 있으나 불필요한 서비스의 이용을 억제하여 서비스 남용과 도덕적 해이를 방지한다. 그리고 과도한 정부부담의 한계를 극복할 수 있으며 서비스의 질을 제고시키고 수치심을 줄이고 자기존중감을 높일 수 있다는 장점을 가진다. 그러나 저소득층에게 부담으로 작용하여 서비스 이용을 억제시키는 단점을 가진다. 사회복지관 이용 시 지불하는 서비스에 대한 실비, 건강보험의 자기부담금, 사회서비스 혁신사업의 바우처 사용 시 자기부담금이 여기에 해당된다.

(2) 자발적 기여

자발적 기여(voluntary contribution)는 개인이나 기업, 재단 등이 자선사업이나 공공사업을 돕기 위하여 대가 없이 내놓은 돈을 말한다. 이는 시장 실패나 정부 실패를 보완하며 다원화된 사회에서 특정지역이나 집단의 특수한 욕구를 해결할 수 있으며, 새롭고 창의적인 서비스의 개발에 용이하다. 그러나 국가 전체적인 포괄적 통합적 정책발전에 장애가 되며 재원의 불안정성과 지속적 체계적 정책수립이 곤란하다는 문제를 가진다. 또한, 자발적 기여는 대부분 세제감면의 혜택을 받는데, 이때 고소득층의 한계세율이 높기 때문에 세금감면을 통한 실질적인 이득은 고소득층에 크다는 점이 있다.

자발적 기여는 공공부문의 사회복지가 발전되기 이전에는 중요한 역할을 하였으며 오늘날에도 국가에 따라서 혹은 사회복지 분야에 따라 여전히 중요한 역할을 하고 있다. 민간의 기부문화를 활성화하고 기부금을 합리적으로 활용하기 위하여 우리나라에서는 「사회복지공동모금회법」을 근거로 사회복지공동모금회가 설립되어 운영되고 있다. 사회복지공동모금회에 기부된 금품에 대해서는 조세에 대한 감면혜택을 제공함으로써 기부문화를 활성화하며, 합리적이고 투명한 배분 과정을 법규에 의해 제도화하여 공신력을 확보하고 있다.

(3) 기업복지

기업복지란 기업의 사용자가 피고용자에게 주는 임금 이외의 사회복지적인 급여를 말한다. 일반적으로 공공부문의 복지가 발전한 나라일수록 기업복지의 규모는 작지만 우리나라처럼 공공부문의 사회복지가 부족한 국가들에서는 기업복지의 규모도 크고 프로그램도 다양하다. 기업복지 프로그램에는 대부분의 국가가 조세감면 혜택을 주고 근로자들의 충성심을 높일 수 있는 수단이 되기 때문에 기업과 근로자 양자의 이해관계가 맞닿아 있다. 기업복지의 재원은 사용자의 입장에서 본다면 피고용자들에게 직접적인 임금 대신 기업복지 형태의 지급이 세제상 유리하고, 양질의 근로자들을 고용하고 유지할 수 있다는 점에서 필요하다. 피고용자의 입장에서도 임금 대신 기업복지의 형태로 보상받는 것이 유리하다. 일반적으로 기업복지 형태의 급여는 과세 대상에서 제외되기 때문에 개인소득세의 높은 누진적인 조세율에서는 기업복지 형태의 급여가 임금보다 순이득의 측면에서 유리할 수 있다. 정부의 입장에서 보더라도 기업복지의 재원은 필요한 부분인데 이는 기업복지의 확대가 국가복지에서 사용할 재원을 절감시켜 주는 요인이 되기 때문이라고 할 수 있다.

그러나 기업복지의 수급자들이 주로 중간계층 혹은 고소득층이라는 점에 있어서 지나치게 확대되는 것은 바람직하지 않으며 공통적으로 필요한 기업복지의 프로그램은 공공정책으로 제공하는 것이 필요하다.

Chapter 05

사회복지의 역사

1. 서양의 사회복지 발달
2. 한국의 사회복지 발달

05 Chapter

social welfare

사회복지의 역사

사회복지의 역사를 통해 사회복지가 어떤 과정을 통해 발전해 왔는가를 유추해 볼 수 있다. 그러므로 사회복지를 이해하기 위해서는 역사에 대한 고찰이 먼저 선행되어야 하며 이를 위해서는 사회복지발달사에 대한 의의를 이해할 수 있어야 한다. 사회복지발달사 또는 역사에 대해 이해함으로써 우리가 얻을 수 있는 것은 다음과 같다.

첫째, 현대사회에 이르러 정착된 사회복지 생성 및 발달 과정 그리고 역사적 특성을 이해할 수 있다. 사회복지의 등장과 발전은 자본주의의 생성 및 발전과 그 축을 함께해왔다. 실제적으로 오늘날 많은 국가들이 시행하고 있는 복지제도들은 자본주의 발전 과정에서 발생한 사회적 위협 요인으로 등장한 문제들과 그 속에 사는 사람들의 욕구에 대한 대응이라고 할 수 있다.

둘째, 과거 사회문제 및 사회적 욕구 그리고 이에 대응했던 사회복지제도 및 프로그램의 등장과 변천 과정에서 나타난 성공 및 실패 원인, 조건, 배경 등에 대한 지식을 확보함으로써 현재의 사회복지정책, 제도, 프로그램 개발에 활용할 수 있다. 우리나라는 서구 선진자본주의 국가들에 비해 200년 이상 자본주의의 시작이 늦었으며 그 발전 과정은 유례가 없을 정도로 압축적이고 빨랐다. 사회복지제도의 경우도 비슷한 양상을 보여 왔다. 이 때문에 선진국의 경험과 그들의 사회복지 역사를 살펴보는 것은 오늘날 우리에게 발생할 수 있는 여러 가지 다양한 문제를 효과적으로 대처할 수 있게 한다.

셋째, 사회복지의 역사에 대한 이해를 통해 궁극적으로는 우리 사회에 적합한 사회복지제도 발달에 관한 모델을 개발하는 데 중요한 아이디어를 얻을 수 있다.

이와 같이 사회복지의 역사를 공부하는 이유는 과거의 역사적 경험을 과학적으로 인식하고 분석하여 제반 사회의 여러 가지 현상에 대한 이해도를 높임으로써 미래의 전망을 예측할 수 있게 하며 과거를 통해 교훈과 대안을 얻으려는 것이다. 따라서 우리가 역사 연구에 관심을 가지고 고찰해야 할 것은 역사에 대한 재인식을 통해 역사의 각 단계에서 사회복지의 발달을 가져오게 했던 결정적 요소가 무엇이었는지, 사회복지가 어떤 시대적 단계를 거쳐 발달하게 되는지에 대한 부분이 될 것이다.

1 서양의 사회복지 발달

1) 영국

영국의 사회복지는 다른 나라에 비해 일찍 시작되었을 뿐만 아니라 다른 나라에도 많은 영향을 끼쳤다. 세계에서 가장 먼저 산업화가 이루어졌으며 구빈법을 비롯한 다양한 사회복지제도가 출현하였다. 따라서 영국 사회복지 역사의 본격적 시작이라고 할 수 있는 구빈제도의 도입 배경과 변천 과정, 이와 더불어 민간단체 등의 사회복지활동 참여와 영국의 사회복지 축소정책의 역사적 과정을 단계별로 살펴보고자 한다.

(1) 구빈법 이전

중세의 봉건제도시대 초기에는 영주와 농민, 국왕과 신하 등 주종관계가 엄격한 사회였으며 종교단체의 영향력이 강했던 시대이다. 농노는 영주의 토지에 귀속되어 있었으며 따라서 농노의 생활은 전적으로 자신이 소속된 영주의 관리와 지배 형태에 따라 좌우되었다. 중세 중기에는 인구의 증가와 함께 경작지역이 확대되었으며 초기 형태의 시장경제가 형성되었고 많은 인구가 도시에 집중하기 시작한 시기이다. 대부분의 소작농은 소지주로 신분이 상승하였으며 영주와 소작농 간에 다양한 문제가 발생하게 됨으로써 긴장관계가 형성되었다. 후기 중세에는 새로운 도시가 형성되고 식민지 국가들이 귀속되면서 국제무역과 화폐경제가 본격화되기 시작하였으며 임금에 의한 노동시장이 등장하여 영주와 농노 간의 전통적 예속관계가 종식됨으로써 농노는 자유와 독립을 쟁취하게 되었다. 이러한 봉건제도의 붕괴는 많은 사람들에게 자유를 가져다주었으나 또 다른 한편으로는 수많은 걸인과 부랑인을 양산하는 계기가 되었다.

중세시대의 공식적 사회복지 활동은 종교, 길드, 민간자선단체를 중심으로 이루어졌다. 먼저 기독교를 중심으로 한 자선사업활동은 성도 간의 상호부조와 지역 내 빈민구제활동으로 이루어졌으며, 중세 상인의 길드를 통해 공제제도로써 상호부조활동이 실시되었고, 민간자선단체에서는 구빈원 등 임시보호시설을 설치하여 가난한 이주자에게 무료숙식을 제공하거나 응급구호서비스 등을 실시하였다(김승용 외, 2010).

그러나 1315년에 시작된 홍수와 기근, 1347년에 시작된 흑사병으로 인한 노동인구의 급속한 감소는 임금상승을 불러왔으며, 이것이 원인이 되어 체제 유지를 목적으로 농노의 자유와 노동력에 대한 통제제도가 된 노동자법이 1351년에 만들어지게 되었다. 이 법은 부랑과 구걸행위의 예방, 노동능력이 있는 빈민에 대한 자선과 그들이 살고 있는 교구를 떠나는 것을 금지시켰다. 1531년에는 노동능력이 없는 노인이나 빈민의 구호신청을 조사하고 걸인을 등록하도록 하여 구걸허가증을 발급하도록 하였으나 노동능력이 있는 걸인에게는 태형을 가했고 구걸하는 곳이 고향이 아닐 경우 이전 3년 이상 거주지로 추방할 수 있도록 하는 「걸인에 대한 처벌법」을 마련하였다.

1536년에는 노동능력이 있는 나태한 부랑인을 처벌하기 위해서 「건장한 부랑인 및 걸인처벌법」이 제정되었다. 이 법의 내용은 빈민을 위한 구제비용은 자선과 기여를 통해 조달하도록 하였으며 치안판사와 시장이 미성년 걸인(5~13세)은 도제로 보내고 거부하면 매질을 가하며, 부랑인이 두 번 체포되면 매질과 귀를 자르고 세 번 체포되면 사형에 처한다는 내용을 포함하고 있다.

1547년 헨리 8세 사망 이후 부랑인을 처벌하기 위해 농노로 만드는 법이 제정되었는데 이 법에서는 노동능력자가 3일 이상 노동을 거부하면 가슴에 인두로 V자 낙인을 찍어 노예로 삼으며 도망칠 경우 이마에 S자 낙인을 찍어 평생 노예로 만든다는 내용을 포함한다.

1576년에는 빈민에게 강제로 일을 시킬 수 있는 법이 제정되었다. 노동능력자는 작업장에서 강제로 노역을 시키고 노동무능력자는 자선원에 입소시켜 보호하며 나태한 빈민은 교정원에서 처벌하는 내용을 포함하고 있다.

(2) 엘리자베스 구빈법

1601년 엘리자베스 구빈법은 빈곤에 대한 국가의 책임을 성문화하고 국세를 빈민구제사업에 투입했다는 데 그 의미를 둔다. 엘리자베스 구빈법은 이미 이전에 구민법들의 내용을 집대성하여 실시한 것으로 14세기 이후에 실시한 빈민통제와 노동통제 및 빈민구제에 대한 국가의 법적 및 재정적 책임을 확고히 하고 있다. 이와 같이 엘리자베스 구빈법은 최초의 공공부조라는 것에 의의를 가지나 보편적인 의미의 공공부조가 아니라 상당히 선별적인 의미의 공공부조라고 할 수 있다. 즉, 이 법에서는 노동능력의 유무에 따라서 노동능력이 있는 빈민과 노동능력이 없는 빈민, 요보호아동으로 구분하여 구제를 시행하였다. 이 구빈법의 특징은 빈민통제와 노동의 통제, 그리고 빈민구제에 대한 국가의 법적이고 재정적인 책임을 확인하고 구빈행정에 대한 전국적 구조를 수립하였으며 빈민을 차별적으로 분류하고, 또한 근로와 구빈을 연계하였다는 점을 들 수 있다(문수열 외, 2011).

① 노동능력이 있는 건장한 빈민

이 빈민들은 교정원이나 작업장에서 강제노동을 시켰다. 일반시민들이 이들에게 시혜를 베풀 수 없도록 하였으며 다른 교구에서 온 걸인들은 그들이 최종적으로 1년간 거주한 장소로 되돌려 보내졌다. 또한 교정원에서 작업을 거부하는 걸인이나 완강한 부랑자들은 유치장에 감금시켰다.

② 노동능력이 없는 빈민

이들은 병자, 노인, 맹인, 귀머거리, 벙어리, 절름발이, 정신이상자 그리고 어린아이들이 딸린 어머니들로 이들은 구빈원에 수용되어 제한된 도움을 주었다. 만일 이들에게 거처할 집이 있다면 빈민감독관들이 원외구호의 형태로 음식과 의류 및 난방을 위한 현물을 그들의 집으로 보내는 것을 허용했다.

③ 요보호아동

요보호아동은 고아나 기아 또는 양쪽 부모들이 모두 도피해 버린 가정의 아이들이나 부모가 있어도 너무 가난해 실제로 아이를 양육할 수 없는 가정의 아동들이 속한다. 이러한 아동들을 데려가 키우겠다는 시민이 있는 경우 국가에서는 이를 허락하였으며 만일 그러한 가정이 나타나지 않는 경우에는 경매입찰자에게 주어지기도 했다. 8세 또는 그 이상 연령의 아동으로 가사 또는 기타 일을 할 수 있는 아동들은 도제계약을 맺게 하였다. 소년의 경우 24세까지 주인의 기술을 배워 일을 하게 하였으며 소녀의 경우에는 21살 또는 결혼할 때까지 집안일을 돌보는 하녀로 도제생활을 하게 하였다.

구빈법의 주요 시행 원칙에 대해 살펴보면 다음과 같다.

- **국가책임의 원칙**: 빈민구제에 대해 교회가 아니라 국가의 책임을 인정하였다. 이를 위해 정부는 지방세액을 증가시켰고 모든 교구에 구빈감독관을 임명하여 구빈업무와 지방세 징수업무를 관장케 하였다. 구빈을 담당하는 행정기관을 설립하고 빈곤자를 위한 구빈세를 부과하였다.
- **차별처우의 원칙**: 빈곤자를 3가지 유형으로 구분하였는데 노동능력이 있는 자, 노동능력이 없는 자, 빈곤아동(요보호아동)으로 구분하여 처우를 하였다.
- **가족책임의 원칙**: 빈곤에 대한 책임은 1차적으로 친족책임을 원칙으로 하고 보호할 가족이 있을 경우 구제 대상에서 제외하였다.

(3) 구빈법의 변화

① 정주법(1662년, 부랑인단속법)

정주법은 빈민의 자유로운 이동을 금지한 법령으로 이 법은 걸인들이 부유한 교구로 이동해 다니기 때문에 교구에서는 자기 교구 내에서 출생한 자에 대해서만 책임지고자 하는 배경에 의해 생겨나게 되었다. 이 시기의 빈민이나 걸인들은 구빈원의 혜택이 있는 지역이나 부유한 교구를 찾아다녔기 때문에 이로 인해 많은 부랑자군이 발생하여 부유한 교구민들의 세금부담을 증가시켰다. 자기 교구 내의 빈민보호에 대한 책임을 지고 있는 각 교구는 다른 지역으로부터 이주해 오는 빈민으로 말미암아 구호의 부담이 증가되는 것을 원치 않았다. 또한 노동력의 확보 차원에서도 빈민들의 자유로운 이동을 금지하는 법령을 제정하기 위해 만들어졌다.

② 작업장법(1722)

작업장법은 노동이 가능한 빈민을 고용하여 국가적 부의 증대에 기여코자 하는 목적으로 빈민에게 노동을 강제함으로써 구빈재정의 지출을 줄여보고자 하는 의도에서 만들어지게 되었다. 작업장 건설은 각 교구의 자유였으나 규모가 작은 교구는 독자적으로 작업장을 설치하는 것이 재정적으로 무리였기 때문에 여러 교구가 연합해서 작업장을 설치하게 되었다. 작업장은 매우 엄격하게 통제되었으며 만약 규율을 어기게 되는 경우 족쇄나 감금 등의 비인간적인 처벌이 가해졌다. 작업장 수용을 거부하는 빈민들은 구제등록부를 삭제하여 구제받을 자격을 박탈하였다. 이와 같은 작업장법은 수용을 전제로 구제하기 위한 법이었으나 결과적으로 빈민들에게는 빈민의 자유를 구속하고 혐오와 공포를 조성하여 빈민구제신청을 하지 않게 하였다.

③ 길버트법(1782)

길버트법은 작업장에서의 빈민에 비참한 생활과 착취를 개선할 것을 목적으로 하원의원인 길버트가 제안하여 통과된 법이다. 이 법은 빈민의 처우를 개선하고자 한 인도주의적인 법으로 원내구호를 원외구호로 바꾸고 노동능력이 있는 빈민에 대해 직업알선을 하고 직업을 얻을 때까지 구제하도록 한 거택보호, 원외구제를 처음으로 인정한 법이다. 오늘날 거택구호제도의 시발점이 되었으며 이 법의 시행은 최초로 근대적 의미의 고용과 실업대책의 시작이 되었다.

④ 스핀햄랜드법(1795)

이 법은 버크셔주의 스핀햄랜드 치안판사회의에서 제정되어 지명을 따서 이름이 붙여진 것이다. 스핀햄랜드법은 최저생계비보다 적게 버는 노동자들의 임금에 대해 그 부족분을 보조해 주는 제도로 오늘날 가족수당, 최저생활보장의 기반이 되었다. 이 법은 가족규모에 따라 그것이 그들 가정의 부양이든 혹은 저임금 보충이든 간에 빈곤자 가정에 대한 구호수당을 인정한 것이라고 볼 수 있다. 노인, 허약자, 장애인들을 위한 원외구호로 광범위하게 활용되었다. 이 법은 이전 여러 가지 법에 비해 매우 인도주의적이고 자비로웠으며 빈민구제에 따른 낙인이 존재하지 않았다. 그러나 이에 대한 부작용은 고용주가 저임금을 지급해도 구빈세로부터 보조금이 나왔기 때문에 노동자를 위한 임금보조금이 아니라 고용주에 대한 보조금이 되어 버렸다.

노동자 또한 수입이 적어도 교구로부터 부족분이 충당될 수 있었기 때문에 열심히 일을 하지 않는, 노동능률의 저하가 발생되기도 하였다.

⑤ 신구빈법(1843)

자본주의 발달과 더불어 도시의 노동자 계급이 등장하게 되고 이들의 열악한 생활조건, 만성적이고 주기적인 실업, 극도의 저임금, 열악한 위생과 환경 등은 또 다른 사회문제를 일으키게 하였다. 이로 인해 영국의 지배층은 구빈법을 개정하여 개정구빈법을 만들었다. 이 법에서는 이전에 실시되었던 원외구제를 폐지하고 원내의 구빈기준도 낮추고 정주법도 완화하여 노동능력이 있는 빈민에게 노동을 강제하는 것을 목적으로 하였다. 신빈민법의 세 가지 원칙을 살펴보면 다음과 같다.

- **전국균일처우의 원칙**: 런던에 중앙감독청을 두어 구빈행정을 총감독함으로써 재정의 낭비를 막고 전국적으로 통일시키고자 하였으며 이는 행정의 중앙집권화를 뜻하는 것으로 볼 수 있다.
- **열등처우의 원칙**: 빈민구제의 구제수준이 스스로 일해서 생계를 유지하는 최하위노동자 생활수준보다 높지 않아야 한다는 것으로 빈민들이 노동을 하도록 하는 것에 목적을 두었다.
- **작업장수용의 원칙**: 작업장 수용의 원칙은 원외구호를 법적으로 금지하게 하는 원칙으로 병자, 장애인이나 노약자, 모자가족 등의 노동능력이 없는 빈민을 제외하고는 모두 작업장에서 수용해야만 구빈의 대상이 될 수 있다는 원칙이다.

이외에도 빈민들에 대한 선거권의 제한, 사적부양의무의 이양, 자산조사의 실시 등을 규정하였으며 빈곤의 원인을 태만이나 개인의 도덕적 결함에 있다고 보아 빈곤자는 범죄자와 같이 취급하고 억압하였다. 신빈민법으로 개정함으로써 빈민구제 비용은 상당히 감축되었으며 전국적으로는 통일된 구빈행정체계가 수립되었다. 또한 열등처우의 원칙으로 자유노동시장을 발달하게 되었으며 노동이 가능한 노동자들에게는 구제를 단념하게 만드는 계기가 되었다.

개정빈민법으로 구빈을 줄이고자 하는 목적은 달성하였으나 당시 불어 닥친 공황과 대량실업은 개정구빈법의 적용을 어렵게 하였다. 특히 농촌지역의 만성적 실업자를 주된 대상으로 하는 작업장 제도는 공업지대의 일시적 실업자에게는 적절하지 않았다. 20세기 초 실업문제가 점점 더 심각해지자 개정구빈법은 재검토가 불가피하게 되었고 1948년 국민부조법이 제정되면서 구빈법은 완전히 폐지되게 되었다.

개정구빈법은 세계 여러 나라의 사회보장제도의 발달에 커다란 영향을 주었다. 즉, 개정구빈법의 열등처우 원칙은 생활보호의 보호수준을 설정하는 기준이 되었다. 또한, 작업장 제도의 원칙은 재가보호가 아닌 수용시설 보호 위주의 서비스 실시에 기여하였으며 전국적 균일처우의 원칙은 중앙정부 중심의 사회복지 행정에 기초가 되었다.

(4) 근대 사회사업 시기

봉건사회에서 자본주의 사회로 전환되는 시기에 개정구빈법의 결과로 구빈 비용의 지출은 감소하였으나 빈민은 계속적으로 증가하게 되었다. 산업화 이후 경제적인 부를 획득한 신흥자본가계급들은 도시빈민에 대한 사회복지활동을 시작하였는데 이를 민간복지활동의 시작으로 볼 수 있을 것이다. 그 큰 흐름에 사회개량운동, 자선조직화운동과 인보관운동이 있었다.

① 사회개량운동

사회개량운동 중 가장 핵심적인 운동은 차티스트운동과 노동조합운동이었다. 차티스트운동(Chartist Movement)은 1830년에 노동자들의 정치적 목소리가 나오기 시작한 연대로 노동자들의 참정권을 획득하고자 한 운동이었다. 이들의 정치적 요구는 받아들여지지 않았으나 이를 계기로 노동자들의 관심이 정치적 목적에서 경제적 개선으로 방향 전환을 하게 되었다. 그리하여 1844년 노동자들이 소유한 협동조합 매점이 개설되었다. 소비자 협동조합의 모형은 당시 직물공장 주인이었던 로버트 원(Robert Owen)에 의해 제안되었다. 그는 적절한 임금과 위생적 노동조건이 노동자들을 만족시키게 되고 이로 인해 이윤을 창출할 수 있게 된다는 신념을 가지고 있었다. 또한 로버트 원은 가옥이나 도로의 개량, 공장 내부의 재배치, 신구기계의 교환에도 관심을 가지고 있었다. 그러나 차티스트운동은 1848년 대청원 시위가 억압되고 청원이 부결됨으로써 좌절되었다.

그러나 차티스트운동의 좌절은 종교인 및 지식인들을 중심으로 교육을 통해 노동자들의 사회적 조직을 개선하게 하였으며 기독교 사회주의자들은 교회를 통해 교육이나 협동조합 조직을 지원하게 되었다.

이후 1884년에 페이비언협회(Fabian society)가 창설되어 점진적 사회주의를 내세웠으며 의회정치와 사회보장 등을 통해 부와 소득의 재분배를 추구하고자 하였다. 이들은 여성의 참정권, 임금 및 노동, 주택개량, 교육 등의 분야에서 실질적인 개혁이나 개량을 주장하였다. 이러한 주장은 이후 노동당의 기본 강령으로 채택되었으며 노동자들의 조직화나 사회입법 제정에 영향을 미치게 되었다.

② 자선조직협회(Charity Organization Society: COS)

자선조직협회(1869)는 구빈활동의 중복이나 낭비를 방지하기 위해 런던에서 처음 설립되었다. 협회의 창립 목적은 중복 구제를 없애기 위해 여러 자선활동의 조정이나 환경조사를 통한 적절한 원조제공에 있었다. 중복 구제를 피하기 위해 연락기관이 설치된 것은 오늘날 지역사회사업으로 발전한 계기가 되었으며 빈민에 대한 철저한 환경조사는 가족사회사업 또는 개별사회사업으로 발전할 수 있는 계기를 마련해 주었다. 자선조직협회는 서비스를 받을 자격이 있는지에 대해 우애방문원(friendly visitor)이라는 자원봉사자를 동원하여 자산조사를 실시하였다. 우애방문원들은 대개 중상류층의 부인들 · 독지가 · 종교인 등으로 구성되었다. 자선조직협회는 자조의 윤리를 철저히 따랐기 때문에 공공의 구빈정책에 대해서는 반대 입장을 가졌다. 반면 사적 자선, 기부 및 자원봉사활동 등 순수 민간의 구제 노력을 강력히 지지하였다. 그러나 빈곤을 개개인의 도덕적 결함의 결과로만 간주함으로써 사회적 환경 문제를 무시하였다는 한계를 가진다.

③ 인보관운동(Settlement Movement)

인보관운동은 민간기관에 의한 적극적인 환경개선 사업으로 도움을 필요로 하는 사람과 함께 산다는 사상인 인도주의적 관점에서 출발하였다. 교육을 통해 빈민이 스스로 변화, 문화와 교양을 깨우침으로 빈민들의 인간적인 성장을 돕고자 하였다.

이 운동은 1854년 바네트(C. Barnett) 목사가 주축이 되어 캠브리지대학 학생과 옥스퍼드대학 학생들을 슬럼가의 노동자와 결합시킴으로 빈곤문제를 해결하고자 하는 일종의 사회운동이었다.

이들은 빈민가의 생활 체험을 통해 빈곤이 경제적인 문제라고 보기보다는 정신적인 문제이며 따라서 교육을 통해 빈민이 자신을 스스로 변화시켜야 가난에서 벗어날 수 있다고 보았다. 이 운동에 적극적으로 참여하다 젊은 나이에 사망한 옥스퍼드대 학생인 토인비(Toynbee)를 기려 동료들이 1884년 런던의 동부 빈민지역에 만든 토인비홀(Toynbee hall)은 세계 최초의 지역사회복지관이다.

인보관운동은 지역사회조직협회와 마찬가지로 당시의 사회문제, 즉 산업화나 도시화로 인해 야기된 사회문제에 대처하기 위해 시작되었다. 하지만 사회문제를 보는 관점과 이에 대처하는 양식은 달랐다. 인보관운동은 자선조직협회에 비해 빈곤의 문제를 개인적 속성보다는 사회적 요인에 그 원인이 있다고 보았다.

자선조직협회가 상류층을 중심으로 빈민의 성격 개조에 관심을 갖고 이들을 교화시키는 데 치중했던 반면, 인보관활동가들은 중산층의 지식인들이 중심이 되었으며 빈민들과 함께 거주하면서 그들의 생활조건을 개량하는 데 초점을 두었다.

자선조직협회와 인보관운동의 차이점을 비교하면 다음과 같다.

표 5-1 자선조직협회와 인보관운동의 비교

구분	자선조직협회	인보관운동
사회문제의 원인	개인적 속성	환경적 요소
이데올로기	사회진화론	자유주의와 급진주의
참여주도층	상류층	중류층과 대학생
활동의 초점	빈민개조와 역기능의 수정	빈민과의 거주와 사회질서의 비판
사회문제 해결방법	자선기관들의 서비스 조정	서비스의 직접제공
활동의 내용	우애방문원의 가정방문	각종 서비스와 사회개혁 활동
의의	지역사회조직 실천방법의 출발	민간사회복지관 활동의 출발

④ 사회조사

산업화와 도시화로 인해 도시빈민들은 기하급수적으로 늘어났으나 빈민들이 빈곤한 생활을 영위하는 것에 대한 일반적인 인식은 여전히 개인의 게으름이나 도덕적인 결함 때문인 것으로 생각하고 있었다.

19세기 말 빈곤에 대한 실증적 사회조사가 이루어졌는데 부스(Booth)의 런던의 빈민생활실태조사와 라운트리(Rowntree)의 요크시 빈민들의 생활실태 조사는 기존의 시민들의 상식을 뒤집어 놓았다. 이들은 체계적인 사회조사를 통해 빈곤의 주된 원인이 게으름이 아니라 노령, 질병, 실업, 낮은 교육수준 등임을 밝혀냈다. 이러한 사회조사는 사회과학적 조사방법의 효시가 되기도 하였다. 부스와 라운트리의 빈곤조사는 빈민의 문제를 보다 객관적으로 파악하게 하였으며 빈곤원인에 대해 도덕적 관점에서 벗어나게 하였다. 즉, 빈곤의 책임이 개인적인 요인이 아니라 일자리의 부족, 빈약한 보건서비스, 열악한 주택, 교육의 결여 등과 같은 사회적 요인 때문인 것으로 파악하게 되었다. 사회조사로 밝혀진 빈곤문제는 국가의 개입에 의해서만 해결될 수 있는 사회문제라는 점을 인식하게 되었으며, 19세기 말 영국에서 발생한 자유방임주의적 빈곤관에서 복지국가적 빈곤관으로 전환할 수 있게 하였다.

(5) 베버리지 보고서 시기

영국은 제2차 세계대전 이후 사회재건에 대응하기 위해 1941년 베버리지(Beveridge) 경을 위원장으로 하는 '사회보험과 관련 서비스에 관한 정부부처 간 조사위원회'를 설치하였다. 이 조사위원회는 1942년 '사회보험 및 관련 서비스'라는 보고서를 제출하였다. 이를 베버리지 보고서(Beveridge Report)라고 하는데 베버리지 보고서는 1942년 사회보장에 관한 문제를 조사연구한 보고서로 국민생활에 불안을 가져오는 다섯 개의 거대 사회악(궁핍, 질병, 무지, 불결, 나태)을 지적하고 궁핍으로부터의 자유를 보장하는 사회보장제도의 큰 틀을 제시하고 있다. 이 보고서는 이른바 '요람에서 무덤까지' 국민들의 사회생활을 보장한다는 '복지국가' 이념을 대표하는 문헌이다. 즉, 사회보험제도의 원리를 확대 · 적용하여 빈곤문제를 해결하고자 하는 것으로 질병, 재해, 노령, 사망, 결혼, 출산, 실업 등 소득이 중단되거나 부가적인 비용 지출이 생기는 경우에 사회보험을 통해 일정 소득을 보장하려는 것이다.

이와 같은 갹출제 사회보험제도는 누구든지 낙인감(stigma)을 느끼지 않고 자산조사 없이 권리로써 급여를 받는다는 것이다. 사회보험의 급여는 자선이나 시혜의 성격이 아닌 자신의 갹출에 대한 반대급여라고 할 수 있다.

사회보장의 6가지 기본 원칙을 살펴보면 다음과 같다.

① **균일급여의 원칙**: 실업이나 질병 혹은 퇴직으로 인한 보험급여는 급여를 받는 사람의 이전 소득 크기와 관계없이 모든 사람에게 똑같이 제공되어야 한다는 원칙

② **균일갹출의 원칙**: 소득의 많고 적음에 불구하고 누구나 동일한 갹출금을 내야 한다는 것

③ **행정책임의 통일화의 원칙**: 기존의 사회보험과 그와 관련된 각종 사업은 서로 다른 중앙부처, 지방당국, 그리고 다양한 수많은 공제조합들에 의해 운영되고 있기 때문에 각 기관마다 상이한 원칙과 절차에 따라 처리되고 자금과 노력의 낭비도 많은 편이다. 그렇기에 사회보장청을 신설해 모든 기능을 하나로 통합

하여 운영하고 그 산하에 지방마다 보장국을 두어 모든 피보험자를 관리

④ **적정급여의 원칙**: 급여는 그 액수나 기간에 있어 충분한 정도로 제공되어야 한다는 것

⑤ **포괄성의 원칙**: 사회보험은 일반적인 궁핍을 모두 포괄하여야 하며 특정 계급이나 직업집단에 한정되어서는 안 되며 포괄적이어야 함

⑥ **피보험자의 계층분류의 원칙**: 사회보험은 모든 국민을 피고용인, 고용주, 독립노동자, 가정주부와 같은 무보수서비스 종사자, 비취업자, 15세 미만의 취업연령 미달자, 취업연령을 초과한 퇴직자와 같이 몇 가지 범주로 나누어 접근

베버리지 보고서 이후 사회보장청이 설치되었으며 구빈법이 폐지되고 노동당 정부의 사회입법이 시행되었다. 실업이나 의료, 출산, 미망인연금, 보호수당, 장제비 등을 규정한 국민보험법, 정부가 국민보건을 책임지고 의료서비스를 무상으로 제공하는 것을 골자로 한 국민보건서비스법, 국민부조법, 아동법 등이 입법화되었다(문수열 외, 2011).

(6) 복지국가 시기

세계적 수준에서 진행된 대규모의 전쟁과 경제공황은 복지국가 발전의 중요한 요인이 되었다.

① 복지국가 전성기: 1945~1975년

제2차 세계대전이 종결된 1945년부터 대략 1970년대 초까지는 '복지국가의 황금기'로 불리는 시기로 선진국들은 각종 사회보장제도의 적용 대상을 모든 국민으로 확대하게 되었으며 복지혜택의 수준도 점차 확대하였다. 이 시기에 선진국들은 높은 경제성장률, 낮은 인플레와 낮은 실업률이 계속 이어짐에 따라 복지비 지출을 더 많이 할 수 있었다.

복지국가는 일반적으로 평등, 자유, 민주주의 사회적 연대, 생존권의 보장, 경제적 효율 등의 가치를 추구하며 모든 국민의 최저생활을 보장하고 완전고용과 기회균등을 목표로 정의롭고 안정된 사회를 이루고자 하는 목적을 가진다. 복지국가에서 채택하는 사회보장 수단은 다양하나 보편적으로 사회보험, 공공부조, 사회서비스 등이 주요한 내용으로 이루어진다. 1950년에서 1970년대 초반까지는 유례없는 전후 자본주의 호황과 함께 고용에 있어서도 장기간 안정적인 상태를 유지하였다. 이렇듯 낮은 실업률은 사회복지정책의 확대를 할 수 있게 하는 납세자가 많이 확보될 수 있게 하였으며, 취업자들이 스스로의 소득을 획득함으로써 국가로부터 보호의 필요성을 감소시킬 수 있었다(감정기 외, 2013).

② 복지국가 재편기: 1975~1980년 초

지속적인 경제성장으로 인해 국가의 복지비 지출이 증대함으로써 점차 성장하게 된 복지국가는 1970년대 후반에 새로운 전환점을 맞게 된다.

1973년 석유가격의 인상과 함께 갑작스러운 경제침체로 저성장과 물가상승을 동반한 스태그플레이션은 일자리를 감소시키고 빈곤을 증가시켰다. 이러한 경제침체에 따라 정부의 보호를 필요로 하는 계층은 늘어난 반면에 정부의 세입은 줄어들어 정부재정도 어려움을 겪게 되었다. 사회 위기가 고조되어 공공사회복지 지출을 줄여야 했고 복지에 대한 정부의 역할을 다시 정립해야 한다는 목소리가 나오기 시작했다.

1980년대의 복지국가는 제도의 내용과 양적 측면에 있어서 모두 축소되는 모습을 보였다. 종전의 공공 급여에 의한 복지보다는 노동을 전제로 복지를 제공하는 노동연계복지를 강조하게 되었다. 그러나 복지 관련 지출의 급격한 감소는 나타나지 않았으며 경우에 따라서는 완만한 증가가 일어났다. 이는 경제적 성장이 이루어져 실업률이 낮아지기는 했으나 장기실업문제는 해결되지 못하고 임금 수준 하락으로 인한 근로빈곤층의 증가로 인해 사회복지의 필요성이 감소하지 않았기 때문이다.

③ 신자유주의 시기

21세기로 들어서면서 모든 국가는 다양한 사회경제적 변화에 따라 국가 운영 방식의 변화를 추구하게 되었으며 복지국가 역시 개편을 하고자 하였다. 이 당시 사회적 여건의 변화에 대해 살펴보면 자본주의의 세계화, 경제위기의 지속 및 고실업의 증가, 노동시장의 유연화, 핵가족화, 이혼의 증가, 낮은 출산율, 인구 고령화 추세 등을 들 수 있다. 영국에서 1997년 신노동당원으로 수상이 된 토니 블레어는 기든스에 의해 제창된 《제3의 길(The Third Way)》을 바탕으로 사회복지개혁을 추진했다.

제3의 길이란 고복지-고부담-저효율(사회민주주의적 복지국가, 제1의 길)과 고효율-저부담-불평등(신보수주의적 시장경제노선, 제2의 길)의 복지정책을 지양하고 새로운 정책노선으로서 시민들의 사회경제생활을 보장하는 동시에 시장의 활력을 높이자는 신노동당의 차별화된 전략이다. 제3의 길에서 이야기하는 적극적 복지전략은 다음과 같다.

첫째, 국민들에게 경제적 급여를 직접 제공하기보다 '인적자원에 투자'를 하는 복지국가이다. 즉, 사회투자국가로 개편하는 것으로 노인이 되었다고 무조건 노동을 중단해서는 안 되고 노인들에게 적합한 일자리를 창출하여 일을 하도록 만드는 것이다. 실업대책으로 정부는 기업의 일자리 창출 노력을 적극 지원하고 평생교육을 강조하며 직업 변경에 필요한 교육도 적극 지원한다.

둘째, 복지다원주의로 복지의 주체를 다원화하는 것이다. 기존의 중앙정부 중심의 복지공급을 지양하고 지방정부, 비영리부분, 기업 등도 복지의 공급 주체로 삼자는 것이다.

셋째, 의식의 전환이다. 국민들이 정부에 대해 의존하는 마음을 버리고 독립적이고 진취적인 삶을 살도록 강조하고 있다. 즉, '일하는 복지, 자립형 복지'를 추구하고자 하였다.

표 5-2 시대별 사회복지의 특징

시대별	특징	사회복지대상자	정책 주체	보호상태
빈민법 시대	절대왕정시대의 국가 정책	걸인, 부랑자, 구제가치가 있는 사람	절대주의국가, 교회, 봉건영주	• 시설보호 (구빈원, 작업장) • 거택보호 (구호금품의 제공)
사회보험 시대	초기 자본주의 시대의 사회복지, 독일의 사회입법에서 시작	노동자계급 (프롤레타리아)	국가, 노동조합	• 보장의 대상 –사회적 위험 • 수급권 인정 • 잔여적인 복지 유형
복지국가 시대	제2차 세계대전 이후 사회복지	전 국민으로 확대	국가, 민간단체	• 국민 최적수준 보장 • 복지수급권 완전보장 • 사회복지와 경제는 대등관계

출처: 서윤 (2006).

2) 미국

미국 사회복지의 역사는 자선조직협회와 인보관운동의 결과로 발달해 왔다. 자선조직협회와 인보관활동은 그 뿌리가 유럽에서 비롯되었으나 미국에서 본격적으로 발달했던 이유는 미국의 사회적 시대적 상황에 의해 민간차원에서 매우 활발하게 사회운동으로 발전해 왔기 때문이다.

(1) 경제대공황 이전 시기

미국은 청교도주의와 자유주의 사상을 근본으로 했기에 개인의 자립정신을 강조한 프로테스탄트적 윤리에 따라 근면과 절약을 강조하고 빈곤을 죄악시하였다. 따라서 빈민에 대한 구제 또한 이러한 빈곤관에 의거해 이루어졌다. 그러므로 구제의 범위도 최소한으로 이루어졌으며 그 대상도 고아나 과부, 병자, 장애인 등 노동능력이 없는 빈민과 일시적으로 구제를 필요로 하는 사람에게만 제한되었다.

19세기 후반 산업화로 인해 농촌에서 대도시로 인구가 이동하게 되었으며 빈부 간의 차이도 급격히 증가하여 사회문제로 대두되었다. 이러한 사회문제 해결을 위한 민간차원의 활동이 나타나기 시작하였다. 제인 아담스(Jane Adams)가 런던 토인비 홀을 견학하고 와 1889년 시카고에 헐하우스(Hull House)를 설립하면서 시작된 인보관운동은 빈곤의 원인을 개인보다는 사회의 구조적인 측면에서 찾으려고 노력하였다(박상하 외, 2013).

인보관운동은 노동조합의 결성을 조장하고 탁아, 교육, 공중보건 등 다양한 활동을 전개하였다. 이후 미국 전역에 인보관이 설치되었으며 지역 주민 스스로 문제를 해결할 수 있도록 돕는 전문사회사업이 집단사회사업, 사회조사, 지역사회조직으로 발전하였다.

미국의 인보관운동은 영국과는 다른 점이 있었는데 영국은 엘리트 대학생과 지식인 남성이 주축이 되어 사회보장을 위한 사회개혁 과정에 관심을 둔 반면 미국은 여성이 주축이 되어 보편적 사회보장보다는 여성과 아동의 노동문제에 더 관심을 두었다.

1906년 연방정부에 의해서 노동자의 8시간제가 도입되었으며 1911년에는 「모자부조법」이 일리노이주에서 입법화되었다. 이 시기에는 공공 또는 민간사회복지시설 및 기관이 증가함에 따라 유급 사회복지사가 증가하게 되었으며 전문사회복지사의 사회적 수요가 증대함에 따라서 전문교육기관도 등장하게 되었다.

(2) 경제대공황

10년 이상 계속된 경제대공황은 미국의 정치, 경제, 사회, 문화 전반에 영향을 끼쳤다. 미국 경제 전반의 신용구조를 파괴시키고 실업률이 높아졌으며 소득은 감소되었다. 이렇듯 대공황은 시민들의 경제적 생존권을 심각하게 위협했으나 이런 총체적 위기 대응에서 개인주의적 자유기업체제는 매우 무기력하였다.

이와 같이 1929년에 발생한 미국의 경제대공황은 미국인들에게 국가가 국민 개개인의 사회 · 경제생활에 개입해서는 안 된다는 기존의 사고를 깨뜨리게 된 중요한 사건이 되었다. 정부가 적극적으로 나서서 일자리를 창출하고, 빈민구제에서도 연방정부, 주정부 차원에서 적극적인 지원정책이 필요했다. 사회복지의 역사적 관점으로 볼 때 대공황과 그로 인한 뉴딜정책의 결과는 연방정부가 주도하는 사회보험과 공공부조제도를 사회복지정책의 핵심이 되게 한 1935년 「사회보장법(Social Security Act)」이었다. 「사회보장법」은 미국에서 5년 전만 해도 상상할 수 없었던 사회복지 프로그램들을 제도화하였다.

「사회보장법」은 사회복지에 대해 확대된 연방의 책임으로 볼 수 있으며 동시에 빈곤을 개인적인 측면보다 사회구조적 관점의 측면으로 바라보게 되었다. 또한 「사회보장법」은 미국 최초의 연방정부 차원의 복지 프로그램이었으며 미국 사회보장제도의 근간이 된 법이라고 할 수 있다. 이 법은 첫째, 연방정부가 관장하는 노령보험, 둘째, 주정부가 관장하고 연방정부가 재정을 보조하는 실업보험, 셋째, 주정부가 관장하고 연방정부가 재정을 보조하는 공공부조와 사회복지서비스로 구성되어 있다.

1930년부터 1980년대까지 연방정부는 사회문제로 고통받는 국민들에게 재정적인 도움이나 사회복지프로그램을 제공함으로써 점차적으로 그 역할을 확대하였다. 1964년에는 「경제기회법」이 제정되었으며 빈곤의 악순환을 끊기 위한 대표적인 프로그램으로 헤드스타트(Head Start)운동이 시행되었다. 미국 연방정부가 실시한 이 운동은 저소득층 결손가정의 학령전아동(주로 3~5세)을 위해 교육, 의료보호, 사회복지서비스, 영양공급의 종합적인 프로그램을 제공하여 빈곤가족의 아동에 대한 사회적 능력을 향상시키고자 하였다. 그러나 구체적인 내용에 있어서는 전 국민을 대상으로 하는 사회보험보다는 빈곤계층과 사회의존 인구를 위한 공공부조와 사회복지서비스의 비중이 크고 사회보험에서도 소득비례가 강조되는 자유주의 전통을 반영하고 있었다. 1963년에 집권한 존슨 행정부는 빈곤퇴치운동(War on Poverty)을 전개하는 등 각종 사회개혁 입법과 정책 조치를 취하였다. 1965년에는 65세 이상의 노인을 대상으로 하는 의료보험으로 메디케어(Medicare)가 도입되었으며, 1970년대 초반까지는 사회보장제도가 지속적으로 확대되고 재정지출이 증가하였다.

(3) 신보수주의 등장

1980년대에는 복지국가의 위기론이 대두되면서 신보수주의 성향의 정책이 시행되었다. 정부의 복지비용을 줄이기 위해 복지정책과 프로그램에 있어서 연방정부의 역할을 최소화하여 반드시 필요한 사람에게만 복지부조를 제공하고 그 기간도 단기간으로 제공되어야 한다는 등 '작은 정부'를 지향하게 된다. 또한 기업에는 조세감면으로 경기를 부양하는 등의 시장경제를 강화하는 개혁조치를 취하였다. 특히 국가가 사회복지 프로그램에 지나치게 개입함으로써 사회복지체계가 비효율적으로 되었다는 비판 속에서 사회복지지출을 줄이고 사회복지의 책임을 민간에 이양하고자 하였다. 이를 '레이거노믹스(Reaganomics)'라고 하였다.

레이거노믹스의 특징을 요약해 보면 다음과 같다. 첫째, 보건 · 교육 · 탁아소나 대인적 사회서비스 등은 사적 시장에 맡겨야 한다. 둘째, 시장과 가족이 복지지급의 주된 원천이 되어야 한다. 셋째, 사회복지프로그램에 대한 기여자원을 줄이고 이들 프로그램을 '꼭 도움이 필요한 자들(the truly needy)'에게만 초점을 맞췄다. 넷째, 복지국가의 재구조화 전략으로 민영화, 상업화 및 불평등화를 추구하였다. 다섯째, 자산조사적 공적 프로그램을 크게 감축했을 뿐만 아니라 실업혜택과 장애인 혜택을 삭감하였다. 여섯째, 레이건 행정부는 인간자원보다 국방에 많은 관심을 부여했고 이것이 예산에 반영되어 복지예산은 감소하면서 국방예산은 증가하였다.

(4) 복지재편의 시기

1990년대 이후 미국의 사회복지는 부양아동이 있는 가족에 대한 보조제도인 AFDC 등 공공부조 대상과 자격조건의 강화, 생산적 복지를 강조하였다.

1992년 대통령으로 당선된 이후 클린턴 행정부는 복지재편을 시도하였다. 일을 하면 충분한 대가를 받을 수 있도록 하여 근로능력이 있는 사람이 적정 임금수준과 취업활동을 통해 빈곤에서 탈피할 수 있도록 제도적 장치를 마련하고자 하였으며, 아동지원 강화와 근로능력이 있는 복지 수혜자들의 취업을 우선시하는 정책을 실시하였다. 2001년 집권한 부시 행정부에서도 신자유주의적 정책이 유지되면서 복지지출의 축소, 민간책임의 강조, 사회보장지출의 효율화를 강조하였다. 현 오바마 행정부에서는 조세형평성을 제고하고 사회보장제도의 유지, 은퇴자들의 보호, 양질의 일자리 창출과 의료체제 개혁을 정책과제로 삼고 있다. 선진국들 중 유일하게 전 국민 의료보험이 실시되지 않고 있던 미국은 2010년 오바마 대통령이 오바마케어(Obama Care)로 불리는 건강보험개혁법에 서명을 함으로써 의료보장의 사각지대를 줄여나갈 수 있게 되었다.

미국과 영국의 사회복지는 서로 상반된 면이 없지 않다. 영국은 사회제도나 정책면에서 발전되었다고 한다면 미국은 역사적인 특수성이나 개인 존중의 민주주의 특성을 살려 대인적 사회서비스, 즉 사회사업방법론의 발달에 큰 성과를 가지고 왔으며 최근에는 보다 더 바람직한 제도나 사회정책 부분에 있어서의 연구가 활발히 진행되고 있다.

2 한국의 사회복지 발달

1) 근대 이전의 사회복지

(1) 삼국시대

삼국시대에는 굶주린 백성을 구제하고 위로하는 것으로 민생구휼의 모든 책임은 왕에게 있는 것으로 보았다. 이 시기의 구휼사업은 환·과·고·독의 사궁에 대한 보호와 병들고 자립이 불가능한 사람에 대한 구제였으며 재원은 국고에서 조달되었다.

창제와 진대법 등의 구휼제도가 실시되었다는 것은 우리나라도 오랜 구빈의 역사가 이어져 왔다고 볼 수 있다.

표 5-3 삼국시대 주요 구제사업 및 제도

구제사업	내용
구휼	• 관곡진급: 국가가 비축하고 있는 곡식을 이재민에게 배급하여 주는 구제 • 사궁구휼: 홀아비, 과부, 고아, 노인 등에게 의류, 곡물, 관재를 지급하여 구휼 • 조조감면: 이재민의 세금을 감면 • 대곡자모구면: 춘궁기에 빈민에게 대여한 관곡을 거두어들일 때 흉작으로 상환이 곤란한 경우 원본 및 이자를 감면
곡식배분	• 진대제: 춘궁기에 곡식을 빌려주었다가 추수기에 상환을 받는 방법 • 진휼제: 이재민과 사궁 등 극빈층에게 곡식을 무상으로 지급하는 방법
창제	• 삼국의 공통된 구제기관으로 가장 오랜 역사를 지닌 일반적 구제기관 • 본래 전쟁 시에 필요한 군곡을 확보하기 위해 설치 • 풍수해나 질병, 재난 발생 시 왕명에 의해 비축한 양곡을 방출하여 곤궁한 백성 구제 • 부락별로 곡창(부경)을 설치하여 병농공용으로 운영
진대법	• 고구려 고국천왕 때 재상 을파소에 의해 만들어졌으며 내외대열법이라고도 불림 • 흉년이나 춘궁기(3~7월)에 관곡을 빈민들에게 빌려 주었다가 추수기(10월)에 납입하게 하는 제도 • 무상이 아니라 능력이 있을 때 다시 상환하도록 한 제도 • 실시목적 – 영농자금 대여를 통한 농민의 실농방지 – 관곡의 적절한 활용으로 낭비 및 사장의 방지 – 일반 국민의 생활안정 – 춘궁기의 빈민구제
성격	• 병들고 자립이 불가능한 자의 구제 • 각종 재해로 인한 이재민 구휼 • 국고에서 재원조달 • 4궁의 보호

(2) 고려시대

고려시대는 관료적 봉건체제가 확립된 시기로 역대 왕들은 나라를 다스리며 백성을 돌보는 구제사업을 국가적 사업으로 인식하고 이를 전문적으로 담당하는 구제기관을 마련하여 구제사업을 전개하였다. 고려시대는 불교의 영향으로 자비사상이 일반 민중과 지도층에 널리 퍼져 있었기 때문에 역대 왕들은 물론 승려들과 양반들도 구제사업을 행하는 것을 자랑거리로 생각하였다.

고려 예종 때에는 가난한 백성을 돕기 위한 중앙관서로 구제도감이 처음 설치되었다가 이후에 진제도감으로 다시 진제색으로 명칭이 바뀌어 구제사업이 실시되었다. 구제도감은 가난한 백성을 돕기 위한 중앙관서로 구휼행정을 총괄 관장하는 기관으로 설립되었다. 재면지제의 구휼제도는 천재지변, 전쟁, 질병 등으로 인해 어려움이 있는 이재민들에게 조세나 부역, 형벌 등을 감면해 주는 제도가 실시되었다. 또한, 고려 문종 때에는 빈민 질병자를 구호요양하기 위해 개경과 서경에 동대비원과 서대비원을 설치하였으며 예종 때에는 혜민국을 두어 일반 백성들에게 전염병이 퍼지는 것을 막고 약을 무료로 나누어 주었다. 한편 대비원과 혜민국의 구급사무를 관장하는 제위보를 두어 의료구제사업을 실시하기도 하였다(구자헌, 1970).

고려시대의 의창은 국가에서 직접 관리하는 곳으로 매년 관곡의 잉여분을 비축하였다가 춘궁기에 빈민들에게 대부하였다. 성종 12년에 설치된 상평창은 직접적 구제를 목적으로 한 기관은 아니나 곡물가격을 조절하기 위해 춘궁기에는 곡물을 싸게 내다팔고 추수기에는 고가로 곡물을 구입하므로 물가를 안정시키고자 한 기관이었다.

고려시대 후반에는 국내외의 재난으로 인해 국가재정이 빈약해졌으며 사회 또한 혼란에 빠져 구제기관들의 기능이 정체되었다. 이로 인해 백성들 또한 곤경에 빠지게 되었다.

(3) 조선시대

조선시대에는 유교의 이념 아래 왕도주의에 입각하여 왕이 재해 및 빈민구제를 중요하게 관리하게 되었다. 조선 초기 빈민구제 원칙은 빈민구제는 왕의 책임으로 하며, 구제가 신속히 이루어질 수 있게 한다. 일차적인 구빈행정의 실시책임은 지방관이 지게하고 중앙정부에서는 수시로 구제에 대한 교서를 내려 필요한 관계법을 제정, 공포하며 지방 구빈행정을 지도 및 감독하게 하였다(하상락, 1989).

조선시대의 구제제도는 크게 비황제도, 구황제도, 구료제도, 민간구제제도로 구분해 볼 수 있다.

① 비황제도

상평창, 의창(환곡), 사창 등의 창제가 있었다. 고려시대부터 이어져온 상평창은 조선시대에 들어와 곡물 이외에 포목을 더해 곡물과 포목의 가격을 조절하게 하였다. 의창은 고려시대와 마찬가지로 재난을 대비하기 위해 각종 곡물을 비축하여 재난 시에 사용하는 제도와 시설로 저장된 곡물의 반의 거치하고 나머지 반은 민간에 빌려주어 다음 추수기 때에 환곡하도록 하였다. 사창은 의창과는 달리 100가구를 일사(一社)로 하여 백성들이 공동저축으로 상부상조하며 연대책임으로 자치적 운영을 하는 제도로서, 적절하고 신속한 구제가 이루어질 수 있도록 하였다. 이 외에도 교제창과 제민창을 두어 일반 백성들을 구제할 수 있도록 하였다. 경술국치 이후 이러한 창제도는 폐지되었다.

② 구황제도

사궁(환 · 과 · 고 · 독)에 대한 보호, 노인보호사업, 음식제공 진휼 및 진대사업, 관곡의 염가매출과 방곡사업, 혼례나 장례를 치르지 못하는 자에게 비용을 조달해 주는 고조제도, 흉년 또는 재해를 당한 백성들에게 지세, 호세, 부역 등을 감면해 주거나 대부된 환곡을 면제 또는 감해주는 견감제도, 부유한 민간인으로 하여금 구제를 위한 곡물을 납입하게 하고 이를 납입한 자에게 관직의 첩지를 내려주는 원납제도, 향약 및 계제도, 식용식물을 조사·연구하여 제시한 구황방제도 등이 있다. 이외에도 생계가 곤란하여 혼례나 장례를 치르지 못하는 자에게 관에서 그 비용을 부조하는 고조제도와 영세민 구제를 위해 관곡을 백성들에게 대부하였다가 환납하게 하는 진대제도가 있었다.

③ 구료제도(의료사업)

태조 원년에 의료 담당의인 전의감과 일반백성을 위한 의료기관인 혜민서 및 동서대비원을 설치하였으며, 태조 6년에는 의학연구소인 제생원이 설치되었다. 고종 때에는 광제원, 의학교 및 대한의원 등을 설치하여 현대의료사업이 시작되었으며 전염병 예방을 위한 종두예방 규정을 제정하기도 하였다. 이외에 광혜원은 1885년 의료선교사 알렌이 고종의 허락을 받아 설립한 우리나라 최초의 서양식 국립의료기관이였다.

④ 민간구제제도

두레와 계, 품앗이, 향약, 오가통제도, 사창, 공굴, 부근, 향도, 고지, 부조제도가 존재하였다. 먼저 두레는 주민 상호간의 협력과 상호규찰을 목적으로 촌락단위로 조직된 농민협동 양식으로 주로 촌락공동체의 내부질서, 즉 공동방어나 공동노동, 공동예배, 공동유흥, 상호관찰, 상호부조의 기능을 담당했다. 계는 공익, 산업, 영리, 친목, 공제 목적의 모임형태를 가지고 있으며 한국사회 특유의 조합적 성격을 지닌 전통적 생활구조의 사회·경제적 측면의 협동조직이었다. 품앗이는 우리나라 농촌의 대표적 노동협력 양식으로 부락 내 농민들의 노동력을 상호 차용 또는 교환하는 조직이라고 할 수 있다. 향약은 지역사회의 발전과 지역주민들의 순화, 덕화, 교화를 목적으로 유교적 예속(禮俗)을 보급하고 농민들의 향촌사회에 정착시켜 토지로부터의 일탈을 막고 공동체적으로 결속시킴으로써 체제의 안정을 도모하고자 하는 목적으로 실시되었다. 오가통제도는 강제성을 가진 인보제도로 구역 내에 거주하는 모든 주민이 상호부조하고 연대감을 가지고 지역 내의 치안을 유지하고 복리를 증진하고자 하는 목적을 가졌다. 사창제도는 지역주민들에게서 추수기에 곡식을 징수하거나 기증받아 공동으로 저장해 두었다가 흉년이나 기근이 찾아올 경우 난민을 구제하는 촌락단위의 구휼제도로 시행되었다. 공굴은 마을 안의 중환자나 장애자, 과부, 상을 당한 사람에게 마을 사람들이 무보수로 공동으로 농사를 지어주는 제도였으며, 부근은 공굴보다 봉사 범위가 넓어 농사일뿐만 아니라 마을 사람이 집을 신축하거나 10세 미만 아이가 죽었을 때의 장사 등에 동원되어 봉사하는 제도였다. 또한, 향도는 마을에 흉사가 있을 경우 무보수로 봉사활동을 하는 것이었으며 고지는 궁핍한 사람들끼리의 연대책임으로 양식이 떨어진 춘궁기에 노임으로 양식을 먼저 받아 그것으로 춘궁기를 지내고 농번기에 계약된 노동을 제공하는 것이었다. 부조는 마을에서 누군가가 집을 지을 경우 도와주거나 과부 · 홀아비 · 노인만 사는 집에 지붕을 이을 때 무료로 노동력을 제공하는 것이다(양성관 외, 2013).

이와 같이 조선시대에는 다양한 구제사업이 정책적으로 실시되었으나 조선 말기에 이르러서는 국정 및 사회가 혼란에 빠지면서 각종 의료사업 등도 제대로 실시되지 못하였다.

2) 근대 이후의 사회복지

(1) 일제강점기

이 시기의 구제사업은 근대적 복지이념에 의해 시행되었다고 하기보다는 식민통치의 합리화와 시혜와 자선을 통해 충성을 하게 하려는 정치적 의도가 더 컸다고 할 수 있다. 따라서 식민지 통치정책에 따라 필요적으로 변화하였다. 일본은 구호의 질적인 면에 있어서도 일본인과 한국인 사이에 차별적인 급여를 제공하였으며 전반적으로 빈곤정책의 빈민의 기본적 욕구에 치중하기보다는 식민지 지배질서의 안정에 주안을 두었다(문수열 외, 2011).

일제강점이 이루어지면서 조선시대에 실시되던 구제사업은 거의 소멸되었으며 1921년 조선총독부 내무국에 사회과를 신설하여 우리나라 사회사업의 지도 및 통제를 하였다. 식민통치하에서도 선교사들을 통한 사회사업은 꾸준히 이루어졌는데 그 중 대표적인 것으로는 1921년에 설립된 태화여자관을 들 수 있다. 태화여자관은 여성교육, 복음전도, 사회사업의 세 분야의 사업을 실시하였으며 주로 여성과 아동을 대상으로 사업이 펼쳐졌다(박상하, 2013).

이 밖에 일제강점기에 이루어졌던 사회사업의 내용에는 고아사업, 연소노동자 교육사업, 맹아교육사업, 의료사업, 빈민구제사업, 양로사업, 갱생보호사업, 인보사업, 숙박구호사업, 직업소개사업 등이 있었다(김덕준 외, 1977).

일본에서 1932년부터 실시하던 구호법을 기본으로 하여 1944년에 조선구호령을 실시하였다. 그러나 이 제도 또한 구빈을 목적으로 한다기보다는 전시동원체제하에 식민지 통치의 효율성을 제고하기 위한 목적이었다고 하겠다. 조선구호령에서의 구제 대상은 65세 이상의 노약자, 13세 이하의 아동, 임산부, 불구 · 폐질 · 질병 · 상병 · 기타 정신 또는 신체의 장애에 의해 일할 수 없는 자를 대상으로 하였다. 구호의 내용은 생활보조, 의료, 조산, 생업부조였으며 거택구호를 원칙으로 하고 거택구호가 불가능할 경우 수용시설에 위탁할 수 있도록 하였다(김만두 · 한혜경, 2000). 조선구호령은 광복 이후 1961년 생활보호법이 제정되기 이전까지 우리나라 공공부조의 지침이 되었다.

(2) 미군정시대

광복 이후 미군정이 이루어지던 3년간 구호사업은 일제강점기의 제반 법규와 시설이 형식상 이어졌으며 선진국의 현대사회복지 이념을 미약하나마 반영하여 긴급구호정책이 활발하게 이루어졌다. 미군정시대의 복지행정은 보건후생부를 중심으로 이루어졌다. 보건후생부는 조선총독부 경무국 위생과의 명칭을 변경하고 기타 다양한 사회복지관련 업무를 이관하여 만들어졌다. 그 업무내용으로는 위생업무, 사변재해의 구제, 일반 빈곤자에 대한 공공부조, 아동의 후생 및 기타 필요한 보호, 노무자의 후생 및 은급제도, 주택문제, 귀국 및 실직한 한국인의 보호 및 귀향, 기타 한국 내 점령군의 목적달성에 필요한 공공후생 계획 및 경영 등의 업무를 수행하였다(하상락, 1989).

하지만 미군정시기의 구호 행정은 이재민들과 빈곤자들에 대한 의식주 제공 등의 응급구제만을 위주로 한 소극적인 내용으로 계획적인 사업 추진이나 장기계획은 거의 이루어지지 않았다.

(3) 정부수립 이후 시기

1948년 자유당 정부의 제1공화국이 시작되었으나 정부가 안정기를 맞기도 전에 1950년 한국전쟁이 발발하여 국가 전체가 대혼란과 절대적 빈곤으로 매우 어려운 상황에 처하게 되었다. 따라서 이 시기의 사회사업은 국가적이거나 제도적이라기보다는 요보호자에 대한 외국원조단체의 시설보호와 물자구호, 민간차원에서의 자선적 활동에 의존할 수밖에 없었다. 응급구호는 미군정 당시부터 한국을 원조하고 있었던 국제원조처, 경제협력처, 전시긴급원조 한국민간구호단체, UN한국재건단 등의 외국원조단체와 긴밀한 협조 아래 중앙구호위원회를 조직하여 시행하였으며 지방에서도 각급 구호위원회가 조직되어 피난민 수용과 응급구호에 힘쓰게 되었다. 한국전쟁은 우리나라 사회복지에도 두 가지 큰 변화를 가져오게 되었는데 그 하나는 정부수립 이후 단계적으로 준비되었던 모든 정책이 전쟁으로 말미암아 무산되어 버리고 응급적이고 임시적인 정책으로 이루어졌다는 점이었고, 또 하나는 막대한 외국 원조로 인해 우리 사회에 의존적인 구제방식이 심화되었다는 점이다(손준규, 1983).

이때 사회복지사업은 국가적이거나 전문적인 차원에서보다는 민간 차원에서 자발적으로 수행되는 가운데 그 내용이 영세하고 비전문적으로 이루어졌다. 또한, 이 시기에 도입된 사회사업교육은 사회사업을 체계화하고 제도화하는 데 기여했다. 1947년에 우리나라 최초로 이화여자대학교에 기독교사회사업학과가 설치되었으며 이로써 전문적 사회사업교육의 출발이 되었다. 이후 중앙신학교(현 강남대학교)에 사회사업학과가 설치되었고, 1958년에는 서울대학교 대학원에 사회사업학과가 설치되어 체계적인 사회사업교육이 이루어지게 되었다. 1952년에는 한국사회사업연합회가 창립되었으며 이후 1961년에 한국사회복지사업연합회로 명칭이 개칭되었으며 이때부터 사회복지라는 용어가 공식적으로 한국에 등장하게 되었다.

3) 현대의 사회복지

(1) 제3공화국

한국에서 현대사회복지제도가 확립되기 시작한 것은 박정희정권의 제3공화국과 제4공화국에서 사회복지입법이 무더기로 양산된 때부터라고 할 수 있다. 박정희 정부에서는 선 경제, 후 분배정책을 강조하여 법률적 제도는 입법화되었으나 사회경제적 상황이나 정부의 재정능력 부족으로 실제로 수행된 제도는 소수에 불과하였다. 이러한 부분에서 이 시기의 사회복지정책은 국민의 민심을 얻어 정치적인 정당성과 합법성을 얻고자 하는 목적으로 이루어졌다고 볼 수 있다.

1962년부터 시작된 경제개발로 인해 도시화 및 공업화 현상이 나타나기 시작했으며 이로 인해 도시빈곤층, 가출 및 비행, 미혼모문제, 주택 부족 등의 과거와는 다른 양상의 여러 가지 사회문제가 대두되기 시작하였다. 그러나 앞서 이야기한 바와 같이 당시 정부당국에서는 한정된 국가재원으로 경제개발을 우선하고 있었기에 사회복지 제공에 대해서는 소극적인 입장을 가지고 있었다. 한편 노동자 계층의 경우에도 계층의 미성숙으로 노조의 조직력은 미약했으며 노동자 계층의 권익을 추구하기 위한 이익표출도 거의 하지 못하는 시기였다. 이때 공포된 사회복지 관련법을 살펴본다면 사회보험 부문에서는 「공무원연금법」(1960), 「선원보험법」(1962), 「군인연금법」(1963), 「산업재해보상보험법」(1963), 「의료보험법」(1963)이 제정되었으며, 공공부조부분에는 「생활보호법」(1961), 「군사원호보상법」(1961), 「재해구호법」(1962), 「국가유공자 및 월남 귀순자 특별보호법」(1962), 사회복지서비스 부분에서는 「아동복리법」(1961), 「윤락행위 등 방지법」(1961), 「자활지도에 관한 임시조치법」(1968) 등이 제정되었다. 이외에도 사회보장에 관한 법률이 1963년에 제정되었다.

이와 같이 1960년대에는 이전에는 없었던 사회보험 및 생활보호를 중심으로 한 근대적인 사회복지법제가 마련되었다. 그러나 이와 같은 사회복지법률은 내용상으로는 장기적인 안목이나 효율적인 합리성에서는 미흡하나 형식적인 사회복지법률이 제정되었다는 점에서 사회복지가 제도로서 자리잡는 계기를 만들어 주었다고 하겠다. 이 가운데 「생활보호법」에 의해 65세 이상 노인 · 18세 미만 아동 · 불구폐질자 등 근로능력이 없는 무의탁한 자에 대해 생계보호를 실시하고자 하였으나 그 보호의 수준이 매우 미약하였으며 인구 약 40만 명 정도에게 밀가루를 지급하였다. 1964년부터는 근로능력은 가지고 있으나 일자리를 구하지 못한 영세민을 위해서 영세민 구호와 근로사업을 연계시키는 자조근로사업을 실시하였다. 이 사업에 필요한 재원은 정부재정이나 구호양곡으로 충당하였으며, 이러한 사업은 1972년까지 계속되었다.

이 시기의 사회사업교육, 사회복지관련단체 및 시설들의 활동으로 1961년 대구의 한국사회사업대학(현 대구대학교 전신)이 설립되었고, 1963년에는 중앙대학교, 1964년에는 춘천시의 성심여자대학(현 가톨릭대학교의 전신)과 원주시의 원주대학(현 상지대학교의 전신), 그리고 1968년에는 서울여자대학, 1969년에는 부산대학교와 숭실대학교에 각각 사회사업학과가 설치되어 외국의 사회사업이론을 우리 현실에 적용하는 노력이 꾸준히 일어났다(김덕준 외, 1977). 한편 1952년에 창립된 사단법인 한국사회사업연합회는 1961년 한국사회복지사업연합회(현 한국사회복지협의회)로 명칭이 바뀌면서 그 기능이 확대 개편되었으며 1965년에 한국사회사업학교협의회(이후 한국사회사업(복지)대학협의회에서 다시 현재의 한국사회복지교육협의회로 명칭 변경), 1967년에 한국사회사업가협회(현 한국사회복지사협회)가 창립되었다. 이때 사회복지시설 현황을 살펴보면 1968년에 총 617개소에 72,628명이 수용되어 있었는데 그 중에 국공립시설은 18개소에 불과하였고 나머지는 민간에서 운영되었다. 617개소 중 아동시설이 525개소(85.1%), 양로와 장애인 시설이 59개소이고 모자시설은 33개소로 아동시설이 시설사회사업의 중심을 이루고 있었다. 이들 대부분의 시설은 외국 민간원조단체의 원조를 받고 있었다.

이 시기를 종합적으로 요약해 본다면 먼저 이시기에는 경제발전을 통한 사회문제의 변화에 따라 사회복지정책변화가 생성되었으며, 이로써 일제와 미군정의 사회복지행정에서 벗어나게 되었다. 또한 5 · 16 이후 「생활보호법」을 시작으로 전반적인 사회복지법제의 외형적인 기초를 완성하게 되었으나 법 시행 측면에서 본다면 성공적이지 못했다. 이 시기에 외국 원조기관들은 활발한 활동과 경제개발계획에도 참여하고 사회복지서비스 전달의 측면에서도 우리나라에 많은 도움을 주었다. 이외에 사회사업교육에 있어서는 기술론 중심의 미국모형에서 탈피하여 한국사회사업교육을 위한 새로운 모색과 재조명을 하는 노력의 시기라고 할 수 있겠다.

(2) 제4공화국

1970년대 경제성장의 가속화로 재정능력의 향상과 전 국민의 의료문제 해결을 위해 의료보장정책에 중점을 두면서 종전의 유명무실했던 의료사업을 생활보호법으로부터 분리, 독립시켜 의료보호법을 새로이 제정 · 공포하는 배경이 되었다. 이로 인해 1978년부터는 생활보호대상자에 대해서 의료보호가 본격적으로 실시되었다.

이때 정부에서는 비로소 복지를 법적으로 제도화하였으며 복지에 대한 국가의 태도는 가능한 한 비개입적으로 이루어졌다. 또한 1970년대 사회복지사업법의 제정으로 법규에 의거한 시설의 설치와 정부의 보조를 받을 수 있게 되었다. 그리고 이 시기에는 외원기관의 원조활동은 점차 줄어들게 되었으며 이와 반대로 사회복지제도의 기반이 조성되면서 정부의 재정부담은 점차 늘어나게 되었다. 1977년에는 아산

복지재단이 설립되면서 보건의료, 사회복지사업 및 학문연구 작업이 활발하게 이루어지면서 기업복지재단의 활발한 지원활동의 시발점이 되었다.

1970년대 제정된 사회복지 관련법은 「사립학교교직원 연금법」(1973), 「국민복지연금법」(1973), 「공무원 및 사립학교 교직원 의료보험법」(1977), 「의료보호법」(1977)이 제정되었다. 그리고 1970년대 말에는 서울대, 중앙대 등에서는 사회사업학과의 명칭이 사회복지학과로 개칭하게 되었고 이후 신설되는 학과에서는 사회복지학과로 명칭을 사용하게 되었다. 또한, 1970년 사단법인 한국사회복지사업연합회의 명칭이 현재의 사회복지법인 한국사회사업학회가 본격적인 모임을 시작하게 되었으며, 1979년부터는 생활보호대상자의 중학교 과정 수업료 규정이 제정되어 생활보호대상자의 중학교 재학 자녀에게 수업료를 지원하는 교육보호가 실시되었다(정우열 외, 2008).

(3) 제5공화국 및 제6공화국

제5공화국은 국가안보를 전제조건으로 민주주의 정착과 정의사회구현, 복지국가의 건설 그리고 교육개혁과 문화창달 등 새로운 사회건설의 국정지표를 제시하였다. 1980년대 복지관련법은 아동복리법을 「아동복지법」(1981)으로 개정하였으며, 「노인복지법」(1981), 「장애인복지법」(1981), 「최저임금법」(1986)이 제정되었으며, 1983년에는 「사회복지사업법」이 전면 개정되어 사회복지종사자를 사회복지사로 명칭을 변경하게 되었다.

제6공화국이 시작되고 정부의 사회복지정책은 주요한 정치현안으로 떠오르게 되었으며, 또한 1980년대 후반부터 한국형의 복지모형론이 등장하게 되었다. 이와 같은 한국형 복지모형이 등장하게 된 배경은 1970년대 중반 이후 선진복지국가에서 복지국가위기론이 대두되고 있었기 때문에 한국에서도 자칫 잘못될 경우 복지병을 유발할 수 있다는 정책 관련자들의 우려 때문이었다고 볼 수 있다.

제6공화국 노태우 정부에서도 사회복지와 관련된 새로운 법의 제정과 기존의 제도를 개선하는 노력이 계속되었다. 국민연금제도(1988)의 실시, 최저임금제도(1988), 의료보험(1989)의 실시와 「모자복지법」(1989)의 제정, 「영유아보육법」(1991), 「의료보호법」(1991), 「고령화촉진법」(1992)의 제정과 「사회복지사업법」(1992)이 개정되었다(정민숙 외, 2009).

정부에서는 1989년 사회복지관의 설치와 운영규정을 만들어 영구임대아파트단지 등 저소득층 주민밀집지역의 지역복지를 위해 지방자치단체로 하여금 사회복지관 설치를 권장하고 많은 사회복지법인, 종교단체, 학교법인에서도 사회복지관의 위탁 운영에 열의를 보이는 등의 새로운 경향이 나타나기 시작하였다.

제6공화국의 사회복지제도 발전의 특징을 살펴보면 다음과 같다(남기민, 2006). 첫째, 국민연금제도, 최저임금제도, 그리고 전 국민 의료보험제도의 실시 등 소득 및 의료보장의 확대가 이루어지기 시작하였다. 둘째, 1988년 서울 장애인 올림픽 이후 장애인 종합대책을 수립하게 되었으며 장애인 고용촉진 등에 관한 법률을 제정하여 장애인 복지에 대한 변화를 시도하게 되었다. 셋째, 지역복지의 중추적인 서비스 전달체계인 사회복지관 운영이 전국적으로 확대 실시되었다. 넷째, 영유아보육법이 아동복지법과는 별도로 제정되어 영유아보육사업이 실시되었다. 다섯째, 재가복지를 중요시되어 재가복지봉사센터가 급격히 증가하게 되었으며 1987년부터는 사회복지 전문요원을 영세민 밀집지역의 동사무소에 배치하게 되었다.

(4) 문민정부 이후

김영삼 대통령의 문민정부는 복지정책에 있어서 정부의 역할과 책임보다는 민간부분의 역할과 책임을 강조하는 선진국의 신보수주의적 경향을 가지고 있었다. 이때 제정 또는 개정된 사회복지 관련법을 살펴보면 「고용보험법」(1993) 제정 및 실시(1995), 「국민연금법」(1995, 1998, 2000) 개정, 「국민건강증진법」(1994) 제정, 「사회보장기본법」(1995) 제정, 「정신보건법」(1995) 제정, 「여성발전기본법」(1995) 제정, 「국민의료보험법」(1997) 제정, 「사회복지공동모금법」(1997) 제정 및 변경(1998), 「국민건강보험법」 제정 및 전 국민 연금실시(1999), 모자복지법을 「모·부자복지법」(2003)으로 전면 개정 등으로 사회복지행정의 확대와 안전망 구축에 노력하였다.

문민정부 이후 국민의 정부에 걸친 사회복지제도의 획기적인 변화는 다음과 같다(남기민, 2006). 첫째, 사회보험제도의 정비이다. 전 국민을 대상으로 국민연금제도의 확대 실시와 더불어 전 사업장에 대한 고용보험제도의 적용, 의료보험의 통합으로 인한 국민건강보험제도의 출발 등으로 기본의 산재보험제도를 포함한 4대보험이 제도로써 정착되어 발전하였다. 둘째, 공공부조제도로써 국민기초생활보장제도가 도입되었다. 즉, 국가의 도움이 필요한 빈곤한 모든 국민들에게 기본적인 생활을 국가적 제도로써 보장하게 되었다. 셋째, 사회복지서비스 관련법의 제정 및 개정 등으로 각종 사회복지서비스가 지속적으로 확대·발전하게 되었으며 사회복지관을 비롯한 민간사회복지조직이 급증하게 되었다(신원식 외, 2011).

노무현 정부에서는 외환위기 이후 심화된 경제양극화와 빈부격차를 해소하기 위해 3대 국정목표 중 하나로 '더불어 사는 균형발전사회'를 제시하고 이에 따른 사회안전망을 구축하기 위해 '기초생활보장의 내실화 등 취약계층 보호지원'을 100대 국정과제 중 하나로 추진하였다. 또한, 취약계층 보호지원의 사각지대를 해소하기 위한 제도개선과 차상위계층 보호, 일을 통한 탈빈곤지원, 사회적 취약계층의 보호 강화, 사회복지 전달체계의 확대 개편을 추진하였다.

이명박 정부에서는 '능동적 복지'라는 새로운 이념이 제시되었다. 보건복지부에 의하면 능동적 복지란 빈곤과 질병 등 사회적 위험을 사전에 예방하고 위험에 처한 사람들이 일을 통해 재기할 수 있도록 돕고, 경제성장과 함께 하는 복지를 말한다(엄기욱 외, 2013).

박근혜 정부의 복지정책은 국정 5대 목표의 하나로 '맞춤형 고용·복지'를 제시하고 있다. 복지전략에는 생애주기별 맞춤형 복지 제공, 자립을 지원하는 복지체계 구축, 서민생활 및 고용안정 지원, 저출산 극복과 여성 경제활동 확대 등을 제시하면서 '모든 노인에게 기초연금 20만 원 지급', '4대 중증질환 100% 국가부담' 등의 공약을 내세웠다. 그러나 문제는 기초연금을 당초 공약대로 현실화하는 데 필요한 재원이었다. 전문가들은 경제성장률 둔화로 세수는 줄어드는 상황에서 노인 인구는 빠른 속도로 증가하고 있어 앞으로 재정 부담이 눈덩이처럼 커질 것이라고 지적했다. 결국 정부는 기존 박 대통령의 공약에서 물러서 65세 이상 소득 하위 70% 노인에게 10~20만 원을 국민연금 가입 기간과 연계해 차등 지급하기로 했다. 이처럼 복지정책이 제대로 실현되기 위해서는 사회보장 전반에 대한 실질적인 재검토를 바탕으로 현실적인 복지정책이 수반되어야 할 것이다.

Chapter

06

사회복지의 미시적 실천방법

1. 실천대상의 정의와 유형
2. 실천 유형
3. 실천가치와 실천모델
4. 실천 과정과 기술
5. 실천기술

social welfare

06 Chapter

사회복지의 미시적 실천방법

인간이 살아가면서 겪는 다양한 어려움의 원인과 해결 과정은 매우 복합적이다. 그러므로 전문원조가로서 사회복지사는 클라이언트의 복합적인 문제를 전체적으로 이해하고 이를 해결하기 위한 적절한 개입방법을 선택할 수 있어야 한다. 사회복지실천은 일련의 계획된 변화활동을 통해 개인, 집단, 그리고 지역사회가 자원을 잘 활용하도록 도와 인간문제를 경감시킨다. 또한 클라이언트의 사회적 기능을 향상시킬 수 있도록 클라이언트의 능력과 장점을 개발한다. 즉 사회복지는 개인, 가족, 집단 또는 지역사회의 사회적 기능을 향상 또는 회복시키도록 돕고 이러한 목적에 부합되게 사회적 조건을 창출하는 전문적인 활동이다. 사회복지실천은 이를 위해 사회복지의 가치, 원리, 실천모델을 전문적으로 응용하게 된다.

일반적으로 사회복지실천이란 'Social Work Practice'를 우리나라 실정에 맞춰 번역한 것으로 클라이언트의 문제를 전체적으로 파악하고 필요한 모든 클라이언트 체계에 적절히 개입하는 것을 강조한다. 클라이언트 체계란 개인, 가족, 집단을 의미하는 미시체계와 기관, 조직, 공동체, 국가를 의미하는 거시체계를 포함한다. 이 장에서는 미시적 실천방법에 대한 실천 대상을 정의하고 실천이론과 실천 과정에 대해 살펴보고자 한다.

1 실천 대상의 정의와 유형

1) 실천 대상의 정의

모랄레스(Morales)와 쉐퍼(Shaefer)는 사회복지실천의 접근방법을 전통적인 방법과 다차원적인 실천방법, 일반주의 실천, 전문적 실천방법으로 구분하고 있다. 이 가운데 일반주의 사회복지실천과 전문적 사회복지실천의 구분은 오늘날 보편적인 실천 구분으로 받아들여지고 있다. 다른 한편 게스트로(Zastrow, 1999)는 사회복지실천의 수준을 미시적, 중범위, 거시적 세 차원으로 분류하였으며, 미시적 차원의 범주에는 개별, 중범위 차원의 범주에는 가족이나 집단을, 거시적 차원의 범주에는 조직이나 지역사회를 중심으로 하거나 혹은 법제도와 사회정책의 변화를 모색하는 것으로 분류하고 있다.

이와 같은 사회복지실천의 범위를 정리해 보면 크게 미시적 수준(micro level), 중간적 수준(mezzo level), 거시적 수준(macro level)으로 구분할 수 있다. 미시적 차원은 클라이언트의 심리 · 사회적 상태와 가족관계, 동료관계 등에 문제가 발생할 경우 클라이언트의 문제해결 과정에 사회복지사가 개입하여 개인의 친밀한 상호작용을 촉진하는 것으로 미시적 수준에서 사회복지사의 활동은 클라이언트와 직접 대면하여 수행되기 때문에 직접적인 실천활동에 해당된다. 중간수준의 개입은 미시와 거시의 중간단계의 활동으로 개인의 친밀한 상호관계에 영향을 미치는 조직, 기관, 행정체계 등에 관여하게 되는 것이다. 거시적 수준의 개입은 사회 전체나 지역사회기관, 조직 등을 대상으로 실시하는 활동으로 사회복지정책 개발과 분석, 정책대안의 발굴과 제안, 기관 외 행정체계 및 프로그램 개발, 지역사회자원개발 등으로 클라이언트와 직접 만나기보다는 클라이언트의 문제해결을 위해 간접적인 방법으로 개입하는 간접적인 실천활동을 말한다.

오늘날 사회복지실천은 미시적 수준과 중간적 수준에서 이루어지는 사회복지활동을 의미한다. 즉 사회복지사가 클라이언트와 직접 만나서 클라이언트의 문제해결을 위해 함께하는 활동으로 개인, 집단, 가족, 지역사회에 대한 전문적 개입과 서비스를 조정하고 통합하는 사례관리 등이 있다.

표 6-1 체계 수준 구분의 예

<table>
<tr><th colspan="2">2차원 구분</th><th colspan="2">3차원 구분</th><th colspan="2">4차원 구분</th></tr>
<tr><th>구분</th><th>예</th><th>구분</th><th>예</th><th>구분</th><th>예</th></tr>
<tr><td rowspan="2">미시체계</td><td rowspan="2">개인, 가족, 소집단</td><td>미시체계</td><td>개인</td><td>미시체계</td><td>개인, 가족, 소집단, 직장</td></tr>
<tr><td>중간체계</td><td>가족, 소집단</td><td>중간체계</td><td>(미시체계간 관계)가정-학교, 가정-직장, 학교-이웃</td></tr>
<tr><td rowspan="2">거시체계</td><td rowspan="2">공동체, 지역사회, 국가</td><td rowspan="2">거시체계</td><td rowspan="2">공동체, 지역사회, 국가사회제도, 문화</td><td>외부체계</td><td>학교, 지역사회, 지방정부</td></tr>
<tr><td>거시체계</td><td>국가, 사회제도, 문화</td></tr>
</table>

출처: 최일섭 외 (2006).

2 실천 유형

사회복지실천은 개인, 가족, 집단을 중심으로 다양한 방법으로 접근하여 인간이 환경적 변화에 잘 적응할 수 있도록 하는 것이다. 이와 같은 과정에서 사회복지사는 개인과 가족, 집단 및 지역사회를 대상으로 사회복지를 직접적으로 실천하게 된다.

1) 개인

사회복지실천 대상으로서 개인은 개별실천(case work)을 의미한다. 리치몬드(Mary Richmond)는 개별사회사업을 '개인과 그 사회환경 간에 개별적인 의식적 조정을 통해 그 사람의 인격의 발달을 도모하는 제반 과정'으로 정의하였으며 펄만(Perlman)은 개별사회사업을 '사람들이 사회적으로 기능함에 있어서 그들의 문제를 보다 효과적으로 대처해 나가도록 개인을 도와주는 복지기관에서 활용되는 과정으로 정의하였다(양정남 외, 2009). 개인을 대상으로 하는 실천이란 개인을 일대일로 만나 문제해결을 원조하는 활동으로 클라이언트로 하여금 주변 환경에 적응하도록 도움을 제공하거나 개인에 영향을 미치는 사회 · 경제적 결핍 상태를 완화시켜 주는 것이다.

개인을 대상으로 하는 사회복지실천에는 저소득층 자활보호 대상의 자활과 관계된 업무, 생활보호 업무, 재가복지 업무, 독거노인과의 상담, 실직자를 위한 구직활동, 미혼모 상담, 입양상담, 위탁가정사업, 학대 피해아동 보호 및 가정에 개입, 환자들의 의료비 문제 및 퇴원 후 생활에 대한 상담, 학교부적응 학생에 대한 상담, 지역사회 정신건강센터에서 정신 장애인들과의 상담 등이 이에 해당된다.

개별 클라이언트를 대상으로 하는 사회복지실천의 특징은 다음과 같다(김혜란 외, 2006).

첫째, 개별 클라이언트 체계를 중심으로 이루어진다. 개별 대상의 사회복지실천은 개별 클라이언트 체계가 갖는 문제에 초점을 두고 개별화된 원조 과정을 진행하는 특징이 있다. 그러므로 개인의 존엄성과 자기결정권을 강조하는 사회복지실천의 기본적 가치가 개별 클라이언트와의 협력적인 문제해결 과정에 반영되어 클라이언트의 선택권을 중요시하게 되며, 개인의 개별적인 욕구와 특성, 상황에 알맞은 방법과 전략을 활용하도록 한다.

둘째, 클라이언트와 사회복지사의 전문적 관계를 강조한다. 즉 사회복지사는 클라이언트와의 일대일 관계 속에서 관계형성(라포)을 맺고, 의사소통의 기술을 도구로 활용해 클라이언트의 문제해결 과정에 개입하는 특징이 있다.

셋째, 개인의 문제해결을 위해 다양한 개입모델을 활용한다. 개별 대상의 실천에서는 다양한 학문적 배경을 가진 실천모델을 활용해 개인의 변화 및 개인과 환경의 상호작용을 변화시키고자 한다.

2) 가족

인간은 출생과 더불어 가족에 소속되며 일상생활에서도 가장 친밀하게 상호작용을 하게 된다. 가족은 개인의 인성 형성에도 중요한 영향력을 미치며 사회 공통의 행동 특징이나 문화규범을 습득시키는 사회화 과정을 담당하는 기본 집단이 되며 사회를 존속시키는 기본 단위가 된다. 전통적으로 가족은 부부와 그들의 자녀로 구성된 혈연집단이라는 개념이었으나 점차 결혼, 혈연, 입양과 같은 법적 계약뿐만 아니라 구성원이 서로 연대감을 가지고 오랫동안 함께 생활하며 미래의 상호작용을 포함하는 포괄적인 개념으로 변화되고 있다(임안나 외, 2011).

가족대상의 실천은 가족구성원들 간의 관계에서의 문제나 가족구성원 중 한 사람의 행동상의 문제 또는 정서 · 심리상의 문제 등에 개입하여 문제를 해결하거나 경감시키기 위한 것이다. 클라이언트의 문제해결을 위해 가족의 협조와 노력이 필요하다고 판단될 때 가족과의 실천개입을 선택하게 된다.

가족 내 다양한 문제에 대해 적절한 서비스를 제공하기 위해서 사회복지사는 다양한 가족에 대한 자기가치를 점검하고 필요한 지식을 확장하여 클라이언트의 문제해결과 욕구를 충족시킬 수 있도록 도와야 한다. 가족 대상 개입은 가족을 하나의 역동적인 체계로 보고 가족구성원 개인이 나타내는 문제의 원인을 개인적인 요인에서 찾는 것이 아니라 가족 간의 상호작용 패턴 또는 관계양상에서 그 문제의 원인을 찾는 것을 의미한다. 그러므로 가족 문제에 대한 해결도 개인의 변화에 중점을 두기보다 가족구성원들 간의 상호작용방식의 변화에 초점을 둔다. 가족이라는 전체 체계는 개인이라는 요소의 상위체계가 되기도 하고 사회체계의 하위체계가 되기도 한다. 이와 같이 전체 체계는 하위체계와 위계질서를 가지고 있으며 규칙과 질서를 가지고 통제하고 조정하는 역할을 한다(양정남 외, 2009). 가족대상의 실천은 부부갈등이나 부모-자녀 간의 문제, 아동문제, 다세대 간의 갈등문제 등을 해결하기 위해 주로 사용된다.

3) 집단

집단 대상 실천은 비슷한 문제를 가지고 있는 또는 비슷한 목표를 가지고 있는 개개인들을 집단으로 묶어 이를 대상으로 집단 내의 역동성을 활용하여 개별목표와 집단 공동의 목표를 성취하기 위한 것이다. 집단실천은 달성하고자 하는 목표에 따라 크게 세 가지의 실천모델로 나누어 볼 수 있다.

첫째, 집단활동을 통해 사회구성원으로서의 참여의식 및 역할 인식, 책임의식을 고취하여 개인적인 성숙과 시민으로서의 역량을 개발하는 데에 중점을 둔 사회적 목표모델이 있다. 사회적 목표모델은 인간관계 훈련이나 지도력의 실험, 시민참여 등의 활동을 통해 사회적 의식 함양 및 사회적 책임을 발전시키는 것이다. 또한 이 모델은 지역사회 내의 범죄, 빈곤과 같은 문제를 다루기 위해 지역복지관이나 시민조직에서 활용된다.

둘째, 집단치료라고 하는 치료모델은 집단구성원 간의 상호작용 과정이나 집단에서의 역동성을 이용해 집단성원이 갖고 있는 문제들이 해결되거나 경감될 수 있도록 하는 것이다. 집단치료에 참가하게 되는 대상들은 대부분 정서적 문제, 행동상의 문제, 대인관계상의 문제 등을 가지고 이를 해결하고자 하는 욕구를 가지고 있는 사람들이다. 이들은 비슷한 문제를 가지고 있는 다른 참여자들을 보면서 자신의 문제를 바르게 볼 수 있는 기회를 가질 수 있으며 다른 사람의 문제를 함께 고민하여 해결하는 데에 도움을 제공하는 기회를 얻기도 한다. 치료모델의 초점은 집단을 통해 개인을 치료하는 것으로 집단은 개인의 목적을 달성하기 위한 도구 또는 상황이며 집단구조와 집단 과정에서의 변화는 그 자체가 목적이라기보다 목적달성을 위한 수단이 된다. 치료모델에서 집단지도자는 집단 성원들 간에 상호작용을 촉진하여 변화를 이끌어낸다. 사회복지사는 전문적 기술을 적용하여 개인성원들이 자기 인식을 하도록 도우며 사회적 기능을 향상시킬 수 있도록 돕는 역할을 하게 된다. 개입의 초점은 각 성원의 관계형성 면에서 역기능적 유형에 맞춰지게 되며 교정시설이나 정신병원, 가족서비스 기관 등 다양한 치료중심 프로그램에서 자주 활용된다.

셋째, 집단을 집단사회복지사와 모든 집단성원을 포함한 체계로 보며 집단과 개별 성원의 상호관계에 초점을 두는 모델로 상호작용모델이 있다. 이 모델은 개인과 집단이 상호 의존적 관계를 유지하는 것으로 본다. 따라서 상호작용모델의 특징은 치료적 목적이나 사회 변화 목표를 사전에 설정하지 않으며 상호작용 체계를 구성하고 있는 성원들과 집단 내 상호작용 과정을 통해 결정하게 된다. 이 모델은 집단 내의 치료적 환경을 형성하기 위해 집단 과정을 중요시하며 인본주의적 접근을 중요시 한다. 인본주의적 접근을 통해 성장에 대한 잠재력을 강조하며 상호원조노력을 통한 성원들의 적응능력 향상을 유도할 뿐만 아니라 기관이나 지역사회가 개인의 욕구를 더 잘 이해하고 충족시킬 수 있도록 한다. 상호작용모델은 다른 모델과는 달리 의도하는 결과를 미리 선정하지 않으며 어떤 치료적 목적이나 정치적 변화 문제도 미리 갖지 않는다. 집단을 구성하는 개인들의 만남을 통해서만 방향이나 문제를 결정한다.

3 실천가치와 실천모델

1) 실천가치

사회복지실천에서 전문직의 가치는 매우 중요하게 작용한다. 가치(Values)란 옳고 그름을 떠나 '선호되는 것' 혹은 '중요하게 여겨지는 것'이다. 사회복지실천은 가치가 내재된 전문직이기 때문에 사회복지실천의 기반이 된다. 사회복지실천에서 강조하는 주요 가치는 인간의 존엄성에 대한 존중, 개인의 독특성에 대한 존중, 자원과 기회의 존중, 자기결정권에 대한 존중, 비밀보장 등을 포함한다.

사회복지실천에서의 가치 전제는 다음과 같다(임은희, 2007).

첫째, 인간의 존엄성에 대한 가치로 모든 사람은 행동, 신념, 사회적 지위에 상관없이 인간으로서의 존엄성을 가진다. 따라서 사회복지사는 사회적으로 용납할 수 없는 행동을 하거나 신념을 가진 사람이라도 인간으로서의 존엄성을 인정해야 한다는 것이다. 개인의 존엄성과 독특성에 대한 존중이다. 이는 사회복지실천에서 일관성 있게 수용되고 지지되는 중심적인 가치 전제의 하나이다. 각각의 개인은 유전적 특성, 인생 경험, 행동, 관심, 외모 등 다른 누구와도 같지 않은 그 자체로서 존엄성을 지닌 독특한 존재이기 때문에 이런 개인의 독특성을 존중해야 한다. 따라서 개인은 그 자체가 목적이며 다른 목적을 위한 수단으로 취급되어서는 안 된다는 것이다.

이러한 가치 전제에 유용한 다섯 가지 지침은 다음과 같다.

① 클라이언트의 존엄성에 관해 의사소통을 하는 내용에 민감하게 인식한다.
② 클라이언트를 스테레오타입(stereotype)화하지 않는다.
③ 클라이언트가 그들의 장점을 발견하여 활동하도록 도움을 준다.
④ 클라이언트가 문제해결에 참여할 것을 기대한다.
⑤ 클라이언트의 요구(wants)와 욕구(needs)에 초점을 둔다.

둘째, 클라이언트의 자기결정에 대한 신념이다. 클라이언트는 원조 과정에서 자신이 원하는 것을 선택하고 결정할 권리가 있으며 사회복지사는 클라이언트의 권리와 욕구를 인정하고 격려해야 한다. 클라이언트의 자기결정권에 대한 존중은 클라이언트 자신이 건설적인 결정을 내릴 수 있는 능력에 한하며 다른 사람들의 권리나 법률 등에 제한을 받는다.

셋째, 모든 사람은 삶의 문제를 해결하고 자신의 잠재능력을 개발하기 위한 자원과 기회에 접근할 수 있는 자격을 가지며 사회복지사는 모든 클라이언트에게 자원과 기회를 보장하기 위해 노력해야 한다.

넷째, 비밀보장은 클라이언트의 권리로 전문 원조관계에서 노출된 클라이언트에 관한 정보를 보호하는 것을 의미한다. 그러나 클라이언트의 권리는 절대적인 것은 아니며 클라이언트에 관한 정보는 문제해결을 위해 공개될 수도 있으나 이러한 내용은 문제해결을 위한 목적 이외에는 타인에게 공개해서는 아니 된다.

2) 실천모델

사회복지실천을 위한 지식은 인접 사회과학과 행동과의 지식을 빌린 것이다. 사회복지사는 사회복지실천 현장에서 클라이언트의 문제해결을 원조하기 위해서 다양한 실천모델에 대한 지식을 가지고 있어야 한다. 또한, 클라이언트의 문제상황에 따라 어떤 모델과 기법이 적합한지를 선택하는 과학적이고 창의적인 능력을 갖추어야 한다. 사회복지실천에 적용되는 이론과 모델은 매우 다양하나 여기에서는 클라이언트중심모델, 권한부여모델, 과제중심모델, 문제해결모델, 위기개입모델에 대해 간략하게 살펴보고자 한다.

(1) 클라이언트중심모델

클라이언트중심모델(Client-centered model)은 인간의 성장과 변화에 대해 인본주의적 관점을 가진 모델로 사회복지사의 공감적 이해, 무조건적인 긍정적 관심과 진실성을 바탕으로 클라이언트 간의 관계를 중시하는 모델이다. 클라이언트중심모델을 발달시킨 칼 로저스(Carl Rogers)는 치료활동과 연구활동에 있어 인간행동을 이해하기 위해 현상학적 접근방법을 사용하였다.

클라이언트중심모델에서는 인간을 합목적적이고 전진적이며 건설적이고 현실적인 존재인 동시에 아주 신뢰할 만한 선한 존재로 본다. 또한 인간을 스스로 자신의 문제를 해결하고 이해할 수 있는 능력을 가지고 있는 존재로 보고, 인간의 발달은 고정된 것이 아닌, 발달되고 있는 진행 중의 단계로 보는 시각을 가지고 있다.

이와 같이 클라이언트중심모델은 인간에 대한 긍정적인 시각을 가지고 클라이언트의 능력에 대한 신뢰를 기본으로 하고 있다. 클라이언트중심모델은 클라이언트에게 해석을 내리는 권위주의적 관계구조에 반대하며 클라이언트와 사회복지사와의 인간적인 관계를 중시한다. 이 모델은 클라이언트의 자기성장을 향한 잠재력이 발현될 수 있는 분위기를 조성하는 데 목적을 두고 있으며, 개입방향에 대한 일차적인 책임이 클라이언트의 문제에 대한 과거보다는 '지금-여기'를 강조한다(임은희, 2010). 또한 클라이언트가 자신의 문제를 성공적으로 해결한 경험을 통하여 미래의 어려움을 해결할 수 있는 능력을 향상시키고자 하는 것을 목표로 한다. 클라이언트중심 모델에 근거한 사회복지실천의 기본 목표는 경험에의 개방, 자신에 대한 신뢰, 내적 평가, 지속적인 성장에 대한 의지 등, 이러한 특성을 격려하는 것으로 나아가 서비스 개입관계에 있어서 클라이언트가 자신의 목표를 정의하고 그 목표를 명료화하는 능력을 키우는 데 있다.

(2) 권한부여모델

권한부여모델(Empowerment Model)은 1970년대 중반 체스팅(Chestang), 솔로몬(Solomon) 등의 학자에 의해서 개발된 모델이다. 권한부여(임파워먼트, 역량강화)란 사전적으로 힘이나 권위·권한을 주는 것, 능력을 주는 것, 가능하게 해주는 것으로 '개인이나 집단이 상대적으로 무기력한 상태에서 힘을 가진 상태로 이동해 나가는 것'을 의미한다. 사회복지실천기술에서 권한부여모델은 클라이언트를 문제중심이 아닌 강점중심으로 보고, 잠재력 및 자원을 인정하며 건강한 삶을 살 수 있도록 역량을 강화시키고 권한을 부여하는 것으로 활용된다.

권한부여모델은 생태체계적인 관점을 적용하며 권한부여의 다양한 차원을 반영하고 사회복지사와 클라이언트의 협력적인 역할을 강조한다. 이 모델이 강조하는 것은 클라이언트의 잠재력과 자기실현의 가능성을 인정하고 있다는 점이다. 즉 문제에 관한 관심보다는 해결점을 발견하고 강점을 강화시키는 데 초점을 두고 클라이언트의 역량이 실현될 수 있도록 돕는 방법이다.

권한부여모델의 사회복지실천 목표는 다음과 같다.

① 무기력을 경험하는 클라이언트가 자신의 잠재된 역량을 개발하고 힘을 발휘하여 필요한 자원을 획득하도록 원조하고자 한다. 어려움에 처한 클라이언트는 필요한 자원을 스스로 찾아 문제를 해결하거나, 스트레스 상황에 효과적으로 대처하지 못한다. 권한부여모델은 클라이언트가 자신의 삶을 스스로 통제할 수 있도록 원조하는 것을 목표로 한다.

② 클라이언트가 자신의 삶과 관계된 사람들에게 올바른 영향력을 행사하고, 자신의 욕구, 복지, 만족감을 강화하는 데 환경과 상호작용할 수 있는 능력을 향상시킨다.

③ 개인의 영향력을 행사하는 데 방해가 되는 개인적·사회적 구조의 장애물을 제거하기 위하여 노력한다.

(3) 과제중심모델

과제중심모델(Task-Centered Model)은 1960년대 미국의 리드(W. J. Reid)와 엡스타인(L. Epstein)이 개발한 모델로 단기치료의 한 형태라고 할 수 있다. 장기간 필요한 정신분석이나 정신역동적인 치료방법과 달리 현재의 갈등에 초점을 두고 고안된 사회사업실천모델로 사회복지임상실천의 현장에 뿌리를 두고 다양한 이론과 모델을 절충적으로 활용한다. 특히 펄만의 문제해결적 요소와 학습이론과 관련된 행동기법, 인지행동적 이론과 방법, 구조적 접근을 통합하면서 특정 이론이나 접근방법을 고집하지 않고 경험에 기초한 지식을 중시한다. 계획적이고 구조적인 과정을 통해 클라이언트의 문제를 구체적인 과업수행을 통해 해결할 수 있도록 다양한 이론을 융통성 있게 통합·활용하고 있다. 특히 과제중심모델은 근거가 확실하지 않은 상태에서 이론을 구성하는 것을 피하고 실증적 연구에 의해 검증되고 지지가 되는 방법과 이론을 선호한다(임안나 외, 2011). 과제중심모델은 클라이언트의 자기결정의 원리를 바탕으로 하여 클라이언트 스스로 실행가능한 과제를 선정하게 하여 그 과제를 수행할 수 있도록 한다. 여기에서 구체적인 행동들을 '과제'라고 한다. 즉 과제란 목표를 달성하기 위하여 클라이언트와 사회복지사가 해결해야 하는 활동으로서 클라이언트와 사회복지사가 함께 계획하고 동의한 후에 수행하는 문제해결활동을 말한다. 또한, 과제는 클라이언트 자신의 문제해결 노력과 의지가 구체적으로 표현된 것으로 클라이언트가 자신의 문제를 해결하기 위해 어떤 일을 수행하는 것을 의미한다. 과제는 표적문제를 명확히 한 후 세우게 되며 클라이언트와 사회복지사가 함께 여러 가지 대안의 과제를 제시하고 전략적인 계획을 구체화한다. 사례가 진행되는 동안 표적문제가 해결되지 않거나 달성되지 않는다면 과제를 변경해야 한다.

과제중심모델은 클라이언트에 의한 활동단계들을 강조하는 활동을 통해 클라이언트의 사회적 기능을 향상시킨다. 또한, 이 모델은 개인, 부부, 소집단에 활용될 수 있으며 비자발적인 클라이언트에게도 적용이 가능하다. 이 모델은 활동과 합의된 과제의 완수를 목표로 하기 때문에 직장, 주택문제, 주간보호, 운송수단 등과 같이 불충분한 자원들로 인한 문제를 해결하려는 클라이언트에게 특히 유용하다(Saleebey, 2002).

(4) 문제해결모델

문제해결모델(Problem Solving Model)은 개별사회사업의 목적은 '치료'가 아니라 현재의 '문제'에 대처하는 개인의 문제해결능력과 대처능력을 향상시키는 것이라고 보고, 진단주의학파 이론과 기능주의학파 이론을 절충시켜 1959년 미국 시카고대학의 펄만이 창안한 방법이다.

이 모델은 1950~1960년대 개별사회사업을 중심으로 발전하였고, 1970~1980년대는 가족치료분야 및 모든 사회사업방법론에 적용하였으며, 1990년대에 과제중심모델, 위기개입모델, 단기치료모델, 생활모델 등의 기반을 제공하면서 통합적 문제해결모델로 전환되었다. 문제해결모델의 구성요소는 네 개의 'P', 즉 사람(Person: 문제해결을 위하여 조정을 필요로 하는 클라이언트), 장소(Place: 문제해결을 위해 참여 또는 동원이 가능한 모든 기관), 문제(Problem: 개인과 환경의 상호작용에 의해서 나타나는 사회적 기능 수행상의 장애), 과정(Process: 문제를 재사정하고 수행하는 지속적인 원조 과정)의 4대 구성요소로 이루어진다. 문제해결모델은 클라이언트의 문제해결능력과 대처능력을 향상시키는 것을 목표로 한다. 사회복지사는 문제를 겪고 있는 클라이언트가 심리적 기반을 회복하여 안정을 취할 수 있도록 클라이언트에게 원조와 환경을 제공하여 건강한 자아기능을 회복할 수 있게 도와주고 지원하게 된다. 그러므로 클라이언트가 자신의 문제를 인식하고, 평가하고, 판단할 수 있도록 문제를 해결할 수 있는 능력을 향상시켜 주는 데 주력한다. 문제해결모델의 실천 과정은 클라이언트의 능력 발휘 및 향상, 인적 · 물적 자원의 접근가능성을 높여주고 클라이언트가 자신의 문제해결의 주체적 행위자가 되도록 하는 데 초점을 둔다. 이를 위해서 클라이언트는 동기강화가 필요하고 사회복지사는 이를 지지해 주어야 한다.

(5) 위기개입모델

위기개입모델(Crisis Intervention Model)은 위기상황에 즉각적으로 개입하여 단기 원조를 제공하기 위한 모델로, 자연재해나 갑작스러운 생활상의 모든 사건으로 인하여 일상생활 수행에 어려움이 발생하는 경우 이 모델을 적용해 활용하고 있다. 따라서 위기개입의 목적은 극심한 스트레스 상황에서 즉각적으로 필요한 서비스의 지원과 격심한 고통 이후에 발생할 수 있는 심각한 심리적 붕괴 현상의 예방에 그 목적을 둔다. 위기개입모델은 문제해결모델과 기본 가정이나 시각이 비슷해 보이지만 문제해결모델이 일상적인 상황에서 클라이언트의 문제해결능력과 기능을 회복시키려는 것인 반면, 위기개입모델은 평소의 문제해결방법으로 해결하기 어려운 위기적 상황에서 일시적으로 깨어진 균형 상태를 적시에 개입하여 단시간 최대의 치료적 효과를 낸다는 점에서 다르다(구혜영, 2010).

위기개입은 위급한 상황에서의 즉각적인 대처라는 의미를 갖고 있는데 이에 대한 기본 가정은 다음과 같다(이준우 외, 2006; Golan, 1986).

① 다양한 상황에서 초래되는 직접적인 스트레스와 위험한 사건에 직면했을 때 겪는 격심한 정서적 불균형과 사회적 해체현상은 정상적인 것이다.
② 위기상황에서 겪는 격심한 고통은 정상적인 삶의 경험이며, 정상적인 상태에서 겪을 수 있는 일시적인 혼란이다. 위기사건은 위기 당사자에게 모두 파괴적으로 영향을 미칠 수 있는 사건이기도 하나 위기를 겪고 있는 본인이 전체 삶의 맥락에서 해석하는 의미에 따라 위기일 수도 있고 발전의 기회가 될 수도 있다.
③ 정서적인 불균형을 경험하는 사람은 본능적으로 정서적 균형을 찾으려는 경향을 가진다.
④ 인간은 정서적인 균형을 회복하려고 노력하는 과정에서 일시적이고 격렬한 심리적 유약성을 경험할 수 있다.
⑤ 심리적으로 현저히 약해져 있을 때 일반적으로 사람들은 심리적인 치료서비스를 수용하는 태도를 갖게 된다.
⑥ 위기는 부정적인 결과를 가져올 수도 있으나 다른 한편 성장과 발전의 기회가 되기도 한다.

4 실천 과정과 기술

미시적 실천 과정은 도움이 필요한 개인, 가족, 집단, 지역사회에 대해 전문적인 지식과 기술을 갖춘 사회복지사가 계획된 원조를 일련의 단계적 과정으로 제공한다.

1) 실천 과정

(1) 접수

접수는 문제를 가진 사람이 사회복지기관을 찾아왔을 때 사회복지사가 그의 문제와 욕구를 확인하여 그것이 기관의 정책과 서비스에 부합되는지의 여부를 판단하는 과정이다. 접수를 통해 그 기관에서 적합한 서비스를 줄 수 있다고 판단될 때 사회복지사를 찾아온 사람은 기관의 클라이언트가 되어 그 다음 실천 과정인 자료수집, 사정의 단계를 거쳐 적절한 서비스를 받게 된다. 접수 과정은 앞으로 진행될 전문적 관계의 과정을 결정하는 중요한 만남이다. 접수 시 사회복지사는 짧은 시간에 클라이언트와 긍정적 관계를 맺음으로써 앞으로 전개될 변화 과정에 있어 클라이언트의 변화 동기를 높이고 적극적 · 협조적 자세를 결정짓게 되므로 사회복지사의 접수 과정에서의 역할은 매우 중요하다. 그러므로 이 단계에서 사회복지사는 클라이언트와의 긍정적 상호관계를 성립하는 것이 무엇보다도 중요하다.

접수 시 사회복지사가 해야 할 과업에 대해 살펴보면 다음과 같다.

① 관계형성

접수 시 사회복지사는 클라이언트가 가질 수 있는 양가감정이나 두려움, 열등감 등을 이해하고 관심과 존중으로 편안한 마음을 가지고 자신의 문제를 말할 수 있도록 주의를 기울여야 하며, 모든 클라이언트를 개별화해야 한다.

② 클라이언트의 문제 확인

사회복지사는 클라이언트의 실제 문제가 무엇인지 정확하게 파악하고 기관에서 문제를 해결할 수 있는 서비스를 제공할 수 있는지 평가하여야 한다. 실제문제의 확인이란 클라이언트가 놓여 있는 체계에 대한 심층적 분석이 아닌 현재 명백하게 드러나는 문제를 확인하는 것으로 기관에 찾아와 호소하는 어려움을 말한다. 따라서 사회복지사는 클라이언트의 실제문제가 무엇인지 정확하게 파악하고 그에 대한 우선순위를 결정하고 기관에서 제공할 수 있는 서비스의 종류에 관한 명확한 평가가 이루어질 수 있도록 한다.

③ 클라이언트의 욕구와 기대 확인

사회복지사는 클라이언트의 욕구와 기대를 확인해야 한다. 어떤 경우에 있어서 클라이언트는 기관에서 제공할 수 없는 서비스에 대한 욕구를 갖고 있거나 비현실적인 기대를 할 수 있기 때문에 사회복지사는 어떤 서비스가 기관에서 어느 정도 제공되는지를 분명하게 제시해야 한다. 만약 기관의 서비스가 클라이언트의 욕구와 부합되지 않는다면 적절한 사회복지기관에 의뢰하는 것도 이 단계에서 이루어져야 할 사회복지사의 과업이 된다.

④ 의뢰

클라이언트의 문제와 욕구를 기관에서 해결할 수 없을 때 또는 문제해결에 더 적합한 기관이 있을 경우 다른 기관으로 클라이언트를 보내는 것을 의뢰(referral)라고 한다. 적절한 의뢰를 하기 위해서는 사회복지사는 자신의 기관 및 다른 기관의 정책과 자원, 지역사회의 제반 자원에 대한 정보를 자세히 알고 있어야 한다. 이를 통해 사회복지사는 클라이언트가 가능한 모든 서비스를 받을 수 있는 기회를 제공해야 한다(임은희, 2007).

2) 자료수집과 사정

자료수집은 클라이언트의 문제를 이해하고 분석하고 해결하는 데 필요한 자료를 모으는 것으로 문제해결을 위한 필수 불가결한 활동이다. 자료수집과 사정은 원조과정 전체를 통해 계속되는 활동이나 초기 자료수집과 사정단계에서 집중적으로 이루어진다. 자료수집은 정보를 수집하는 것이며 사정은 수집된 자료를 해석하고 자료로부터 추론하는 지적인 활동 과정이다.

기관마다 초기면접지라고 하는 자료수집을 위한 구조화된 양식을 가지고 있으며 이에 대한 질문내용은 첫째, 일반적으로 클라이언트의 일반적인 정보, 즉 이름, 성별, 나이, 직업, 주소나 전화번호, 학력, 종교, 주요 문제, 가족구성원에 대한 내용을 작성하게 된다. 둘째, 가족관계에 대해 알아보는 것으로 가족을 중심으로 가족원의 이름, 나이, 직업, 교육 정도, 종교, 가족관계 등에 대해 알아본다. 셋째, 클라이언트가 도움을 청하게 된 주요 문제가 무엇이며 언제부터 어떤 과정으로 문제가 지속되었는지를 확인한다. 넷째, 클라이언트가 기관에 오게 된 동기를 알아본다. 또한, 자의에 의한 도움을 얻고자 기관에 방문한 것인지 타 기관이나 가족으로부터의 의뢰인지를 확인한다. 다섯째, 이전에 사회복지서비스에 대한 경험 유무를 알아보고 과거 어떤 사회복지기관에서 어떤 서비스를 받았는지를 확인한다.

사정(assessment)은 자료수집으로 확인된 내용을 해석하여 최종적으로 문제를 규정하고 실천의 방향을 결정하는 과정이다. 구체적으로 말하자면 사정은 클라이언트의 문제에 대한 이해를 얻고 문제의 원인이 무엇이며 그 문제를 완화하거나 해소하기 위하여 클라이언트의 잠재된 문제해결 능력을 끄집어낼 수 있는 내적 · 외적 자원을 찾아내는 과정이라고 할 수 있다. 사정의 주요 특성에 대해 살펴보면 다음과 같이 설명할 수 있다(권육상 외, 2010).

첫째, 사정은 원조 과정 전체를 통해 계속되는 활동이다. 따라서 원조 과정이 진행되어 가는 과정에서 클라이언트에 대한 새로운 정보를 찾아내게 되면, 새로운 정보에 대한 이해가 이루어지게 되며 사정이 지속적으로 필요하게 된다. 초기 면접 시 얻게 된 자료를 통해 시급한 문제를 결정하고 그에 따른 목표를 계획하여 서비스를 실천하게 되나 서비스가 진행되는 과정에서 더 시급한 문제가 발견될 경우가 있기 때문에 개입 전반에 걸쳐 사정이 이루어지게 된다.

둘째, 사정은 클라이언트와 사회복지사의 상호 과정이다. 문제해결을 위해 사회복지사와 클라이언트는 함께 참여하게 된다. 사정단계에서는 클라이언트가 이야기하는 것뿐만 아니라 클라이언트의 반응 등이 사회복지사에게는 매우 중요한 사정자료가 될 수 있다. 이와 같은 과정을 통해 클라이언트는 자신의 문제에 대해 수동적으로 대처하기보다는 적극적인 문제해결의 핵심자로 자기 자신 및 환경을 변화시킬 수 있는 강점을 발견하고 자신의 능력을 깨달을 수 있는 기회를 갖게 된다. 이렇듯 클라이언트 스스로가 자신의 문제를 받아들이고 그 문제를 적극적으로 해결하고자 노력하는 과정 속에서 클라이언트는 자신의 상황을 새롭게 바라보게 되고 세상을 보는 시각이 달라지며 사고 및 행동의 변화를 가져오게 된다.

셋째, 사정은 이중초점을 가진다. 클라이언트를 사회 · 환경적인 맥락에서 이해하고 계획의 근거를 마련해야 하는 이중초점을 가진다.

넷째, 사정은 개별적이다. 즉 사정은 클라이언트의 독특한 상황과 관련되어 있기 때문에 개별적으로 이루어져야 한다.

다섯째, 수평적 · 수직적 탐색 모두가 중요하다. 초기 과정에서는 현재의 관계, 능력, 기능 등을 중심으로 클라이언트의 욕구를 발견하고 이후에는 수직적인 탐색으로 과거력, 개인력, 문제에 대한 역사 등에 대한 정보를 수집한다. 사회복지사는 상황과 필요에 따라 수평적 · 수직적 탐색을 적절히 사용하는 기술을 갖추고 있어야 한다.

여섯째, 클라이언트를 이해하는 지식적 근거를 필요로 한다. 사정을 위한 클라이언트의 상황을 이해하기 위해서는 전문적 지식이 필요하다. 인간행동에 대한 이해, 인간의 다양성, 가족관계, 집단 및 지역사회, 정책, 행정 등 사례에 따른 개별적인 지식을 필요로 한다.

일곱째, 사정 과정에서는 판단이 중요하다. 클라이언트의 고려해야 할 사항이나, 클라이언트의 욕구 및 선호도, 찾아낸 자료를 어떻게 어느 부분을 응용할 것인가, 클라이언트를 어느 정도까지 관여하도록 할 것인가, 문제를 어떻게 규정지을 것인가와 같은 것에 대해 사정이 이루어져야 하는데 이러한 상황에서는 무엇보다도 판단이 중요하다.

여덟째, 클라이언트를 완전히 이해하는 데는 한계가 있다. 어떤 사정도 완벽할 수 없기에 어떤 상황에 대한 완전한 이해도 불가능하다. 또한, 완전한 이해도 바람직할 수 없기에 클라이언트를 완전히 이해한다는 것에는 한계성이 있다.

사회복지사가 사정에 유용한 도구로 사용하는 것은 가계도(genogram), 생태도(ecomap), 사회적 관계망이 있다.

가계도는 2~3세대의 가족관계를 도표로 작성하여 현재 제시된 문제의 원인을 규명하는 것으로 가족의 주요한 사건들, 가족성원의 출생과 상실, 의사소통과 관계 유형을 보여준다. 또한 가계도는 가족들 스스로 세대 간 반복되는 관계 유형을 찾고 이에 대한 통찰을 하는 데 매우 중요한 도구가 된다.

생태도는 클라이언트의 상황에서 의미 있는 관계와 체계들을 그림으로 나타내어 특정 문제와 이에 대한 개입을 계획하는 데 중요한 도구가 된다. 즉 생태도는 가족과 상호작용하는 공식·비공식체계와 가족의 욕구를 충족시킬 수 있는 자원체계를 표시함으로써 가족에게 스트레스의 원인이 되는 부분과 환경체계의 관계에 대한 정보를 탐색할 수 있게 한다. 이를 통해 클라이언트를 돕는 데 필요한 자원체계에 대한 새로운 개입계획을 세울 수 있는 초점을 제공한다.

사회적 관계망은 클라이언트의 관계망 내에 있는 사람들이 클라이언트와 어떤 관계에 있는 사람들이고 이들이 클라이언트에게 주는 물질적, 정서적, 정보적 지원이 어느 정도인지, 도움의 방향은 일방적인지, 접촉빈도 및 최초 접촉시기 등을 보여준다(이준우 외, 2006; Turner, 1996).

3) 계획

원조 과정에 있어서 계획은 변화에 초점을 두고 사정과 개입을 연결하는 교량역할을 한다(양정남 외, 2009). 즉 계획단계는 사정단계에서 수집된 정보를 기초로 클라이언트에게 가장 바람직한 서비스 실천의 목표설정을 클라이언트와 함께 생각하고 계획을 수립해 가는 것이다. 계획단계에서는 실천의 목표를 설정하고 계약을 체결하게 된다.

(1) 목표설정

목적이란 개입의 노력을 통해 얻고자 하는 장기적이고 궁극적인 결과이며 목표는 목적을 세분화한 것으로 '문제가 해결된 상태' 혹은 개입을 통해 일어나기 바라는 변화'를 의미하며 구체적 행동상의 언어로 명확하게 서술된다. 사회복지실천에서 목표를 잘 설정하는 일은 클라이언트 문제해결의 성공 여부가 달려 있는 만큼 매우 중요한 과정이다.

클라이언트를 돕는 원조가 성공적으로 종결되기 위해서는 목표를 잘 설정하는 것이 매우 중요하다. 목표를 설정할 때 지켜야 할 지침은 다음과 같다(Hepworth & Larsen, 1990).

첫째, 목표는 클라이언트에게 중요한 것으로 클라이언트가 바라는 결과와 관련된 것이어야 한다. 클라이언트에게 동기가 부여되기 위해서는 달성할 목표가 문제를 해결하여 상황이 향상될 것이라는 믿음이 있어야만 한다.

둘째, 목표는 명시적이며 측정가능한 용어로 진술되어야 한다. 이를 위해 목표는 구체적이며 명확하고 행동적인 용어로 정의되어야 한다. 이러한 구체적인 행동중심적 목표는 개입이 성공적인지에 대해 쉽게 평가할 수 있다.

셋째, 목표는 내담자의 생활에서 현실적이고 성취가능한 것이어야 한다. 비현실적이고 성취 불가능한 목표는 클라이언트에게 좌절감과 실패감을 경험하게 한다. 그러므로 클라이언트의 능력과 환경적 제약조건을 고려해 성취가능한 목표를 설정해야 한다. 목표 성취는 클라이언트에게 성공하고 있다는 확신을 주게 되고 이를 통해 클라이언트의 참여 동기가 높아져 더욱 적극적으로 변화를 위해 노력하게 된다.

넷째, 목표는 사회복지사의 지식과 기술에 상응한 것이어야 한다. 사회복지사 자신의 지식과 기술을 사용하여 클라이언트를 돕게 되므로 자신의 능력을 넘어서는 문제에 대해서는 다른 전문가에게 의뢰해야 한다. 특히 자살이나 폭력의 위험이 내재되어 있는 클라이언트의 경우 먼저 사람들의 안전을 고려해 관련된 전문가에게 자문을 구하고 적절한 조치를 취하는 것을 고려해야 한다.

다섯째, 목표는 가능하다면 성장지향적인 긍정적 용어로 기술되어야 한다. 목표달성은 클라이언트가 목표 성취의 결과로 그의 생활에 일어날 유익한 변화나 이득에 중점을 둔 성장을 강조하는 방법으로 해야 된다.

여섯째, 사회복지사는 자신의 가치나 권리에 맞지 않는 목표에는 동의하지 않아야 한다. 클라이언트들은 사회복지사의 중요한 가치에 부합되지 않는 목표를 추구하는데 사회복지사의 원조를 요구할 수 있다.

일곱째, 목표는 기관의 기능과 일치해야 한다. 사회복지사는 기관의 목적과 기능에 대해 잘 알고 있어야 하며 기관의 목적과 기능의 한도 내에서 클라이언트를 도와야 한다. 클라이언트의 문제가 기관의 기능과 일치되지 않았을 경우에는 관련된 전문기관으로 의뢰해야 한다.

위와 같은 지침대로 목표설정이 된 경우에도 다양한 예외상황이 생겨날 수 있다. 이러한 때는 목표에 우선순위를 정해 목표를 달성하는 것이 바람직하다.

첫째, 클라이언트에게 가장 시급한 문제여야 한다.

둘째, 가장 단기간에 성취하여 만족감을 느낄 수 있는 것이어야 한다.

셋째, 클라이언트가 목표달성에 전력을 다할 동기를 가지고 있는 것이어야 한다.

넷째, 기관의 기능에 적합하고 사회복지사의 능력에 준해 달성이 가능한 것이어야 한다.

(2) 계약

계약이란 사회복지사와 클라이언트가 합의한 목표를 달성하기 위한 과정에서 발생되는 제반사항에 대해 합의하는 것을 말한다. 계약 시 포함되는 내용은 문제의 정의, 목표, 클라이언트의 역할과 사회복지사의 역할, 미팅시간, 장소, 비용, 개입기법, 평가방법 등이다.

4) 개입

사회복지실천은 개입단계에서 클라이언트의 목표 달성을 돕기 위한 활동을 수행하게 되므로 가장 핵심적인 단계라고 할 수 있다. 이 단계에서 중요한 것은 사회복지사가 변화 과정에 대한 클라이언트의 반응을 관찰하고 합의된 목표에 맞게 진행되는지를 점검하는 것이다. 이러한 개입 과정에서 클라이언트 문제의 변화에 새로운 진전이 없다면 개입계획을 재평가하여 개입방법을 수정하고 새로운 개입목표를 제시하는 것뿐만 아니라 문제의 성격과 문제를 다루는 최선책을 찾아야 한다. 개입방법은 개인과 집단, 가족에 따라 각각 다른 개입기술이 적용되고 문제 유형에 따라서 개입전략도 달라진다.

(1) 개인에 대한 개입

개인에 대한 개입은 클라이언트의 변화와 대처능력 향상에 초점을 둔다. 개입의 내용은 클라이언트의 감정과 주관적 사실, 사고와 행동적 반응양식에 초점을 두어 장애가 되는 태도나 행동, 인간관계를 수정하고자 한다. 개인을 대상으로 하는 사회복지실천의 특징은 다음과 같다(김혜란 외, 2006).

첫째, 개별 클라이언트 체계를 중심으로 이루어진다. 개인 대상의 사회복지실천은 개별 클라이언트 체계가 갖는 문제에 초점을 두고 개별화된 원조 과정을 진행하는 특징이 있다. 그러므로 개인의 존엄성과 자기결정권을 강조하는 사회복지실천의 기본적 가치가 개별 클라이언트와의 협력적인 문제해결 과정에 반영되어 클라이언트의 선택권을 중요시하게 되며, 개인의 개별적인 욕구와 특성, 상황에 알맞은 방법과 전략을 활용하도록 한다.

둘째, 클라이언트와 사회복지사의 전문적 관계를 강조한다. 즉 사회복지사는 클라이언트와의 일대일 관계 속에서 관계 형성(라포)을 맺고, 의사소통의 기술을 도구로 활용해 클라이언트의 문제해결 과정에 개입하는 특징이 있다.

셋째, 개인의 문제해결을 위해 다양한 개입모델을 활용한다. 개별 대상의 실천에서는 다양한 학문적 배경을 가진 실천모델을 활용해 개인의 변화 및 개인과 환경의 상호작용을 변화시키고자 한다.

(2) 가족에 대한 개입

가족을 중심으로 하는 개입은 가족 내 한 성원의 변화가 다른 성원들과 가족 전체에 영향을 미치게 되는 순환적 구조를 갖는다. 그러므로 가족을 대상으로 하는 사회복지사는 무엇보다도 가족구성원 모두를 존중하고 가족 내 다양한 대처양식을 이해하며, 가족의 강점과 변화능력을 인식하고 격려하는 자세가 필요하다.

가족개입 실천에서는 문제를 드러내거나 호소하는 클라이언트가 가족을 대표해서 가족이 안고 있는 문제 증상을 앓는 것이기 때문에 가족 전체를 대상으로 개입이 이루어져야 한다는 기본 전제를 가지고 있다. 즉 가족의 문제는 개인에 국한된 것이 아니라 가족 전체의 문제로 보아야 한다. 그러므로 사회복지사는 가족을 대상으로 하는 사회복지실천에서 누구를 활동에 참여시키고, 누구에게 초점을 두어 도움을 주어야 하는지를 고려해야 한다(이영호, 2010). 가족을 대상으로 하는 개입에는 크게 가족 내부의 변화를 위한 개입방법과 가족을 둘러싼 환경에 대한 개입방법이 있다. 가족 내부변화를 위한 개입방법에는 탈삼각화, 가족 조각, 경계 만들기, 균형 깨뜨리기, 역설적 지시, 재구성 등의 방법이 있고, 환경적 개입에는 가족옹호방법을 사용한다. 가족이 환경체계에 필요한 자원과 지지를 얻지 못하는 경우 사회복지사가 가족의 환경을 변화시키기 위한 개입기술로 가족의 정당한 권리를 요구함으로써 지역사회조직에 변화를 가져오도록 하는 것이다.

(3) 집단에 대한 개입

집단을 대상으로 하는 개입은 집단의 경험과 체험으로부터 개인의 사고와 감정의 상호작용을 통해 자신의 욕구를 충족하고, 집단성원들의 개별목표와 집단공동의 목표 성취를 위해 집단성원들을 지지하고 격려하는 힘과 이들의 성장을 촉진시키게 된다. 집단 대상 실천의 기본원리는 첫째, 집단 내에서의 개별화 원칙으로 집단이 대상이기는 하나 그룹을 형성하고 있는 구성원들은 나름대로 독특한 성격과 독립성을 인정해야 한다. 둘째, 개별화의 원칙과 마찬가지로 집단을 하나의 체계로 보고 집단의 독립성을 인정해야 한다. 셋째, 집단의 사회복지사는 그룹이 원활하게 조직되고 활성화될 수 있도록 의도적으로 집단구성원 간의 상호관계를 촉진하여야 한다. 넷째, 집단 내에서 소외되거나 소극적으로 참여하는 성원이 없도록 문제해결 과정에 스스로 참여할 수 있도록 지지해야 한다.

집단발달에 따라 초기단계에는 집단구성원이 집단에 참여하면서 불안감이나 긴장을 경험할 수 있다. 그러므로 이 단계에서 사회복지사는 집단구성원들이 자신을 집단의 한 부분으로 받아들이고 공통의 목적을 함께할 수 있도록 원조해야 한다. 집단 중기단계에는 집단구성원 간의 응집력과 상호작용이 활발해지므로 집단의 목적이 성취되는 시기이다. 따라서 사회복지사는 집단목표에 방해되는 요소들을 제거하고 집단의 목표와 개별목표가 성취될 수 있도록 전문적 기술을 사용하여야 한다. 집단의 종결단계에서 사회복지사는 집단에 대한 의존성 감소, 이별 감정에 대한 처리, 종결 후 미래에 대한 계획, 타 기관에 의뢰, 서비스 평가 등을 원조한다.

5) 평가와 종결

클라이언트가 제기했던 문제가 서비스 실천 과정을 거쳐 문제가 해결되어 더 이상의 서비스 개입의 필요성이 없다고 판단되는 경우 종결하게 된다. 종결단계에서는 개입 활동 전반에 대한 평가도 병행된다. 종결에서의 평가는 목표가 제대로 달성되었는지에 대한 확인을 통해 개입의 효과를 확인하게 된다.

(1) 평가

서비스의 공급이 클라이언트에게 어떠한 의미와 효과를 가져왔는지에 대해 종합적으로 판단하는 과정을 평가라고 하며 사회복지사의 기준으로 서비스의 효과를 측정하는 것만이 아니라 클라이언트의 입장에서도 사회복지사의 대응이나 내용 방법을 점검할 필요가 있다(이준우 외, 2006). 평가를 통해 사회복지사와 클라이언트는 처음 의도한 바대로 서비스계획을 이행했는가의 여부와 설정한 서비스실천의 목표들이 성취되었는가를 결정하고 이를 바탕으로 문제나 목표, 서비스계획을 수정할 수도 있다.

(2) 종결

종결은 개입 활동을 마무리하는 과정으로, 사회복지사는 개입 결과를 정리하고 클라이언트를 향한 정서적 영향력을 거두게 된다. 종결은 크게 네 가지 유형으로 구분된다.

첫째, 일방적인 조기종결로 계획되지 않은 종결을 의미한다. 이 경우 사회복지사는 종결의 중요함을 알리고 신중히 생각할 것을 권하는 것이 좋으나 결정은 클라이언트에게 맡기며 언제든지 서비스가 제공될 수 있음을 알려주어야 한다.

둘째, 시간제한에 의한 종결로 계획된 종결을 의미한다. 예정된 종결임에도 불구하고 클라이언트는 서비스가 중단되었다고 생각할 수 있기 때문에 사회복지사는 클라이언트에게 기관의 한계를 설명하여 신뢰관계가 손상되지 않도록 주의하여야 한다.

셋째, 시간제한적인 개입모델에 따른 종결이다. 처음부터 기간을 정하고 서비스가 시작된 경우로 사회복지사는 클라이언트가 얻은 것을 분명히 설명하고, 개입기간에 배운 것을 일상생활에서 어떻게 적용할 것인지를 확인하고 사후 세션을 계획하는 것이 바람직하다.

넷째, 시간제한이 없는 개방형 모델에 따른 종결로 개입 과정 중에서 얻는 것이 점차 감소한다고 판단될 때 종결하게 된다(권육상 외, 2010).

5 실천기술

1) 의사소통기술

의사소통은 자신이 전하고자 하는 어떤 정보를 상대방에게 전달하는 과정으로 사회복지사의 의사소통기술은 클라이언트가 개인이나 가족, 집단 또는 조직이나 지역사회 등 어떠한 형태의 체계 간에 직접적으로 실천할 때 필요하다. 사회복지실천에서 의사소통은 원조의 과정에 필요한 정보를 수집하고, 사고, 감정, 욕구충족 및 문제해결, 감정과 사고를 표현한다. 또한, 행동체계를 구조화하는 작업이며 정보 제공, 충고, 격려, 방향 제시 등을 위해 필요하다.

(1) 언어적 · 비언어적 의사소통

클라이언트가 사회복지사에게 원하는 바를 전달하는 방법에는 대화를 통해 전달하는 언어적 소통방식과 몸짓이나 표정 등으로 전달하는 비언어적 소통방식으로 구분될 수 있다. 언어적 의사소통에서 같은 단어를 표현하더라도 여러 가지 의미로 활용될 수 있으며 역사적 상황에 따라 다른 의미를 내포하고 있을 수 있기 때문에 사회복지사는 언어적 표현이 갖는 시대적 · 상황적 맥락을 모두 이해하는 능력을 갖추어야 한다. 더불어 언어적 표현 가운데 적절한 단어의 선택과 유머의 활용 그리고 속어 및 은어의 활용도 함께 고려해야 한다. 비언어적 의사소통은 특히 언어적 표현이 제한된 클라이언트에게 매우 중요한 의사소통의 수단이 된다. 또한 비언어적 의사소통에는 음성의 고저, 얼굴 표정, 침묵, 신체자세 및 움직임, 외모와 청결정도, 신체에서 나는 소리, 신체적 접촉, 물리적 환경 등이 포함된다. 이러한 의사소통이 전문적인 실천기술로 사용되기 위해서는 무엇보다 정확하고 올바르게 의사를 전달하고자 하는 태도를 가지는 것이 중요하다(이미선 외, 2008).

(2) 경청

경청은 클라이언트가 하는 말을 주의 깊게 듣는 것뿐만 아니라 클라이언트의 비언어적 제스처나 자세를 관찰하고, 클라이언트가 자유로이 표현할 수 있도록 격려하며 사회복지사와 클라이언트 양자 간의 대화 내용을 기억하는 것 모두를 포함한다(Cournoyer, 2000). 적극적 경청은 사회복지사가 클라이언트의 메시지를 정확하게 받아들여 이해하고 있음을 끊임없이 클라이언트에게 전달해줌으로써 클라이언트가 자신이 정확히 이해받고 있다는 생각을 갖도록 하는 행위까지 포함한다(엄명용 외, 2011). 적극적 경청기술은 크게 세 단계로 구분된다. 1단계는 주의를 끄는 초대의 단계로 신체적 자세와 얼굴 표정, 목소리, 어투 등의 준비 자세를 의미하며 클라이언트가 편안한 마음으로 말할 수 있도록 분위기를 조성하는 것이다. 2단계는 경청의 단계로 클라이언트의 말을 듣고 관찰하고, 격려하고, 기억하는 등의 과정으로 클라이언트의 메시지를 수용하고 보유하기 위해 귀와 두뇌를 활용하는 것을 의미한다. 3단계는 반영의 단계로 클라이언트의 진술에 대해 주기적으로 해석하는 것을 의미한다. 이는 클라이언트가 하는 말 속에 숨겨져 있는 의미를 파악해 내는 것을 의미한다(이영호, 2010).

2) 면접기술

면접은 사회복지사의 실천활동 가운데서도 기초적이지만 중요한 부분이라고 할 수 있다. 사회복지사는 면접을 통해 의사소통을 촉진하고 문제를 사정하며 계획을 세우고 개입하여 서비스를 제공할 수 있다. 사회복지사의 면접기술은 의사소통기술과 함께 클라이언트를 직접 대면할 때 이용될 뿐만 아니라 다른 전문가, 가족성원, 이웃이나 일반 대중들과 의사소통을 잘할 수 있게 한다(조추용 외, 2009; kadushin, 1983).

면접은 구체적이고 의도적인 목적을 충족시키기 위한 대화의 과정이므로 면밀한 계획과 사전준비는 성공적인 면접이 이루어질 수 있게 한다.

면접은 대체로 곤경에 처해 있는 클라이언트와의 관계에서 이루어지므로 면접 기술을 활용하는 과정에서 사회복지사가 지켜야 할 원칙을 가지고 있다(최옥채, 2009).

첫째, 사회복지사는 자신의 호기심을 해소하기 위해 클라이언트의 개인적인 상황에 초점을 두지 않는다.

둘째, 면접은 클라이언트의 문제상황에 따라 단계적으로 이루어져야 한다. 클라이언트의 마음이 자연스럽게 오픈되었을 때 효과적인 면접이 가능하다. 그러므로 사회복지사는 성급하게 면접을 이끌어 가지 않고 클라이언트의 심리사회적 상태의 흐름에 맞추어 진행되어야 한다.

셋째, 사회복지사는 면접 과정에서 클라이언트의 심리상황에 충분히 공감해야 한다. 사회복지사는 클라이언트를 인간으로서 존중해야 함은 물론 면접의 매순간 클라이언트의 지각적 · 인지적 · 감정적 · 행동적 상태를 수용하고 함께 나눌 수 있어야 한다.

(1) 질문기술

면접에서 질문은 중요한 기법으로 사회복지사는 필요한 정보를 얻기 위해, 클라이언트의 생각과 느낌을 표현하도록 돕기 위해 질문기술을 활용한다.

상담면접에서 주로 사용되는 질문기술은 개방형 질문과 폐쇄형 질문이 있다. 개방형 질문은 클라이언트가 자신의 생각과 감정을 표현할 수 있는 선택의 자유를 허용한다. 따라서 개방형 질문은 클라이언트가 하고 싶은 말을 자율적으로 충분히 할 수 있게 하여 많은 정보를 수집할 수 있다는 장점이 있다. 그러나 개방형 질문은 자신의 생각이나 감정을 언어로 표현하는 것에 익숙하지 않은 클라이언트에게는 오히려 위협이 되거나 불안감을 야기할 수 있으므로 폐쇄형 질문으로 시작하여 점차 개방형 질문으로 변화하는 것이 바람직하다. 폐쇄형 질문은 '예-아니요'로 답할 수 있거나 혹은 이름, 주소, 나이 등과 같은 아주 간략한 대답을 얻을 수 있는 질문이다. 폐쇄형 질문은 시간이 제약된 상황에서 사실이나 자세한 정보를 얻고자 할 때 그리고 위기적인 상황에서 신속하게 정보를 얻고자 할 때 활용하는 것이 유용하다.

(2) 피해야 할 질문

클라이언트의 문제를 확인하고자 하는 질문을 할 때에도 피해야 할 질문유형이 있다.

첫째, 유도하는 질문을 삼가야 한다. 즉 클라이언트에게 특정한 방향의 응답을 이끄는 유형의 질문형태는 피해야 한다. 유도성 질문은 질문이 주어진 상황에서 클라이언트가 가졌던 감정이나 생각을 솔직히 드러내기보다는 방어적인 입장에서 또는 사회복지사의 비위를 맞추기 위해 솔직하지 않은 답을 하도록 유도할 수 있기 때문이다.

둘째, 모호한 질문은 피해야 한다. 모호한 질문은 클라이언트가 질문의 방향을 분명하게 이해하지 못하거나 받아들이지 못하는 형태의 질문으로 이런 경우에 사회복지사는 클라이언트가 그의 관심사나 상황을 구체적으로 묘사할 수 있도록 초점을 좁혀 재질문한다.

셋째, 중첩질문을 삼가야 한다. 중첩질문은 한 질문 문장 속에 여러 가지 내용의 질문이 섞여 있는 것으로 두 가지 이상의 질문을 모두 물어볼 필요가 있을 때는 하나씩 따로 물어봐야 한다.

넷째, '왜'라는 질문은 피해야 한다. 즉 '왜'라는 용어는 책임을 추궁하거나 몰아세우는 인상을 줄 수 있다. 클라이언트는 '왜'라는 말을 들을 때마다 자신을 방어하거나 자신의 행동을 정당화하거나 그 상황에서 회피하려 하거나 공격적이 될 가능성이 있다. 그러므로 '왜'라는 질문 대신에 무엇, 언제, 어디서, 어떻게라고 질문하는 것이 바람직하다(이영호, 2010).

3) 기록기술

사회복지실천기록이란 사회복지사가 개입한 사례를 계획에서부터 종결과 사후지도까지 전 과정을 형식을 갖춘 틀에 따라 객관적으로 서술하는 것을 말한다. 기록은 정보를 보존하고, 서비스 전달을 촉진하며, 기관 내·외의 전문가들과 의사소통을 가능케 한다. 또한 실천가들을 교육 및 감독하고, 서비스의 질을 높이며, 조사·연구를 돕기 위해서 사용된다. 무엇보다도 기록의 주요 목적은 책임이다. 사회복지실천가들은 자신이 제공한 서비스를 기록하고 설명하며 평가함으로써 클라이언트와 기관 및 사회에 대한 법적·윤리적 책임을 지게 된다(이윤로, 2005). 그러므로 사회복지사에게 효과적인 기록능력은 매우 중요한 역량이다. 사회복지사가 실천 과정에서 전문적인 판단과 개입을 했는지, 개입의 과정과 결과가 적절한지, 윤리적인 문제는 없는지 등 자신의 전문성을 확인할 수 있다는 점에서 의의가 있다. 따라서 이러한 기록을 통해 보다 나은 서비스를 제공할 수 있으며 사회복지사와 클라이언트의 성장 도구가 될 수 있다.

사회복지기관의 사업목적과 내용에 따라 기록의 종류와 양식을 달라진다. 이는 기관의 특성, 제공되는 서비스의 유형, 활용 목적 등에 따라 달라지기 때문이다.

(1) 과정기록

과정기록은 사회복지실천의 초창기에 사회조사가 중요한 목적이었을 때 클라이언트 및 그들의 사회적 상황에 대하여 말하고, 행동하고, 관찰하고, 추측한 것 등 사회복지사가 기억할 수 있는 한 모두를 기록한 방법으로, 오늘날 사회복지교육에서 학생들이나 초보 사회복지사들의 기본적인 기술 학습 및 진단적 사고를 돕기 위한 교육용 도구로서 광범위하게 사용되고 있다. 과정기록의 장점은 사회복지사가 스스로 자신이 수행한 사회복지실천 과정과 결정한 내용을 분석하고 그 내용을 개념화하고 조직화할 수 있다는 점이 있다. 반면에 기록하는 데 시간이 너무 많이 소요되고 실제 내용이 간접적이고 불완전하게 왜곡하여 기록될 수 있다는 단점을 가진다.

(2) 요약기록

일반적으로 사회복지기관에서 가장 많이 사용되는 기록형태로 시간의 경과에 따라 변화된 상황, 개입 활동, 중요한 정보 등을 요약하여 기록하는 것이다. 이 기록은 시간의 경과에 따라 일정한 기간의 간격을 정해 기록하는 것으로 사례가 장기간 지속될 경우 더욱 유용하며, 주로 클라이언트에게 일어난 변화에 초점을 맞추어 기록한다(이준우, 2006).

(3) 문제중심기록

문제중심기록은 현재 제시되고 있는 문제를 중심으로 문제영역을 규명하거나 사정하고, 각 문제에 대하여 무엇을 할 것인지에 대한 계획을 기록하는 것으로 의료분야와 같이 다학문적으로 접근하는 실천현장에서 주로 이용된다. 왜냐하면 이러한 경우는 문서화뿐만 아니라 정보교환이 기록의 주요 목표가 되기 때문이다.

문제중심기록은 주로 SOAP방식으로 기록된다. SOAP방식은 다음과 같은 특징을 가진다.

① 주관적 정보(Subjective information): 클라이언트가 지각하는 문제, 자신의 상황과 문제에 대해 어떻게 생각하고 느끼고 있는가에 대한 주관적 정보를 기술한다.

② 객관적 정보(Objective information): 클라이언트의 행동이나 외모에 대한 사회복지사의 관찰과 사실적 자료와 같은 객관적인 정보를 기술한다. 클라이언

트의 주거상태, 경제적 상태, 건강상태 등이 포함될 수 있다.

③ 사정(Assessment): 주관적 정보, 객관적 정보에 기초하여 사정, 견해, 해석, 분석을 기술한다. 사회복지사의 관찰 및 사실적 정보의 의미를 사정하고 분석한 견해를 기술하는 것이다.

④ 계획(Plan): 위의 주관적 정보, 객관적 정보, 사정을 기반으로 확인된 문제에 대하여 무엇을 할 것인지에 대한 계획을 기술한다.

문제중심기록은 여러 상이한 전문직 간의 의사소통을 촉진하며, 여러 분야 간의 공조를 원활하게 해준다. 또한, 기록이 간결하고 형식이 통일되므로, 기록감독자, 조사연구자, 외부의 자문가 등이 보다 쉽고 질 높은 기록검토를 할 수 있다는 장점을 가진다. 단점은 문제에 초점을 두기 때문에 클라이언트의 장점이나 자원을 간과할 수 있다는 점이 있다.

(4) 이야기체 중심기록

사회복지사의 말이나 느낌보다는 클라이언트와 상황, 그리고 서비스 교류에 초점이 맞추어진다. 클라이언트 및 서비스에 대한 많은 정보를 서술체로 기록하기 위해서는 조직화가 필수적이며 관련되어 있지 않는 세부적인 사항은 제외되고 관련되는 사항이라도 모든 내용을 다 기록하지 않고 중요한 정보만 기록한다. 사회복지사는 자기가 기록해야 할 중요한 내용을 선택하고 시간의 순서에 따라 또는 주제별, 제목별로 구분하여 기록한다. 이야기체 요약기록은 사례가 진행되는 동안 그간의 진행을 요약하는 보고서이기 때문에, 특히 장기간에 걸쳐 진행되는 사례에서 유용하다(임안나 외, 2011). 이야기체 중심기록은 사회복지사의 재량에 아주 많이 의존한다. 따라서 기록내용이 지나치게 단순하거나 길고, 초점이 분명하지 않을 수 있으며 기록하는 데 시간이 많이 걸리기 때문에 종종 기록하기를 미루게 되는 일이 발생할 수 있어 기록이 부정확하고 시기가 부적절할 우려가 있다는 단점이 있다.

4) 평가기술

평가(evaluation)란 사회복지실천에서 사용되는 중재 또는 개입의 결과를 사정하기 위한 기술이다. 사회복지실천에 있어서 평가는 사회복지실천의 과학성과 전문성을 강화해 주고 클라이언트에 대한 책임성을 높여 준다는 면에서 매우 중요한 의미를 가진다.

(1) 성과평가

성과평가는 클라이언트의 변화와 관련된 내용으로 프로그램으로 인해 클라이언트가 얼마나 영향을 받았는지를 확인하는 평가방법이다. 성과평가는 프로그램의 궁극적 성공 여부를 가려 그 프로그램을 지속할 것인지와 그 프로그램을 다른 대안적 사항들보다 우선적으로 선택할 것인지를 결정하게 한다.

(2) 과정평가

과정평가는 프로그램이 의도된 바대로 전달되었는지, 혹은 어떤 점이 성공적이었는지, 어떤 점이 그렇지 않았는지, 누구에게 효과적이고 어느 상황에서 효과적이었는지를 파악하는 평가방법으로 서비스 전달체계의 정밀성과 행정적인 측면도 함께 평가하게 된다.

(3) 총괄평가

지금까지 계속 해왔던 것에 대해 총망라하여 평가하는 것으로 설정한 목표를 달성한 정도에 따른 평가인 과업성취척도, 목표달성척도, 만족도, 설문조사 등의 방법이 있다.

Chapter

07 사회복지의 중범위 · 거시적 실천방법

1. 지역사회복지
2. 지역사회복지의 역사
3. 지역사회복지의 유형
4. 지역사회복지실천 과정
5. 사회복지사의 역할
6. 사회복지행정
7. 사회복지행정의 영역
8. 사회복지행정의 과정
9. 실천 과정과 정책
10. 사회복지정책의 행정 · 집행 · 평가
11. 사회복지정책의 재원

social welfare

07 Chapter 사회복지의 중범위 · 거시적 실천방법

1 지역사회복지

1) 지역사회복지의 개념과 목표

(1) 지역사회복지의 개념

지역사회복지(Community Welfare)란 말은 매우 포괄적인 개념으로 전문 혹은 비전문인력이 지역사회 수준에 개입하여 지역사회에 존재하는 각종 제도에 영향을 주고 지역사회의 문제를 예방하고 해결하고자 하는 일체의 사회적 노력을 의미한다. 그러나 지역사회복지는 개인을 대상으로 하는 복지나 가족을 대상으로 하는 복지의 차원보다 넓은 차원의 개념으로 아동복지, 청소년복지, 노인복지라는 특정 대상층을 중심으로 하는 복지활동보다는 지역성(locality relevance)이 뚜렷하다는 데서 그 차이를 발견할 수 있다(최일섭 외, 2006).

로스(Ross)는 지역사회복지란 "지역사회가 스스로 그 필요성과 목표를 발견하고 그 목표를 달성하기 위해 필요한 자원을 내부적으로 동원하여 실천을 수행하는 것이다."라고 정의하여, 지역사회에 있어서 협동적이며 공동적인 태도와 실천을 확대하고 발전시키는 과정으로 설명하고 있다(조추용, 2009).

사회복지 환경의 변화에 따라 지역사회복지는 중요한 실천 영역으로 발전하게 되었다. 이러한 사회환경의 변화에 대해 살펴보면 다음과 같다(이정서 외, 2002)

첫째, 경제발전을 통한 성장 위주의 국가정책이 분배와 삶의 질을 중시하는 방향으로 전환되어 가족, 집단, 계층, 지역사회의 통합의 필요성이 증대되었으며 통합을 위한 방법론으로서 지역사회복지가 생겨나게 되었다.

둘째, 지방자치제의 실시로 지역사회의 특성에 맞는 사회복지의 실천이 요구되었고 이를 위한 지역사회주민의 참여가 필요하게 되었다.

셋째, 지역복지관, 지역복지협의회, 자원봉사활동 등 지역사회주민의 참여를 조직화하고 지속화하는 기구와 프로그램이 개발되고 확대되고 있는 것이다.

(2) 지역사회복지의 목표

지역사회복지가 궁극적으로 추구하고 있는 것은 '이상적인 지역사회(ideal community) 건설이라고 할 수 있다. 린데만(Lindeman)은 그의 저서 《지역사회》에서 이상적인 지역사회는 지역 주민에게 아홉 가지 조건들이 제공되어야 한다고 이야기했다.

첫째, 효율적인 정부라는 매개체를 통해 지역주민의 생명과 재산의 안전을 도모해야 한다.

둘째, 효율적인 생산체제를 통해 경제적 소득을 보장해 주어야 한다.

셋째, 공공보건기관을 통해 지역주민의 보건과 위생을 보장해야 한다.

넷째, 여가활동을 건설적으로 활용할 수 있도록 해야 한다.

다섯째, 지역사회의 지지를 받을 수 있는 윤리적 기준을 제공해야 한다.

여섯째, 공공기관을 통해 지식의 보급이 쉽게 이루어져야 한다.

일곱째, 자유롭게 의사표현을 할 수 있는 수단을 제공해야 한다.

여덟째, 주민의 의사가 자유롭게 표현될 수 있는 민주적 형태의 조직이 형성되어야 한다.

아홉째, 신앙적 동기를 제공해야 한다.

로스만(Rothman)도 지역사회복지실천의 목표를 과업중심의 목표와 과정중심의 목표로 구분한다.

첫째, 과업중심의 목표는 구체적인 사업을 완성하거나 지역사회의 기능과 관련된 문제를 해결하는 것에 초점을 두는 것으로 서비스 제공이나 새로운 서비스 개발 등 특수한 사회입법을 통과시키는 것을 말한다. 이는 지역사회가 장기간에 걸쳐 제 기능을 하도록 일반적인 능력 향상에 관심을 갖는 것이다

둘째, 과정중심의 목표로 체제의 유지와 기능을 강화시키는 것으로 지역사회의 한정된 문제해결 자체에 초점을 두는 것을 말한다. 이 같은 내용의 구체적인 목표는 다음과 같다.

① 지역사회에 있는 여러 집단 간의 협동적인 관계를 수립한다.
② 지역사회문제를 해결하기 위한 자치적인 구조를 창조한다.
③ 지역사회문제를 해결하는 데 필요한 역량을 향상시킨다.
④ 지역사회주민들이 지역사회의 일에 대해 관심을 갖고 참여하도록 자극한다.
⑤ 지역사회의 공동사업에 협력적인 태도와 작업을 북돋아준다.
⑥ 토착적인 지도력을 증대시키려 한다.

2) 지역사회복지의 특성

지역사회복지는 사회복지의 특성을 바탕으로 하면서 지역사회라는 독특한 체계를 기반으로 하고 있기 때문에 그 나름대로의 특성을 지닌다(김승용 외, 2010).

(1) 예방성

지역사회복지의 예방성이란 지역사회 내의 사회복지욕구나 해결되지 못한 생활문

제를 주민참여를 통해 조기에 발견할 수 있도록 함으로써 예방적 효과를 거둘 수 있다는 의미로, 예방적 특성에는 클라이언트의 소극적인 삶의 예방뿐만 아니라 삶의 질 향상, 생활구조의 안정, 강화 등 적극적 삶의 예방까지 포함한다.

(2) 종합성 · 전체성

지역사회복지는 서비스 공급자 측면에서는 종합성의 특성을 서비스 이용자 측면에서는 전체성의 특성을 가진다. 즉 공급자 측면에서는 서비스 제공기관 간의 연락 · 조정 · 협의 등의 네트워크를 구축하고 이를 실질적으로 운용하는 것에 대한 종합성을 가지며 이용자 측면에서의 전체성은 지역주민의 생활과 밀접하게 관련을 맺고 있는 다양한 분야가 포괄적으로 다루어져야 함을 의미한다.

(3) 연대성

지역사회복지에서는 개인 활동으로 해결이 곤란한 생활상의 문제를 주민들 서로 간에 연대를 형성하여 공동의 행동을 통해 문제를 해결하려는 특성을 가진다.

(4) 지역성

지역사회복지는 주민의 생활권역을 기초로 이루어진다. 사회복지서비스의 이용 측면에서 볼 때 지역적 한정은 작을수록 좋다. 그러나 서비스 제공체계의 효율성을 고려해야 하는 측면에서는 이용과 공급의 적절한 체제를 고려한 지역적 권역의 설정이 필요하다.

2 지역사회복지의 역사

지역사회의 개념은 지역사회의 구조와 기능의 변화와 더불어 시대와 상황에 따라 다양하게 규정된다. 다시 말해 지역사회복지는 사회적인 실체로 역사성을 가지고, 생성되고 발전해 왔다.

1) 지역사회복지 태동기

지역사회복지의 역사는 자선조직협회와 인보관운동이 많은 영향을 미쳤다고 할 수 있다. 자선조직협회와 인보관운동은 영국에서 시작되었으나 활발히 이루어진 것은 미국에서였다고 할 수 있다. 남북전쟁이 끝나고 제1차 세계대전이 시작되었던 1865~1914년에 미국 사회상황은 산업화, 도시화, 흑인문제, 이민문제 등으로 사회복지가 요구되는 시기였다. 이 시기에 전개된 지역사회복지활동은 크게 두 범주로 나눌 수 있다(최일섭 외, 2006).

첫 번째 범주는 자선조직협회와 인보관, 도시연맹 활동이고 두 번째 범주는 지역사회복지사업에 직접적인 영향을 미치지는 않았으나 많은 지역사회활동가들의 활동으로 정치집단, 인종집단 및 특정지역이나 특정목적을 위한 사회행동집단 등이 있었다. 이 당시 자선조직협회는 구빈을 위한 정부의 활동이 빈민의 재활을 위해서 도움이 되지 않는다는 생각을 갖고 있었다. 빈민을 구호받을 가치가 있는 빈민과 가치가 없는 빈민으로 구분하고, 빈곤으로부터 벗어날 소지가 있는 빈민에게만 원조를 제공하였다. 또한 자선조직협회는 다양한 사회문제의 개선과 해결을 위해 자선기관들과의 협력적인 계획을 모색하고 지역사회계획 전문기관을 탄생하였으며 사회조사(social survey)기술을 발전시켰다.

인보관운동은 환경적 요소를 사회문제의 근원으로 보고 빈곤의 원인제거, 도시생활 및 노동환경의 개선, 사후치료보다는 사전 예방적인 방법을 우선시하였다.

2) 지역사회복지 형성기

지역사회복지 형성기는 제1차 세계대전의 종식과 대공황으로 이어지는 기간으로 산업화와 도시화 현상 그리고 인종 간의 대립과 갈등이 가속화되는 양상을 보이는 시기였다.

도시화가 가속화됨에 따라 도시빈민의 문제를 다루는 사회복지기관들이 계속 늘어나게 되었다. 이 과정에서 사회복지기관들의 지원요구가 증가하게 되자 자선가들과 전문가들은 구호방법을 개선할 필요성을 절감하게 되었으며 이로 인해 지역공동모금제가 생겨나게 되었다. 또한 이 시기에는 빈민을 돕는 사람들 사이에 점차 전문성이 나타나기 시작하였다.

3) 공공복지사업 시기

이 시기는 대공황과 제1차 세계대전으로 인해 사회 전반에 걸쳐 큰 변화를 경험한 시기라고 할 수 있다. 대공황으로 인한 실업이 급증하였으며, 사회복지분야에서도 기존에 민간복지단체를 중심으로 실시했던 구호활동이 정부기관으로 이양되었으며 이로 인해 정부의 역할이 증대되었다. 이 기간에는 지역사회조직에 관한 관심이 지방에서 국가적인 차원으로 확대된 것 이외에 큰 변화는 없었으나 지역사회조직사업의 성격을 개념화하고 워커의 역할을 규명하려는 전문분야의 노력이 활발하게 진행되었다(권육상 외, 2010).

4) 지역사회복지 발전기

지역사회의 복지문제를 해결하고자 하는 지역사회조직은 19세기 말의 자선조직화 운동과 인보관운동을 기점으로 발전해 왔으며 1960년대 들어서 사회사업의 전문분야로서의 위치를 확고히 하였다.

1970년대와 1980년대의 신보수주의 이념의 확산과 복지국가에 대한 도전으로 인해 사회개혁과 지역사회 개입을 위한 전문사회복지는 위축되었다. 하지만 지역사회복지실천에 있어서 이전의 사회행동이나 사회계획모델은 보수적 이데올로기와 예산부족 등의 이유로 인해 퇴색되고 자조를 기반으로 하는 모델이 강조되었다. 최근에도 복지삭감에 대한 압력이나 사회복지서비스의 민영화 등 보수주의적 분위기는 여전하나 목표 및 접근방식의 세분화나 다양화가 이루어지고 있다.

3 지역사회복지의 유형

지역사회복지는 개인, 집단, 조직, 지역사회 등을 통해 사회문제에 영향을 미치기 위해 계획된 행동에 참여시키려는 개입방법이다.

1) 지역사회개발

지역사회개발에 대한 UN의 정의는 "지역사회개발은 지역사회주민의 적극적인 참여와 주민들이 가능한 최대의 주도권을 갖고 전 지역사회의 경제적 · 사회적 조건을 향상시키기 위한 과정"이라고 하였다.

지역사회개발(Locality Development)모델은 자주민들이 문제를 스스로 해결할 수 있는 능력을 강화시켜 주는 것에 초점을 두고 문제의 파악이나 해결 과정에 주민들의 광범위한 참여를 장려한다. 이 모델은 주로 개발도상국이나 선진국의 낙후된 도시에서 많이 사용하며 의식과 태도 등의 강화를 위한 프로그램과 교육, 건강, 주택, 사회복지, 청소년과 여성을 위한 프로그램이 있다. 로스는 이 모델에 있어서 지역사회복지사의 역할에 대해 안내자, 가능자, 전문가, 치료자 등으로 설명하였다.

2) 지역사회계획

사회계획유형은 범죄, 주택문제, 정신건강과 같은 사회문제를 해결하고자 하는 기술적 과정을 강조하며 문제해결을 위한 합리적 계획수립과 비용효과 면에서 가장 적절한 방안을 찾고자 한다. 이 유형은 합리성과 실증적 자료에 기반을 두고 문제를 해결해 나가기 때문에 지역사회 주민 스스로가 주체가 되어 해결해 나가기보다 전문가에 의한 합리적이고 과학적인 문제 해결 방안을 찾아내는 데 주력한다. 또한 계획이나 정책집행의 효과성과 효율성을 강조하기 때문에 과업목적에 초점을 둔다. 샌더스(Sanders)는 사회계획 유형에서의 사회복지사의 역할을 분석가, 계획가, 조직가, 행정가 등으로 설명하였다.

3) 지역사회행동

지역사회행동은 지역사회의 억압받고 소외된 주민들이 사회정의와 정치적 공평성의 입장에서 사회, 정치, 경제적으로 보다 나은 처우를 받을 수 있도록 해주는 활동으로, 지역사회의 기존제도와 현실에 대한 근본적인 변화를 추구한다. 사회행동 유형에서는 기본적으로 과업달성을 중시하기 때문에 적절한 의사결정구조의 활용 또는 관계형성 등과 같은 과정목표는 무시되기도 한다. 이와 같이 소규모적이고 단기적인 문제상황을 해결하는 것보다는 체제변화에 따른 결과를 중시한다.

▌표 7-1▐ 로스만의 지역사회복지실천 유형의 비교

구분	지역사회개발	지역사회계획	지역사회행동
목표	지역사회의 활동능력과 통합, 자조(과정목표)	지역사회문제의 해결(과업목표)	권력관계의 자원과 변화: 기본적 제도변화(기업 및 과정목표)
지역사회의 구조와 문제상황에 대한 가정	지역사회의 상실, 아노미: 관계와 민주적 문제해결능력의 결여: 정태적·정통적 지역사회	기본적 사회문제: 정신 및 신체상의 건강문제, 주택문제, 레크리에이션 등	사회적 고통을 당하고 있는 사람: 사회의 부정의, 박탈, 불평등
기본적 변화전략	자신의 문제규정과 해결에 광범위한 사람들이 참여하는 것	문제에 대한 사실 수집과 가장 합리적인 행동조치에 대해 결정하는 것	쟁점사항을 구체화시키고 대항 표적에 대해 조치를 취할 수 있도록 사람을 동원
변화전술과 기술	합의: 지역사회의 여러 집단과 여러 이익 간의 상호교육: 집단토의	합의 혹은 갈등	갈등, 대결, 직접적 행동, 협상
사회복지사의 대표적 역할	촉매적 조력자, 조정자: 문제해결기술과 윤리적 가치관에 대한 교육자	사실수집자와 분석자: 프로그램 추진자, 촉진자	행동적 옹호자: 선동자, 중개자, 협상자, 파당
변화의 수단	과업지향의 소집단 활용	공식적 조직과 객관적 자료의 활용	대중조직과 정치과정의 활용
권력구조에 관한 견해	권력구조의 구성원은 공동사업을 해나가는 협력자	권력구조는 고용주와 후원자	권력구조는 활동 외부에 있는 표적물: 공격당하고 파괴되어야 하는 압제자
대상 지역사회의 범위	지리적 측면의 지역사회 전체	지역사회 전체 혹은 지역사회의 일부	지역사회의 일부
지역사회구성원 간의 이해관계에 관한 전제	공통되는 이해 혹은 조정 가능한 차이로 봄	조정 가능하거나 혹은 갈등 상황으로 봄	쉽게 조정할 수 없는 힘든 갈등상황으로 봄: 자원의 희소성
수급자의 개념	시민	소비자	희생자
수급자의 역할	상호작용적 문제해결 과정에 대한 참가자	소비자 혹은 수혜자	고용주, 지역사회구성원, 동료
유형의 예	협동적이고 능숙한 의사결정을 내릴 수 있는 지역사회 능력 구축: 주민의 개인적 승리감 증진	소비자의 서비스 욕구 규명: 자신들의 서비스 선택사항을 이해함	수익자를 위한 실제적 권력을 획득함: 지역 의사결정에 영향을 미칠 수 있는 권리와 수단: 참여와 승리감 증진

출처: 홍봉수 외 (2010); 오정수 외 (2006).

그로서(Grosser)는 사회행동 유형에서 사회복지사의 역할에 대해 가능자, 중재자, 변호자, 행동가 등으로 설명한다.

사회행동모형의 활동 내용으로는 환경보호단체, 소비자보호단체, 여성단체, 노동조합, 환경운동, 소비자보호운동, 여권신장운동, 노동운동, 학생운동, 복지권운동 등의 개입이 있다.

4 지역사회복지실천 과정

지역사회복지실천은 전문 · 비전문인력이 지역사회수준에 개입하여 지역사회에 존재하는 각종 제도에 영향을 주고 지역사회의 문제를 예방하고 해결하고자 하는 사회적 노력이라고 할 수 있다.

1) 지역사회의 문제발견과 분석

지역사회 문제해결에 있어 우선적으로 해야 할 일은 지역사회에 충족되지 않은 욕구나 해결해야 할 문제를 찾아내는 것이다. 이러한 지역사회문제를 찾아내는 방법은 실제 답사에 의한 관찰, 설문조사, 주민들과의 간담회 등을 통해 파악하는 것이다.

문제를 발견한 후에는 사회문제와 관련된 자료를 수집하고 분석해야 하는데 사회문제의 분석에 필요한 자료를 수집하기 위해서는 다음과 같은 점들을 고려해야 한다. 첫째, 문제와 관련된 지역이나 특수집단의 특성을 기술한 통계자료, 실태보고서 등을 조사하고 분석한다. 둘째, 특정 사회문제와 관련된 사회과학이론을 활용한다.

이와 같이 지역사회의 문제발견과 분석을 위해서는 사회문제에 대한 다양한 이론을 분석하고 지역주민들의 가치관을 검토하며 객관적인 자료를 수집하고 분석해야 한다.

2) 정책 및 프로그램의 개발

문제를 파악하고 분석한 후에는 정책을 수립하고 실천하기 위한 프로그램을 개발해야 한다. 문제를 보는 관점이 다양한 것처럼 문제 해결에도 다양한 목표와 방향이 있을 수 있다. 그러므로 정책을 수립한다는 것은 다양한 해결방안 중 가장 효과적이고 효율적인 방안을 찾아내는 정책의 선택이라고 할 수 있다.

이러한 정책이 수립된 후에는 정책을 실천할 수 있는 프로그램을 개발해야 한다. 프로그램을 개발하는 데 고려해야 할 요건은 첫째, 어떤 종류의 활동, 프로그램, 서비스를 어떠한 순서로, 얼마만큼의 양을 어떤 전달체계를 통해 전달할 것인가를 고려해야 한다. 둘째, 활동을 전개하는 데 필요한 자원, 즉 자본설비, 필요한 인력과 자격 및 재원, 여러 자원의 통제권은 누구에게 있으며, 어떻게 동원할 것인가에 대해 고려해야 한다. 셋째, 자원의 활용가능성의 정도, 정책목표를 달성하기 위해 필요한 변화, 자원의 분배, 새로운 자원의 개발은 어떻게 할 것인가에 대해 고려해야 한다.

3) 프로그램의 실천

프로그램의 실천은 정책목표를 달성하기 위해 이루어지는 활동이다. 활동의 내용과 형태는 문제의 성격에 따라 다양하나 크게 두 가지 범주로 나뉜다. 그 하나는 '체제 유지 혹은 과정중심적 활동'이며, 또 다른 범주는 '과업중심적 활동'이다. 체제유지 혹은 과정중심적 활동은 사회문제를 지역민 스스로 해결할 수 있도록 능력을 배양해 주는 활동이고, 과업중심적 활동은 지역민이 필요로 하는 서비스를 직접적으로 제공해 주는 활동을 말한다.

프로그램이 진행되는 과정에서도 새로운 문제는 발생할 수 있으며, 이 경우 원래 계획을 수정해야 할 필요가 생긴다. 그러므로 사회복지사는 변화를 예측할 수 있는 통찰력을 가져야 하며 계획을 수정해야 할 때 즉각적으로 이에 대처할 수 있는 능력과 기술이 있어야 한다.

4) 평가

평가는 개입과 실천을 통해 목표가 얼마만큼 이루어졌는지 등을 파악하여 향후 실천에서 그 결과를 반영하는 과정이라고 할 수 있다. 그러므로 평가단계는 실천의 마지막 단계이면서 동시에 평가를 통해 얻어진 결과로 앞으로의 보다 나은 계획을 세울 때 활용할 수 있는 순환 과정의 한 단계라고 할 수 있다.

평가의 종류에는 과정평가와 결과평가가 있다. 과정평가는 의도한 목표의 달성 여부를 떠나 활동 과정에서 지역사회실천가나 지역주민이 스스로 문제를 주체적으로 해결하려는 의욕이나 문제해결역량이 어느 정도 향상되었는지를 평가한다. 결과평가는 지역의 문제를 어느 정도 해결하였고 주민의 욕구는 어느 정도 충족되었으며 그들의 삶의 질이 얼마나 향상되었는지 등 실천계획에서 설정했던 목표가 달성된 정도를 평가한다(서혜석 외, 2010).

5 사회복지사의 역할

지역사회문제를 제거하기 위해 수행되는 전문 사회복지사의 역할은 그가 속해 있는 지역사회의 목적과 유형에 따라 역할의 내용이 달라질 수 있다. 다양한 지역사회복지사의 구체적인 역할에 대해 살펴보자.

1) 조력자의 역할

사회복지사의 조력자 역할은 지역사회주민들 대부분이 느끼고 있는 불만을 찾아내는 과정을 주도하고 그 불만을 집약할 수 있도록 함으로써 지역사회를 돕는다. 이와 같은 과정에서 사회복지사는 주민들이 상호관계를 유지할 수 있도록 교량적인 역할을 해야 한다. 사회복지사의 교량적 역할은 영속적인 것이 아니라 사업이 진행됨에 따라 그 책임이 주민들 스스로에게 이양될 수 있도록 해야 한다.

2) 안내자의 역할

안내자의 역할은 지역사회의 문제해결에 따른 올바른 목표를 설정하고 이것을 해결하는 방안을 강구할 수 있도록 도와주는 것이다. 즉 사회복지사는 주민들이 스스로 판단을 내릴 수 있도록 자료를 제시해 주거나 다양한 의견을 요약하고 설명해 주거나 여러 대안이 주는 시사점을 지적해 줄 수 있으나 특정한 행동노선을 권고하거나 강요해서는 안 된다.

3) 전문가의 역할

전문가로서 사회복지사는 필요한 자료를 제공하고 직접적인 충고를 할 수 있어야 한다. 즉 지역사회조직체가 사업을 수행하는 데 필요한 조사자료, 기술상의 경험, 자원에 관한 자료, 방법상의 충고 등을 제공한다. 더불어 기술적인 방안에 관한 참고자료에 대해 풍부한 지식을 가지고 있어서 지역사회주민이 필요로 할 때 제공해 줄 수 있어야 한다.

4) 치료자의 역할

치료자의 역할은 지역사회의 공동적인 노력을 저해하는 부정적 사고나 긴장을 조성하고 집단을 분리시키는 요인들에 대해 적절한 진단과 치료를 하는 역할이다. 적절한 진단을 하기 위해 사회복지사는 지역사회 전체 혹은 그 일부의 기원과 역사, 현재의 믿음이나 관습에 관한 사회적 근원과 믿음과 실제와의 관계, 지역사회의 권력구조, 지역사회 내의 역할과 역할들 간의 관계 등에 대해 알아야 한다.

5) 분석가의 역할

적절한 자료를 토대로 하지 않는 계획은 성공적인 결과를 얻을 가능성이 적기 때문에 사회복지사는 조사를 토대로 하는 분석가의 역할을 수행해야 한다.

6) 계획가의 역할

계획가의 역할은 지역사회의 문제해결을 위해 누가, 무엇을, 어떻게 접근할 것인지 구체적인 계획을 수립하는 역할이다. 사회복지사는 공간적, 재정적, 인적, 법적 등의 기술적인 면을 고려하고 철학적인 측면도 중시해야 한다.

7) 조직가의 역할

조직가로서의 사회복지사의 역할은 계획의 수립과 실천 과정에 지역사회에 있는 행동체계를 적절히 참여시키는 것이다. 지역사회 내에 있는 집단이나 단체들을 계획의 수립과 추진에 참여시키기 위해 그들이 해야 할 역할을 분명히 해주고, 지역주민들에게는 참여의식을 고취시켜 지역사회가 수립된 계획을 제도화하여 스스로 추진해 나갈 수 있도록 사기와 능력을 북돋아 주어야 한다.

8) 행정가의 역할

행정가의 역할은 지역사회복지 프로그램을 목표에 이르기까지 효율적이고 효과적으로 달성하기 위해 모든 인적 · 물적 자원을 적절히 관리해야 한다. 행정가로서 유의해야 점은 프로그램을 운영하는 규칙과 절차를 적용함에 있어서 목표를 유념해야 하며 형식적인 면보다는 적절한 융통성을 발휘해야 한다.

6 사회복지행정

1) 사회복지행정의 개념과 이념

(1) 개념

사회복지행정이란 사회복지와 행정의 합성어로 사회복지정책을 구체적인 사회복지서비스로 전환하여 이를 필요로 하는 서비스대상자에게 효과적이고 효율적으로 전달하기 위한 합리적인 의사소통 과정 및 협력적인 활동의 체계와 과정이라고 할 수 있다. 또한 사회복지조직의 목표달성을 위해 필요한 다양한 자원들을 획득하고 배분하는 과정이라고 할 수 있다.

사회복지행정은 협의의 개념과 광의의 개념으로 구분될 수 있다. 협의의 의미에 사회복지행정은 특정한 국민(사회적 약자 또는 사회적 낙오자)만을 대상으로 존재하며 기본적 의식주 및 기타 생활 유지에 필요한 최저한계선을 정해 그들의 규제 · 보호 · 갱생을 위해 도움을 주는 제반 시책과 방법의 실천활동을 의미한다. 광의의 의미에 사회복지행정이란 전 국민을 대상으로 하며 모든 생활영역의 복지향상을 위하여 실천하는 모든 공공의 정책 및 활동을 의미한다. 따라서 광의의 사회복지행정에서는 중앙정부 또는 지방자치단체가 사회복지정책을 국민 모두에게 전달되기 위한 공공기관의 제반 활동과 국가 또는 개인이 설립한 사회복지법인 및 시설이 설립 취지대로 효율적으로 운영하기 위한 민간단체의 행정까지 모두 포함하여 사회복지행정이라고 할 수 있다(장인협 외, 2006).

이와 같이 사회복지행정이란 사회복지조직 관리자의 활동과 관련되어 있으며 목표달성, 프로그램 기획, 자원의 동원과 유지, 성과의 평가와 같은 과업활동에 사회사업적 지식, 기술, 가치 등을 의도적으로 적용하며 사회복지조직의 특수한 목적과 특징에 영향을 받는다고 할 수 있다.

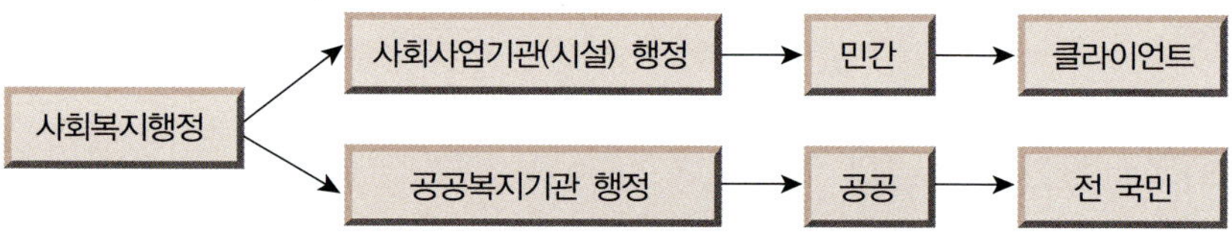

그림 7-1 사회복지행정의 개념 분류

(2) 이념

사회복지행정의 목적은 사회복지서비스의 제공의 기준과 목표를 분명하게 하기 위해 클라이언트의 욕구를 명확히 파악하고 그에 적합한 서비스를 전달하는 과정에서 효과성, 효율성, 공평성, 접근편이성(접근성)을 고려하여 사회복지행정이 지향하고자 하는 정신과 실천적 방향을 제시하고 있다(권육상 외, 2010).

① 효과성

사회복지조직에서 제공된 서비스나 프로그램이 클라이언트의 욕구와 문제해결에 적절하고 효과적이었는지를 판단하는 이념이다.

② 효율성

효율성이란 최소의 자원을 투입하여 최대의 효과를 거두려는 것으로 제한된 자원으로 사회복지의 목표를 최대한 성취하고자 하는 것이다. 즉 자원의 제한성이 있는 사회복지서비스의 공급에서 중요시되는 부분이다.

③ 공평성

동일한 욕구를 가진 클라이언트에게 동일한 서비스가 제공되었는지에 대한 이념이다. 즉 동일한 욕구를 가진 대상자는 누구나 서비스의 기회나 내용 · 비용까지도 모두 포함해 동일한 혜택을 받아야 한다는 것으로 평등적 분배를 이루고자 하는 부분이다.

④ 접근편이성

서비스 대상자가 사회복지서비스를 쉽게 접근하고 용이하게 이용할 수 있도록 할 수 있어야 한다는 이념이다. 접근편이성의 방해요소는 서비스에 대한 정보의 결여, 거리적 요인, 심리적 요인, 제도적 요인 등이 있다.

7 사회복지행정의 영역

사회복지행정의 영역은 크게 세 단계로 구분된다. 첫째, 정책의 기획 및 수립, 둘째, 사업조직체의 관리 및 유지, 셋째, 정책을 실시하는 사회서비스의 실시이다. 사회복지행정의 영역은 사회복지행정가로서 갖추어야 할 지식, 기술, 기능 목표와의 상호관계에서 이해할 수 있다. 사회복지조직은 일반조직과 목표나 구조, 기술, 대상인구는 다르지만 조직을 움직이는 행정의 궁극적 기술의 방법은 일반행정과 유사하다. 사회복지행정 또한 일반행정의 목표인 효과성과 효율성을 달성하고자 하는 점은 같으나 사회복지행정이 추구하고자 하는 목표에는 차이가 있기 때문에 행정적 이론과 기술을 적용하여 사회복지의 고유 가치를 극대화시키는 것이 매우 중요한 과제라고 할 수 있다.

행정의 성과를 극대화시키는 핵심은 조직체라고 할 수 있다. 이런 의미에서 사회복지조직체는 정책을 받아들여서 정책이 제시한 목적을 현장에서 실현시키는 중간매체가 되는 것이다. 따라서 사회복지조직체는 하나의 행정적인 조직체로 정책을 분석하고 체계화해 조직체의 인적·물적 자원을 적절히 활용하여 사회환경이 수용하는 바에 따라 현장사업을 진행하게 된다. 사회복지행정 각각의 단계는 분리되어 있는 것이 아닌 기관조직체를 중심으로 상호 연결되어 있거나 중복되어 있는 역동적 교류관계가 진행되고 있다고 볼 수 있다(이영철, 2007).

사회복지조직은 사회복지제도에 있어서 클라이언트와 직접 접촉하며 활동하는 기구라고 할 수 있다. 즉 사회복지조직은 "개인적인 속성을 규정하고 형성하며 이에 대한 변화를 꾀함으로써 각 개인의 복지를 보호, 유지, 증진함을 주요 기능으로 하는 일단의 조직체들"이거나 "인간의 복지를 유지, 향상시키기 위해 사람의 행동, 속성, 사회적 지위를 규정하거나 변경시키는 것을 주 기능으로 하는 조직"이다. 사회복지조직으로서 사회복지시설은 영리조직 혹은 관료조직 등 다른 공식조직과 구별되는 다음과 같은 특성을 갖고 있다(최성재 외, 2001).

첫째, 사회복지조직에 투입되는 원료는 인간이다. 즉 사회복지조직의 주된 활동대상은 문제나 욕구를 지닌 사람이다.

둘째, 사회복지조직의 목표가 모호하여 가치와 이해관계에 갈등을 일으키기도 한다. 사회복지조직은 인간을 대상으로 하기 때문에 조직의 목표에 대하여 구체적 합의를 얻기 어려운 점이 있다.

셋째, 사회복지조직은 소기의 결과를 얻는 데 불완전한 지식과 기술을 사용하고 있다. 사회는 극도의 복잡한 체계이며, 개인마다 각기 독특한 속성을 가지고 있다. 따라서 투입되는 원료가 불안정하고 명료하지 못하며 변동적이므로 결과를 예측할 수 없는 기술을 가지고 업무를 수행해야 한다.

넷째, 사회복지조직은 외부로부터 운영자금을 지원받기 때문에 환경의 변화에 쉽게 영향을 받고 결과적으로 환경에 의존적일 수밖에 없다. 사회복지조직은 공공의 이익을 위해 만성적 자원부족 상태에 놓이게 되고 이는 직원들의 소진을 초래하여 업무형태에도 부정적으로 영향을 미치게 된다.

다섯째, 사회복지조직은 전문성을 가지고 있는 직원에 대한 의존도가 높다. 사회복지조직의 핵심적 활동은 조직성원과 서비스 대상자인 클라이언트와의 관계이다. 따라서 사회복지인력의 전문지식과 기술에 입각한 활동이 중요시된다.

여섯째, 사회복지서비스의 효과를 명확하고 타당하게 측정할 수 있는 표준척도가 없다. 조직목표의 다양성과 모호성, 서비스 기술의 불확실성, 인간의 관찰과 측정의 어려움 등이 종합적으로 조직활동산출의 측정과 효율성 사정을 어렵게 만든다. 그러므로 성과평가에 대한 논란이 많고 변화와 혁신에 대한 저항이 다른 조직에서보다 크다(박종삼 외, 2007).

8 사회복지행정의 과정

사회복지행정은 사회복지조직이나 조직체계가 서비스를 잘 기획하여 전달할 수 있도록 하는 관리 · 운영기술과 지식이라고 할 수 있다. 이러한 사회복지행정의 일반적인 과정은 POSDCoRBE로 표현되는 8단계, 즉 기획(Planning), 조직(Organizing), 인사(Staffing), 지시(Directing), 조정(Coordinating), 보고(Reporting), 재정(Budgeting), 평가(Evaluating)로 구분된다. 그 내용을 살펴보면 다음과 같다.

1) 기획

기획(Planning)이란 조직이 추구하는 목표를 달성하기 위해 과업과 수행방법을 결정하는 단계로 변화하는 목표에 따라서 과업달성방법은 달라질 수 있다. 사회복지기관의 목적은 공공기관인 경우 해당 법령에 기술되어 있고, 민간기관인 경우에는 정관에 명시되어 있다. 사회복지행정관리자는 변화하는 목표에 따라 과업을 계획하고 목표달성을 위해 필요한 방법과 기술을 결정해야 한다. 치밀한 기획은 불확실성의 감소, 합리적인 기술 제공, 외부의 정당성 확보, 광범위한 참여 촉진 등을 보장한다. 사회문제가 점점 복잡해짐에 따라 문제를 해결하고자 하는 사회복지기관 또한 문제의 다양한 원인을 가정하고 철저한 개입전략을 수립할 필요가 있다.

2) 조직

조직(Organizing)이란 공통의 목적을 추구하기 위해 조직 구성원의 역할과 지위를 체계적으로 연결시키는 과정으로 조직단계에서 구성원에게 과업을 할당하거나 조정한다. 조직원들의 역할과 책임이 불분명할 경우 구성원 간에 갈등이 초래될 수 있으므로 효과적으로 조직을 유지하기 위해서는 구성원들이 조직의 목표를 명확히 이해하도록 하며, 과업과 수행방법의 변화 등에 적응하여 보조를 맞추어야 한다.

3) 인사

사회복지기관의 목표를 효율적으로 달성할 수 있는 능력을 가진 인적자원을 확보하는 것은 사회복지행정가의 중요한 과업이라고 할 수 있다. 이를 위해서는 직무분석과 인적자원계획을 수립해야 한다.

인사(Staffing)란 조직활동에서 직원의 채용과 해고, 직원의 교육과 훈련, 협력적인 활동조건의 유지 등을 말한다. 따라서 조직 내 행정관리자는 기관의 우호적인 분위기 조성을 위해 구성원 간에 개방적인 의사소통망을 유지하고 갈등을 해소시켜야 한다. 아무리 훌륭한 시설과 장비를 갖추고 있는 기관이라고 하더라도 서비스를 최종적으로 실행하는 것은 사람이다. 사회복지기관의 성패를 좌우하는 것은 결국 사람인 직원이기 때문에 인적자원 개발은 행정가의 핵심기능 중 하나이다.

4) 지시

지시(Directing)란 행정관리자가 기관을 효과적으로 운영하기 위해 하위구성원에게 업무를 부과하는 과정으로 명령, 지시, 봉사 등으로 구체화된다. 기관의 행정책임자는 합리적인 결정을 통하여 직원들의 적극적 관심을 유도하며, 먼저 본인이 솔선수범하면서 직원들의 공헌을 칭찬하고 책임과 권한을 효과적으로 위임하여 개인과 집단의 창의성을 고려하는 지도자가 되어야 한다.

5) 조정

조정(Coordinating)은 사회복지기관의 활동에서 다양한 부분을 서로 보완하고 연결시키는 중요한 기능을 의미한다. 조정을 통해 업무의 충돌이나 중복을 방지할 수 있으며 구성원 간에도 효과적인 의사소통을 이끌어낼 수 있다. 조정을 위한 공식적인 조직은 각종 회의, 위원회 등이 있으며 다양한 형태의 비공식조직을 구성할 수 있다.

6) 보고

보고(Reporting)란 사회복지행정의 책임자가 기관에서 일어나는 상황을 직원, 이 사회, 행정기관, 후원자, 지역사회 내 다른 기관 등에 알리는 것을 말한다. 보고를 위한 활동에는 전반적인 기관활동의 기록을 포함하는 기록유지활동, 정기적인 감사활동, 현재 서비스의 필요 여부 및 새롭게 요구되는 서비스의 내용 등에 관한 조사연구활동 등이 있다.

7) 재정

재정(Budgeting)이란 조직의 목표달성을 위해 필요한 재정자원을 합리적이고 계획적으로 동원하고 배분하며 효율적으로 사용·관리하는 과정이다. 대부분의 사회복지기관의 행정책임자는 한정된 재원을 효율적으로 집행하기 위해 재원의 관리와 통제기능을 수행하여야 한다. 이 과정은 크게 예산편성, 예산집행, 예산집행에 대한 감사 과정으로 구분된다.

8) 평가

평가(Evaluating)는 사회복지기관의 목표에 따라 전반적인 활동결과를 사정하는 과정으로 클라이언트에게 제공된 사회복지서비스가 욕구나 문제해결에 적절했는지에 대한 서비스 효과성과 자원의 투입 대비 산출에 대한 효율성을 측정하게 된다. 책임성에 대한 평가가 제대로 이루어지기 위해서는 측성노구가 적설해야 한다. 측정도구가 갖추어야 할 기준은 타당성, 신뢰성, 용이성, 시의성, 포괄성, 간결성 등이며 동시에 자료수집의 비용이나 통제 가능성의 문제도 고려되어야 한다(김승용 외, 2010). 이 같은 과정에서의 평가는 다음 계획의 기초자료로 사용된다.

9 실천 과정과 정책

1) 사회복지정책의 개념

사회복지정책이란 사회복지와 정책의 합성어로 사회복지에 대한 정책을 의미하며 구체적으로는 사회생활을 영위해 나가는 데 필요한 인간의 기본적 욕구(needs)를 충족시키거나 사회문제를 해결하기 위한 목적으로 사회복지제도 및 프로그램을 만들고 가치를 배분하는 활동을 의미한다. 티트머스(Titmus, 1974; 홍봉수 외, 2010)는 사회복지정책을 국민을 위한 복지증진이라는 목표를 달성하기 위한 정부의 활동, 정부의 사회복지제도라고 정의하였다.

사회복지정책의 영역은 광의의 사회복지정책과 협의의 사회복지정책으로 나누어진다. 광의의 사회복지정책에는 첫째, 조세정책으로 조세의 징수규모와 징수방식을 조절하여 재원확보와 경제의 안정 및 성장을 목적으로 한다. 둘째, 노동정책으로 노동능력이 있는 사람들을 대상으로 노동시장과 관련된 불이익을 해소하고 자신의 힘으로 생계를 유지할 수 있도록 국가가 지원하는 정책으로 고용정책, 노사정책, 임금정책, 사회보장, 산업복지 등이 있다.

협의의 사회복지정책에는 소득보장정책, 건강보장정책, 주택보장정책, 대인적 사회서비스, 교육정책 등이 있다. 소득보장정책에는 노령 · 사망 · 장애 · 실업 · 질병 · 사고 · 저임금의 위험 등에 의하여 일시적으로 소득원이 상실되었을 경우 국민이 최소한의 생활을 유지하기 위한 소득을 국가가 일부 또는 전부를 보장해 주는 것으로 사회보험, 공공부조와 각종 수당제도 등을 들 수 있다. 건강보장정책이란 치료와 예방의 포괄적 의료서비스를 국가의 책임 아래 실시하여 국민의 건강한 삶의 유지를 돕는 것으로, 국민건강보험, 의료보험 및 보건의료서비스 등이 있다. 주택보장정책에는 인간다운 기본적 생활을 위한 주거권을 보장하기 위한 것으로 주택구입을 지원하는 주택담보대출제도, 공공임대주택, 국민주택, 보금자리주택 제공, 주거환경 개선사업 등이 있다. 대인적 서비스에는 사회적 약자인 아동 · 청소년 · 노인 · 여성 · 장애인 · 다문화가족 등을 대상으로 한 사회복지정책 등이 있다. 교육정책은 국민의 잠재력과 역량을 개발하기 위해 적절한 교육환경을 제공하고 교육받을 기회, 과정, 결과 등을 보장함으로써 교육의 불평등을 해소하고자 하는 정책으로 교육접근 기회의 확대, 교육환경의 개선, 교육재정 확대, 특수교육 활성화, 사회교육의 활성화 등이 있다.

표 7-2 사회복지정책의 영역

정책영역		사회복지정책의 내용
광의의 영역	조세정책	소득공제, 조세감면, 부의 소득세 등
	노동정책	고용정책, 노사정책, 임금정책, 교육 · 훈련정책 등
협의의 영역	소득보장정책	사회보험, 공공부조, 각종 수당제도 등
	건강보장정책	국민건강보험, 의료보호 및 부조, 보건의료서비스 등
	주택정책	주택담보대출제도, 공공임대주택, 국민주택, 보금자리주택 등
	대인적 사회서비스정책	아동복지, 여성복지, 장애인복지, 청소년복지, 노인복지, 다문화가정복지 등
	교육정책	영 · 유아보육, 학비지원, 사회적 배려자 지원 전형 등

2) 사회복지정책의 특성

(1) 인간존중의 특성

사회복지정책은 인간의 존엄성을 기본 가치로 하는 인간존중의 정책이라고 할 수 있다. 즉 사회복지정책은 어떤 사람이든 인간으로서의 존엄성을 가지고 인간으로서 대우받을 수 있는 생활을 보장하는 데 그 목적이 있다.

(2) 소득의 재분배

사회복지정책에는 소득의 재분배를 위한 특성이 있다. 경제정책은 재화의 생산을 통해 소득의 증대를 목표로 하지만 사회복지정책은 경제성장의 결과로 나타나는 부의 증대를 배분하는 것을 목표로 한다. 소득의 재분배를 사회계층구조의 흐름에 따라 수직적 재분배와 수평적 재분배로 구분할 수도 있다. 수직적 재분배란 상위 소득계층으로부터 하위 소득계층으로 재분배를 하는 것이고, 수평적 재분배란 동일 소득계층 내에서의 재분배를 의미한다.

(3) 경제성장과 안정에 기여

사회복지정책은 사회의 경제성장과 안정에 기여하는 특성을 가진다. 즉 건강과 보건, 교육, 주택, 기타 사회복지서비스 등은 노동자의 복지증진을 물론 노동력의 질적 수준을 향상시킨다. 예를 들면 정부가 지역개발정책을 시행하여 특정 지역을 개발하게 되면 그 지역의 고용률이 증대되고 실업률은 하락하게 되므로 경제성장에 이바지할 수 있게 되는 것이다.

10 사회복지정책의 형성 · 집행 · 평가

1) 사회복지정책 의제 형성

사회복지문제는 사회복지정책을 형성하는 데 가장 필수적인 요소로 인간적으로 기본적인 생활을 누리지 못하거나 사회적으로 행복한 생활을 유지하기 위한 욕구가 충족되지 못하여 해결해야 할 문제로 다수가 인식할 때 성립되는 문제이다. 일반적으로 사회복지문제가 사회적 이슈가 되기란 쉬운 일이 아니다. 사회적 이슈가 되었다 하더라도 중요한 주제가 되지 못하면 정책상의 논점이 되지 못하고 사회적 이슈에 그치고 마는 경우도 있다. 공중의제가 되기 위해서는 세 가지 전제조건이 충족되어야 한다. 첫째, 많은 사람들이 관심을 가지고 있거나 알고 있어야 한다. 둘째, 문제를 해결하기 위해 정부의 조치가 필요하다고 생각하는 사람이 다수여야 한다. 셋째, 문제가 정부정책의 고려대상이 될 뿐 아니라 그 문제해결이 정부의 권한에 속한다고 믿는 사람들이 많아야 한다.

공중의제가 되는 데 필요한 조건이 충족되고 정책결정자들의 관심을 불러일으켜 정부의 공식적인 의사결정에서 논의될 수 있는 상태에 있는 문제나 이슈를 '정책의제'라고 하고 이러한 의제들의 목록을 아젠다(agenda)라고 한다. 아젠다는 수많은 사회문제들 중 정부가 공식적으로 논의하여 정책적으로 해결할 만한 가치가 있다고 채택한 문제들로 이슈가 아젠다로 형성되었다는 것은 다양한 집단의 요구가 정부의 진지한 관심의 대상이 되는 항목으로 전환되었음을 의미하는 것이다.

2) 사회복지정책의 집행

사회복지정책의 집행은 결정된 정책을 구체적으로 실천하는 과정으로 사회복지문제를 해결하기 위해 여러 참여자들 간에 협상과 타협의 상호작용을 통해 정책의 목표를 구체화시켜 나가는 과정을 말한다. 또한 사회복지정책의 집행은 공적 적용에 기인하는 모든 활동을 포함하는 것으로, 프로그램을 조직하고 정책을 보다 구체화하여 서비스나 해당 급여를 대상자에게 전달하게 된다.

그러나 결정된 정책이 그대로 다 집행되는 것은 아니다. 때로는 정책집행이 정책의도대로 이루어지지 않고 약화되거나 아예 집행되지 않기도 한다. 그러므로 사회복지사는 사회복지정책이 원래 의도한 바대로 변질되지 않고 실현될 수 있도록 클라이언트를 압력집단으로 조직화하고 이들을 정책집행 과정에 적극적으로 참여하여 자신들의 권익을 보장받을 수 있도록 도와줄 필요가 있다(남기민, 2005).

이와 같이 정책집행 과정에는 정책의 환경적 요인과 내재적 요인을 함께 고려해야 한다. 환경적 요인에는 정치적 상황 변화, 경제적 상황 변화, 사회적 상황 변화 등이 포함되며 내재적 요인에는 정책문제의 정의와 관련된 변수, 정책수단 및 절차의 확보와 관련된 변수, 정책산물과 관련된 변수 등이 있다.

3) 사회복지정책의 평가

사회복지정책의 평가는 정책의 활동에 관한 정보를 수집하고 분석 · 해석함으로써 그 가치를 판단하는 과정을 말한다. 사회복지정책에 대한 평가가 필요한 이유는 사회복지정책의 효과성 증진을 보다 극대화하기 위함이다. 또한 정책 활동에 대한 책임성이나 근거의 확보를 통해 정책연구의 밑거름으로 삼아 사회복지정책이나 집행과 관련된 고유 이론에 이바지하기도 한다.

평가에 영향을 미치는 요인은 다음과 같이 네 가지로 구분될 수 있다(강영실, 2006). 첫째, 인적 요인이 있다. 정책평가자의 이념, 신념, 가치관 혹은 사회복지에 대한 지식 및 전문성은 정책평가에 영향을 미칠 수 있다. 둘째, 시간적 요인이 있다. 충분한 시간적 여유를 두지 않고 정책이 평가되는 경우 평가가 정확하게 이루어지지 않을 수 있다. 셋째, 기술적 요인이 있다. 충분한 자료수집과 분석기법에 따라 정책평가의 성패가 좌우될 수 있다. 자료가 충분하지 않거나 부적절할 경우 개발된 평가를 적용하지 못할 수도 있고 자료는 충분하나 자료를 분석할 수 있는 기법이 적절하지 않다면 정책 내용에 대한 평가의 신뢰성이 떨어질 수 있다.

평가는 정책의 목표를 확인하여 목표달성을 위한 과정을 측정하는 것으로 사회복지정책평가는 협의의 정책평가와 광의의 정책평가로 구분할 수 있다. 협의의 정책평가는 정책이 원래 의도한 문제해결에 어느 정도 영향을 미쳤는가에 초점을 두는 평가로 정책집행 결과에 대한 평가를 의미한다. 광의의 정책평가는 정책결정 이전부터 정책집행 이후까지의 모든 정책 과정 속에서 이루어지는 정책활동에 대한 평가로 정책 과정 전반에 대한 평가를 의미한다.

정책평가는 정책평가 목표 및 대상의 설정, 평가기준설정, 자료의 수집 및 분석,

평가보고서 작성의 순서로 이루어진다.

11 사회복지정책의 재원

사회복지재원은 사회복지정책을 수행하는 데 필요한 비용을 의미한다. 사회복지재원이 불충분하면 원활한 사회복지정책을 집행하는 데 어려움이 발생되며 정책이 추구하는 목표달성도 어려워질 수 있다. 재원의 규모에 따라 사회복지정책 실천의 성공 여부가 좌우되기 때문에 복지국가 실현을 위해서도 재원 확보는 무엇보다 중요하다. 그러나 국민의 수요에 비해 국가의 재원은 항상 부족한 실정이다. 따라서 사회복지재원은 국가재정에만 의존할 수 없으며 다양한 재원조달방식을 활용하게 된다.

1) 공공부문의 재원

공공부문재원에는 국가의 일반조세, 사회보장성 조세 그리고 사회보험 기여금(보험료)이 있다. 조세는 일반세 수입에서 일부를 사회복지재원으로 활용할 수도 있으며 목적세로써 일부 선진 복지국가에서 운영하는 사회복지세를 통해 직접적으로 재원을 확보하기도 한다. 조세에 의한 재원확보는 누진세와 조세감면제도를 통해 소득재분배 효과를 올릴 수 있다는 장점을 가진다.

사회보험과 같은 특별한 목적을 위해 거두어들이는 사회보장성 조세는 보험료를 사용자나 피고용자에게 강제로 부과하여 일종의 세금과 같은 기능을 한다. 사회보험의 가장 중요한 목표는 자본주의사회의 시장에서 결정된 사회계층상의 위치를 변화시키지 않으면서 사람들이 노령, 실업, 장애 등의 위험에 당면하게 되었을 때 이전의 시장소득 수준을 유지하고자 하는 데 있다.

2) 민간부분의 재원

민간차원의 사회복지기관은 공공기관과는 달리 여러 가지의 재원조달방법을 통해 서비스를 제공하거나 조직운영에 필요한 비용을 충당하고 있다. 민간부분에 의한 재원은 이용자 부담, 자발적 기여, 기업복지, 가족 간의 이전이 있다. 먼저 이용자 부담은 사회복지기관의 서비스를 이용한 대가로 지불하는 비용을 말한다. 서비스 이용자가 지불하게 되는 이용료 수입은 사회복지기관이 해당 프로그램을 주체적 · 자율적으로 운영할 수 있도록 하기 때문에 사회복지기관에서는 이를 선호하기도 한다. 자발적 기여는 민간영역에서 제공하는 강제성 없는 기부금을 말하여 자발적 기여의 형태는 개인, 재단, 법인, 유산으로 나누어진다. 직업복지는 기업의 사용자들이 근로자들의 복지를 증진코자 임의로 제공하는 임금 외 급여 또는 부가급여로 자녀의 학비, 유급휴가, 주택구입비 지원 등이 있다. 가족 간 이전은 크게 소득이전과 비경제적인 측면에서의 서비스 제공으로 구분된다. 가족은 구성원이 위급한 문제에 직면했을 때 지지서비스를 제공할 수 있으며 시간적 · 공간적으로 복지욕구를 보다 빨리 해결할 수 있다는 이점을 가진다(홍봉수 외, 2010).

Chapter 08

사회복지 서비스의 정책분야

1. 사회보험
2. 공공부조
3. 사회복지서비스정책

social welfare

08
Chapter

사회복지서비스 정책분야[1)]

1 사회보험

1) 사회보험의 개요

사회보장제도는 크게 공공부조, 사회복지, 사회보험으로 나누어지고, 그 중 사회보험은 인간의 생활을 위협하는 위험에 대비하여 생활보장 급여를 하는 것이다. 사회구성원 전체에 대한 공적·강제적 성격과 사회적 부양성(질병, 폐질, 사망, 노령, 실업 등)이 강하다. 그 대표적인 제도적 장치는 크게 질병치료 및 예방 등을 위한 건강보험체제와 노후생활안정을 위한 연금보험체제로 구분할 수 있다.

사회보험제도는 국민에게 발생한 사회적 위험(질병, 장애, 노령, 실업, 사망 등)을 보험방식에 의하여 대처함으로써 국민의 건강과 소득을 보장하는 제도이다. 사회적 위험은 사회구성원 본인은 물론 부양가족의 경제생활을 불안하게 하는 요인이다. 따라서 사회보험제도는 사회적 위험을 예상하고 이에 대처함으로써 국민의 경제생활을 보장하려는 소득보장의 성격을 지닌다. 4대 사회보험제도는 업무상의 재해에 대한 산업재해보상보험, 질병과 부상에 대한 건강보험, 폐질·사망·노령 등에 대한 연금보험, 실

1) 고용노동부, 보건복지부, 생활법령정보(http://oneclick.law.go.kr)의 내용을 요약 정리함.

❚ 표 8-1 ❚ 일반보험과 사회보험의 차이

구분	일반보험	사회보험
가입방법	가입자유	강제가입
보험료	위험의 정도, 급여수준에 따른 부과	소득수준에 따른 차등 부과
보험급여	보험료 부담수준에 따른 차등 급여	보험재정 조달규모를 감안한 필요에 따른 균등 급여
보험료 징수	개인과 보험사와의 계약에 의한 징수	법률에 의한 강제 징수

출처: 보건복지부 (2010). 보건복지백서.

❚ 표 8-2 ❚ 4대 사회보험제도의 특성

구분	국민연금	건강보험	고용보험	산재보험
시행연도	1988년	1977년(노인장기요양보험 2008.7.1. 실시)	1995년	1964년
법률	국민연금법	국민건강보험법	고용보험법	산업재해보상보험법
기본 성격	소득보장장기보험	의료보험단기보험	실업고용중기보험	상재보험단기보험
급여방식	현금급여소득비례	현물급여균등급여	현금급여소득비례	현물, 균등급여현금, 소득비례
재정 및 관리	수정적립식전체일괄관리	부과방식이원화(직장, 지역)관리	수정적립식	순부과방식
관리단위	개인별관리	사업장, 세대별 관리	사업	사업장
보험료관장	보건복지부장관	보건복지부장관	고용노동부장관	고용노동부장관
자격관리방식	직장, 지역 통합관리	직장, 지역 통합관리	사업별관리가입자관리	사업별관리가입자관리
보험료부과단위	사업장, 지역(개인별)	사업장, 지역(세대별)	사업	사업

출처: 보건복지부

업에 대한 고용보험제도가 있다. 2008년 이후 노인장기요양보험이 추가되었다.[2)]

2) 국민연금

(1) 개요

국민연금은 대한민국에서 보험의 원리를 도입하여 만든 사회보험의 일종으로 가입자, 사용자 및 국가로부터 일정액의 보험료를 받고 이를 재원으로 노령으로 인한 근로소득 상실을 보전하기 위한 노령연금, 주 소득자의 사망에 따른 소득상실을 보전하기 위한 유족연금, 질병 또는 사고로 인한 장기근로능력 상실에 따른 소득상실을 보전하기 위한 장애연금 등을 지급함으로써 국가의 안정성을 보장하는 사회보장제도의 하나이다.

연금제도는 1960년부터 시작되었다. 다만 당시에는 분야가 극히 한정적이었다. 1960년에는 공무원들 대상으로만 시작했다가 1963년에 군인연금을 독자적으로 분리시켰다. 1975년에는 국민복지연금법이라는 이름으로 공표했지만 석유파동으로 무기한 연기되었고, 1986년도에 들어 국민연금법을 공포, 시행하게 되었다. 국민연금제도는 국민의 생활안정과 복지증진을 위해 1988년 10인 이상 사업장 근로자를 대상으로 시행하였다. 그 후 1995년 농어촌지역과 1999년 도시지역 주민에게까지 적용의 범위를 확대하여 전 국민 연금을 실시하고 있다. 이후 2006년에는 1인 이상 사업장에까지 확대적용이 완료됨으로써 전 국민 복지의 실현이 이루어졌다.

국민연금 가입연령은 기존에는 18세 이상부터 60세 미만이었으나, 2015년 국민연

---

2) 2011.1.1부터 시행한 사회보험 징수통합제도는 3개의 사회보험공단(국민건강보험공단, 국민연금공단, 근로복지공단)에서 따로 수행하던 건강보험, 국민연금, 고용보험, 산재보험 업무 중 유사, 중복성이 높은 보험료 징수업무를 국민건강보험공단이 통합하여 운영하는 것이다. 사회보험 징수통합제도로 인해 국민들은 고지방식, 납부방법, 창구일원화로 보다 편리하게 사회보험료를 처리할 수 있어 편의성이 증대되었고, 3개 공단(국민연금공단, 국민건강보험공단, 근로복지공단)은 중복업무 통합으로 업무의 효율성을 높이게 되었다.

금법 시행령이 개정됨에 따라 2016년부터는 18세 미만자도 직장에 들어가게 되면 당연적용가입자가 된다. 즉 회사에 입사하면 본인의 의사와 관계없이 강제적으로 가입이 되며 해지는 불가능하다. 다만 18세 미만자의 경우 국민연금에 가입하지 않겠다고 신청한 경우에 한하여 가입하지 않을 수 있다. 또한 한국 국적을 포기한다면 지금까지 낸 연금을 모두 반환일시금으로 받을 수 있다.

납부한 기간이 10년이거나 10년 이상이라면 만 60세부터 월당 일정액의 연금을 받게 된다. 납부한 기간이 10년이 되지 않는다면 만 65세가 되었을 때 이자를 포함하여 납부하였던 금액을 일시불로 받게 된다. 월 납부금액은 소득의 9%이다. 4.5%는 개인이 내고 나머지 4.5%는 사업장에서 낸다. 국민연금은 어떠한 경우에도 수급금액에 대해 압류가 불가능하다.

(2) 종류

국민연금의 수급방법에는 차이가 있다. 노령연금, 유족연금은 일시금으로 받을 수 없으며, 일시금으로 받는 연금은 반환일시금, 사망일시금이다. 장애연금은 등급에 따라 일시금과 평생지급이 달라진다.

① 노령연금

노령연금은 국민연금 가입자가 최소 10년 이상(120개월) 연금보험료를 납부하였을 경우 60세 이후부터 평생 매월 연금을 지급받는 것으로 나이가 들어 소득활동을 할 수 없을 때를 대비하여 운영하는 것이다.

기본적으로 10년 이상 납부를 해야 받을 수 있으며, 20년(240개월) 납부했을 경우 받을 수 있는 금액을 기준으로 하여 그때까지 낸 기본연금액과 물가상승비용과 부양가족연금액 이자비용 등을 합산하여 연금으로 받을 수 있다. 보통 본인과 사업장에서 꾸준히 연금을 내고 결격사유가 없을 경우 대부분 수령할 수 있다.

조기노령연금은 55세 때 연금을 받는 제도이며 55세 이후로 더 이상 직업을 가질 수 없는 사람들을 위한 연금제도이다. 반드시 직업을 가질 수 없는 증명이 필요하며 연금 수령액은 더 적어진다. 55세일 경우 기본연금액의 70%+부양가족연금액을 받으며 수급시작 연령이 1세 증가할 때마다 기본연금액의 6%p가 증액된다(59세=70+6×4=94%). 과거에는 소득수준 하위 70%에 해당할 경우에만 선별적으로 연금이 지급되었으나, 2014년에 국민행복연금으로 제도가 변경된 이후부터는 보편적으로 연금을 지급하기로 하였다. 그러나 현재까지는 여전히 동일한 소득인정액 제한선이 있다.

② 유족연금

유족연금은 연금을 받던 도중 배우자가 사망할 경우 지급받게 되는 연금이다. 보통 남편이나 아내 중 한 명이 1순위가 되며 만약 둘 다 사망할 경우 자식이 받게 된다. 기본적으로 사망한 가입자의 가입기간에 따라 10년 미만=40%, 10년 이상, 20년 미만은 50%, 20년 이상은 60%를 지급한다. 단, 받는 사람 역시 연금 수급권자일 경우에는 본인의 연금+사망자의 유족연금의 20%와 사망자의 연금 중에서 선택을 해야 한다.

③ 장애연금

장애연금은 국민연금 가입 중에 장애(질병)가 발생한 경우 연금이 지급된다. 장애정도에 따라 1~4급으로 나뉘며 1~3급은 매월 연금으로, 4급은 일시금으로 지급된다. 이는 장애로 인해 감소된 소득부분을 보전함으로써 본인과 가족의 안정된 생활을 보장하기 위해 운영하는 것이다. 1급부터 3급까지는 각각 기본연금액 100% / 80% / 60%+부양가족연금액을 더한 금액을, 4급은 기본연금액의 225%를 일시금으로 받게 된다.

④ 반환일시금

국외이주, 국적상실과 같이 더 이상 국민연금에 가입할 수 없게 되거나 60세가 되었지만 가입기간이 10년 이하로 연금 수급요건이 되지 않은 가입자에게 납부한 보험료와 이자를 더해 일시금으로 지급하는 것이다.

⑤ 사망일시금

사망일시금은 유족연금과 반환일시금과 달리 사망자의 연금을 대신에서 받아줄 국민연금법상 유족이 없을 경우에 지급되는 연금이다. 지급받을 대상이 없는 경우 보통 생계유지를 함께 하던 자에게 지급된다. 특징은 법률혼뿐만 아니라 사실혼에 대해서도 배우자로 인정한다는 점이다. 금액은 장제비(葬祭費)의 성격을 가지며, 사망자 월 소득의 약 4배에 해당하는 금액이 지급된다.

3) 국민건강보험제도[3]

(1) 개요

국민건강보험제도란 일상생활에서 발생하는 우연한 질병이나 부상으로 인하여 일시에 고액의 진료비가 소요되어 가계가 파탄되는 것을 방지하기 위하여, 보험원리에 따라 국민들이 평소에 보험료를 낸 것을 보험자인 국민건강보험공단이 관리 · 운영하다가 국민들이 의료를 이용할 경우 보험급여를 제공함으로써 국민 상호간에 위험을 분담하고 의료서비스를 제공하는 사회보장제도이다. 건강보험은 강제가입을 통해 의료비의 지출부담을 국민건강보험 가입자 모두에게 분산시켜 국민생활의 안정을 도모하기 위한 사회보험으로 국내에 거주하는 대한민국 국민은 국민건강보험에 가입하여 요양기관을 이용하면서 요양급여를 받거나 공단으로부터 출산비, 출산 · 진료비, 복막투석 요양비, 장애인보장구 구입비 및 건강검진과 같은 보험급여를 받을 수 있다. 보험료는 직장가입자 및 지역가입자에 따라 산정방식이 다르며, 일정한

3) http://oneclick.law.go.kr 생활법령정보, 국민건강보험공단의 내용을 요약 정리함

사유에 따라 보험료를 경감 또는 면제받을 수 있다. 건강보험에 관한 처분에 이의가 있는 경우 이의신청 및 심판청구를 하거나 행정소송을 제기할 수 있으며, 과·오납한 보험료에 대해서는 부당이득반환을 청구할 수 있다.

(2) 건강보험의 운영 체계

국민건강보험은 보건복지부, 국민건강보험공단, 건강보험심사평가원에 의하여 관리운영되고 있다. 각 관리 주체의 역할은 다음과 같다.

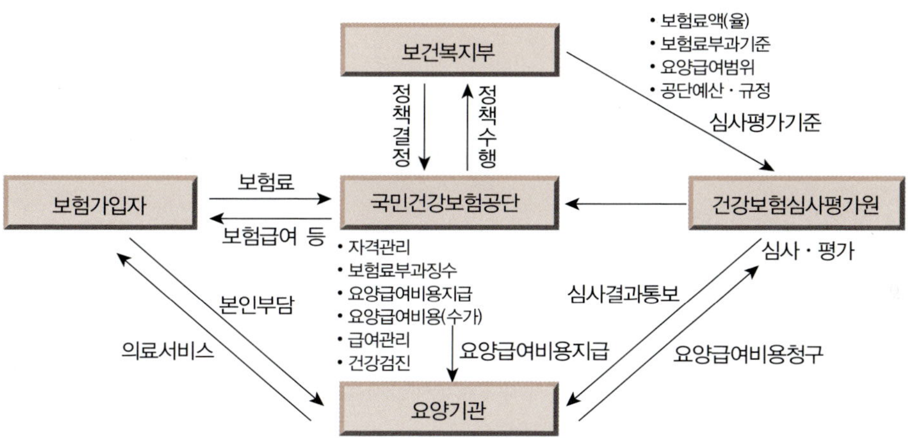

▌그림 8-1▐ 건강보험의 운영 체계

출처: 보건복지부 (2010). 보건복지백서.

(3) 건강보험의 적용 대상자

국내에 거주하는 대한민국 국민은 「국민건강보험법」에 따른 건강보험의 가입자 또는 피부양자가 된다. 다만, 다음에 해당하는 사람은 건강보험의 가입 대상이 되지 않는다.[4]

4) 「국민건강보험법」 제5조 제1항

- 「의료급여법」에 따라 의료급여를 받는 사람(이하 "수급권자"라 함)
- 「독립유공자예우에 관한 법률」 및 「국가유공자 등 예우 및 지원에 관한 법률」에 따라 의료보호를 받는 사람(이하 "유공자 등 의료보호대상자"라 함). 다만, 다음 각목의 어느 하나에 해당하는 사람은 가입자 또는 피부양자가 된다.
  - 유공자 등 의료보호대상자 중 건강보험의 적용을 보험자에게 신청한 사람
  - 건강보험을 적용받고 있던 사람이 유공자 등 의료보호대상자로 되었으나 건강보험의 적용배제신청을 보험자에게 하지 아니한 사람

"피부양자"란 다음의 어느 하나에 해당하는 사람 중 직장가입자에게 주로 생계를 의존하는 사람으로서 보수 또는 소득이 없는 사람을 말한다.[5)]

- 직장가입자의 배우자
- 직장가입자의 직계존속(배우자의 직계존속을 포함함)
- 직장가입자의 직계비속(배우자의 직계비속을 포함함)과 그 배우자
- 직장가입자의 형제 · 자매

(4) 건강보험의 가입자

건강보험의 가입자는 직장가입자와 지역가입자로 구분된다.[6)]

① 직장가입자

모든 사업장의 근로자 및 사용자와 공무원 및 교직원이다. 다만, 다음의 어느 하나에 해당하는 사람은 직장가입자가 될 수 없다.[7)]

- 고용기간이 1개월 미만인 일용근로자
- 「병역법」에 따른 현역병(지원에 의하지 않고 임용된 하사를 포함함), 전환복무된 사람 및 무관후보생

5) 「국민건강보험법」 제5조 제2항
6) 「국민건강보험법」 제6조
7) 「국민건강보험법」 제6조 제2항 단서 및 「국민건강보험법 시행령」 제9조

- 선거에 당선되어 취임하는 공무원으로서 매월 보수 또는 보수에 준하는 급료를 받지 않는 사람
- 비상근 근로자 또는 1개월 동안의 소정(所定)근로시간이 60시간 미만인 단시간 근로자
- 비상근 교직원 또는 1개월 동안의 소정근로시간이 60시간 미만인 시간제공무원 및 교직원
- 소재지가 일정하지 않은 사업장의 근로자 및 사용자
- 근로자가 없거나 비상근 근로자 또는 1개월 동안의 소정근로시간이 60시간 미만인 단시간근로자만을 고용하고 있는 사업장의 사업주

② 지역가입자

직장가입자와 그 피부양자를 제외한 가입자이다.

직장가입자 및 지역가입자는 「국민건강보험법」에 따라 산정된 건강보험료를 매달 납부하게 된다. 건강보험료를 낼 의무가 있는 자가 납부기한까지 건강보험료를 납부하지 않으면 납부기한이 경과한 날부터 연체금을 추가로 징수할 수 있다.

국내에 거주하는 국민에게만 건강보험 가입자격이 주어지기 때문에[8] 원칙적으로 외국인은 건강보험에 가입할 수 없습니다. 그러나 국내에 체류하는 외국인은 다음 요건에 따라 건강보험에 가입할 수 있다.

- 직장가입 대상자: 건강보험 적용 사업장의 근로자, 공무원 또는 교직원으로서 다음의 어느 하나에 해당하는 재외국민 또는 외국인은 「국민건강보험법」의 적용을 받는 직장가입자가 된다.[9]
  - 「주민등록법」 제6조 제1항 제3호에 따라 등록을 한 사람
  - 「재외동포의 출입국과 법적 지위에 관한 법률」에 따라 국내거소신고를 한

8) 「국민건강보험법」 제5조 제1항

9) 「국민건강보험법」 제109조 제2항 및 「국민건강보험법 시행령」 제76조 제1항

사람

- 「출입국관리법」에 따라 외국인등록을 한 사람

- 지역가입 대상자: 다음의 요건을 모두 갖추고 공단에 지역가입자 자격 취득을 신청을 한 재외국민 또는 외국인은 「국민건강보험법」의 적용을 받는 지역가입자가 된다(「국민건강보험법」 제109조 제2항 및 「국민건강보험법 시행령」 제76조 제2항).
  - 직장가입자가 되는 재외국민 또는 외국인이 아닐 것
  - 국내에 3개월 이상 거주하였거나 유학 등의 사유로 3개월 이상 거주할 것이 명백할 것
- 「주민등록법」 제6조 제1항 제3호에 따라 등록을 하거나 「재외동포의 출입국과 법적 지위에 관한 법률」 제6조에 따라 국내거소신고를 한 사람[10]
- 「출입국관리법」 제31조에 따라 외국인등록을 한 사람으로서 「국민건강보험법 시행규칙」 제61조에 따른 체류자격이 있는 사람

4) 고용보험제도[11]

(1) 개요

고용보험이란 실직근로자에게 실업급여를 지급하는 전통적인 의미의 실업보험사업 외에 적극적인 취업알선을 통한 재취업의 촉진과 근로자의 고용안정을 위한 고용안정사업, 근로자의 직업능력개발사업 등을 상호 연계하여 실시하는 사회보험제도이다.

따라서 고용보험은 실직자에 대한 생계지원은 물론 재취업을 촉진하고 더 나아가 실업의 예방 및 고용안정, 노동시장의 구조 개편, 직업능력개발을 강화하기 위한 사

10) 「국민건강보험법 시행령」 제76조 제1항 제1호 및 제2호

11) 2015년 고용보험백서의 내용을 요약 정리함

전적 · 적극적 차원의 종합적인 노동시장정책수단이라고 할 수 있다.

표 8-3 고용보험제도의 기본구조

고용안정사업	실업의 예방, 재취업촉진 및 노동시장 취약계층의 고용촉진
직업능력개발사업	근로자의 생애 직업능력개발체제 지원
실업급여	실직자의 생계지원 및 재취업촉진

(2) 고용보험제도의 유형

① 강제적 고용보험제도[12)]

강제적 고용보험제도는 일정요건에 해당하는 근로자를 사회보험방식에 의해 의무적으로 고용보험 적용대상으로 하기 때문에 근로자에 대한 보호에 보다 충실할 수 있고, 취업알선과 직업훈련의 실시 등 고용정책과 연계하여 운영함으로써 실업의 예방과 조기취업을 촉진할 수 있는 장점이 있다. 그러나 근로자의 의사와 관계없이 강제적으로 가입하여야 하므로 근로자 개개인이 가입 여부를 선택할 수 없다.

② 임의적 고용보험제도[13)]

임의적 고용보험제도 하에서는 노동조합 조합원이 아닌 근로자의 경우, 고용보험에서의 가입 여부를 근로자 개개인이 선택할 수 있다는 점에서 근로자 개개인의 의사가 존중되는 장점이 있다. 그러나 자본주의체제하에서 어느 정도의 실업은 불가피하므로 근로자에 대한 충분한 보호가 어렵고, 체계적인 취업알선과 직업훈련의 실시 등의 고용정책과도 연계가 쉽지 않다. 따라서 임의적 고용보험제도를 실시하던 국가들도 강제적 고용보험제도로 전환하는 추세를 보이고 있다.

12) 사회보험방식에 의하여 일정조건에 해당하는 사업장의 근로자에 대해 포괄적으로 적용하는 형태 – 한국, 미국, 영국, 일본 등

13) 노동조합에 의해 자발적으로 설립된 실업기금이 정부로부터 인가를 받아 운영되는 형태 - 덴마크, 핀란드, 스웨덴 등

③ 실업부조제도[14)]

실업부조제도는 보험방식이 아니기 때문에 노사의 보험료 갹출이 아닌 전액 정부부담에 의해서 필요재원을 조성하고 소득조사를 실시하여 고용기록과 관계없이 일정기준 이하의 저소득 실업자만을 대상으로 실업수당을 지급한다. 실업부조제도에서는 실업부조금액이 소득조사결과 밝혀진 소득 및 재산의 정도에 의해 결정되며 대부분의 국가에서는 지급기간에 제한이 없다는 점에서 고용보험제도에 의한 실업급여요건을 충족시키지 못하는 많은 실업자들이 실업부조의 혜택을 받게 된다.

(3) 기능

① 고용조정의 원활화 및 경제적 효율성 제고

저생산, 저부가가치산업에서 고생산, 고부가가치산업으로의 인력이동을 지원함으로써 산업구조, 인력구조의 고도화에 기여하며, 기업의 고용조정지원으로써 기업의 경영합리화에 기여할 수 있다.

② 실직근로자의 생활안정과 재취업촉진

근로자가 실직을 당했을 경우에 실업급여를 지급함으로써 실직자 및 그 가족의 생활안정 도모하는 것이다. 또한 고용정보제공, 직업상담, 취업알선, 직업훈련안내 등 종합고용서비스를 제공하여 재취업을 촉진한다.

③ 직업훈련의 활성화와 경쟁력 강화

민간주도의 자율적인 직업능력개발사업의 교육훈련을 활성화함으로써 근로자의 노동생산성 향상과 고용안정은 물론 기업의 경쟁력 강화에 기여할 수 있다.

---

14) 보험형태는 아니지만 소득조사를 전제로 저소득실업자에 대하여 전액 정부부담에 의해 실업수당을 지급하는 형태 - 호주, 뉴질랜드 등

④ 직업안정기능의 활성화와 인력수급의 원활화

실직 근로자는 공공직업안정기관에 실업자 등록을 하여 실업급여를 받을 수 있다. 따라서 모든 실직근로자가 공공직업안정기관에 등록을 하게 되고, 구인자도 신속히 근로자를 채용하기 위해 공공직업안정기관에 구인신청을 하게 되므로, 노동력의 이동 및 수급상황을 신속·정확하게 파악할 수 있다.

⑤ 경기조절기능의 수행

경기불황기에 실업자가 증가하면 총실업급여 지급액이 증가하여 유효수요 부족으로 인한 경기침체를 완화시켜 실업발생을 줄여준다.

(4) 사업의 내용

고용보험은 크게 고용안정사업, 직업능력개발사업, 실업급여로 구분한다.

첫째, 고용안정화사업은 근로시간 단축, 교대제 전환 등을 통해 일자리를 창출하는 고용창출사업, 경기의 변동이나 산업구조의 변화과정에서 기업의 고용조정이 실업을 최소화하여 원활하게 이루어질 수 있도록 지원함으로써 근로자의 고용안정을 도모하는 고용조정지원사업과 노인, 여성 등 노동시장 취약계층에 대한 고용촉진사업 등으로 나눌 수 있다.

둘째, 직업능력개발사업은 사업주가 근로자를 대상으로 실시하는 직업능력개발훈련 등을 지원함으로써 기업 내에서 근로자에 대한 직업능력개발이 지속적으로 이루어질 수 있도록 여러 가지 인센티브를 제공하는 것을 주요 내용으로 한다.

셋째, 실업급여는 실직근로자에게 일정기간 실업급여를 지급하여 실직자의 생활안정은 물론 실직자의 조기재취업을 유도하기 위한 것이다.

넷째, 여성근로자의 고용안정을 위하여 육아휴직급여 및 출산전후휴가급여 등을 지원하고 있다. 임신·출산으로 인한 노동시장의 이탈을 방지하고, 일·가정 양립 지원을 확대하기 위한 정책이다.

(5) 적용범위

① 사업장

근로자를 고용하는 모든 사업 또는 사업장에 대하여 적용하는 것을 원칙으로 하고 있다. 다만, 기업의 규모 및 산업별 특성을 고려하여 사업장 및 피보험자 관리가 매우 어렵다고 판단되는 일부 사업에 대해서는 적용을 제외하고 있다.

② 고용보험 적용제외 근로자

- 65세 이후에 고용되거나 자영업을 개시한 자
- 1개월간의 소정근로시간이 60시간 미만인 단시간 근로자. 단, 단시간 근로자라 하더라도 생업을 목적으로 근로를 제공하는 자 중 3개월 이상 계속하여 근로를 제공하는 자 및 일용근로자는 적용한다.
- 국가 및 지방공무원법에 의한 공무원
- 사립학교교직원직원연금법의 적용을 받는 자
- 별정우체국법에 의한 별정우체국 직원
- 외국인인 경우: 원칙적으로는 적용하지 않으나 국내거주 자격(F-2) 및 영주의 자격(F-5, F-6)을 갖고 있는 외국인은 취업활동에 아무런 제한이 없으므로 적용 대상이 된다. 기타 국내 취업활동이 가능한 체류자격을 가진 외국인(C4, E-1~E-7, E-10, F-4, H-2)의 경우 가입을 희망하는 경우 적용이 된다. 그리고 비전문취업(E-9)의 경우 임의적용이 가능하다.

5) 산업재해보상보험[15)]

(1) 개요

산업재해보상보험은 1963년에 제정되었는데 이때는 500인 이상 사업장에만 적용되어 혜택을 받지 못하는 근로자가 많았다. 그러다가 1965년에 와서야 200인 이상 사업장으로 확대적용되었고, 2000년에는 1인 이상 사업장에도 적용되었다.

(2) 특징

① **자진신고 및 자진납부의 원칙**: 산재보험 가입대상이 되는 사업주는 보험 가입에 필요한 제반 절차를 자발적으로 이행하고 보험료도 스스로 납부해야 한다.

② **사업주 100% 부담**: 타 4대보험이 사업주와 근로자가 각각 비용을 부담하는 것과는 달리, 산재보험은 100% 사업주가 부담한다. 산업재해보상보험은 사업주들이 낸 보험금을 기금 형식으로 관리하여 재해 근로자들에게 지급하는 형식으로, 이른바 보험자와 피보험자가 일치하지 않는다. 이 점에서도 민간보험과 구별된다.

③ **사업장 중심 관리**: 근로자를 기준으로 하지 않고, 보험에 가입한 사업장을 대상으로 보험료를 산정하며 자격관리를 집행하고 있다. 즉 100명이 일하는 사업장에서 90명이 다쳐 보험급여 신청을 하든, 천 명이 일하는 사업장에서 90명이 다쳐 보험급여 신청을 하든 두 사업장의 사고 발생 건수는 동일하게 처리하는 것이다.

④ **무과실 책임주의**: 업무상으로 발생한 모든 재해에 대해 재해자의 과실 유무와 상관없이 보상을 하고 있다. 민간보험과 가장 다른 점이라 할 수 있다. 다만

---

15) 생활법령정보(http://oneclick.law.go.kr)의 내용을 요약 정리함. 국민연금이 아닌 각종 특수직역연금(공무원연금, 군인연금, 사립학교교직원연금, 별정우체국직원연금) 가입자는 산재보험 적용대상이 아니다. 각 직역연금에서 재해보상금을 지급한다.

재해자가 고의로 재해를 일으키는 등의 경우는 사업주의 지배하에 있다 보기 어렵기에 보상의 대상이 아니다. 가령 산재 승인되었다 하더라도 차후 발각되면 근로복지공단에 그간 받았던 보험급여의 2배를 돌려줘야 한다.

⑤ **강제사회보험**: 산재보험은 사업주가 원한다고 해서 가입하고 원하지 않는다고 가입을 하지 않는 것이 아니라 근로자의 안전과 생계, 사업주의 피해 분산, 국가의 노동력 향상을 위해 무조건 가입해야 하는 보험이다. 상시 1인 이상의 근로자를 고용하는 사업장, 총공사금액 2천만 원 이상이고 연면적 $100m^2$ 이상의 공사는 의무적으로 산재보험에 가입해야 한다. 이는 상용근로자뿐 아니라 일용근로자에게도 마찬가지로 해당되는 부분이다.

표 8-4 의료보험과 산재보험의 차이

구분	의료보험	산재보험
주무기관	국민건강보험공단	근로복지공단
심사기관	건보 및 심평원	근로복지공단
공무원 가입 여부	의무적	불가능
자영업자 가입 여부	의무적	선택적

(3) 종류

① **요양급여**[16]: 근로자가 업무로 인해 발생한 부상이나 질병이 완치될 때까지 의료기관에서 의료서비스로 제공받는 것을 말한다.

② **휴업급여**: 근로자가 업무 중 사고로 인하여 병원에서 요양을 받는 기간 동안 임금 대신 지급하는 급여를 말한다. 평균 임금의 70%를 지급한다.

③ **간병료**: 환자가 간병인의 도움을 받아야만 일상생활이 가능할 때, 간병인의 임금으로 지급되는 것을 말한다.

16) 기본적으로 의료비는 산재보상이 되지만 건강보험이 적용되지 않는 비급여항목(각종 건강보험 혜택이 적용되지 않는 선택진료 등)은 산재보험에서도 보상이 되지 않는다.

④ **간병급여료**: 환자가 퇴원한 후에도 간병인의 도움이 필요할 때 지급되는 급여다.

⑤ **상병보상연금**: 근로자의 부상 또는 질병 상태가 폐질 1~3등급에 해당되고 치료 시작 후 2년이 경과되어도 치유되지 않을 경우에 연금 형식으로 주어지는 급여이다.

⑥ **장해급여**: 치료는 종결되었으나, 사고나 부상으로 인해 장해가 남았을 때 지급하는 급여이다.

⑦ **유족급여 및 장의비**: 작업이나 근무 중 사망 시, 그 유족들에게 지급되는 급여를 말한다.

⑧ **2종 요양비**: 부득이한 사유로 산재요양급여를 받지 못하는 자가 우선 의료기관에서 자신의 부담으로 요양진료비를 계산하고, 이를 근로복지공단에 직접 청구하여 다시 받는 형식의 현금급여이다.

6) 노인장기요양제도[17)]

(1) 개요

우리나라 노인장기요양보험제도는 건강보험제도와는 별개의 제도로 도입 · 운영되고 있는 한편, 제도운영의 효율성을 도모하기 위하여 보험자 및 관리운영기관을 국민건강보험공단으로 일원화하고 있다. 또한 국고지원이 포함된 사회보험방식을 채택하고 있고 수급대상자에는 65세 이상의 노인을 중심으로 운영되고 있다.

17) 국민건강보험(www.longtermcare.or.kr)의 내용을 요약 정리함.

(2) 노인장기요양제도의 특징

① 건강보험제도와 별도 운영

장기요양보험제도를 건강보험제도와 분리 운영하는 경우 노인 등에 대한 요양 필요성 부각이 비교적 용이하여 새로운 제도 도입에 용이하며, 건강보험 재정에 구속되지 않아 장기요양급여 운영, 장기요양제도의 특성을 살릴 수 있도록 「국민건강보험법」과는 별도로 「노인장기요양보험법」을 제정하고, 사회보험방식은 국고지원 부가 방식이다.

② 보험자 및 관리운영기관의 일원화

장기요양보험제도는 이를 관리 · 운영할 기관을 별도로 설치하지 않고 「국민건강보험법」에 의하여 설립된 기존의 국민건강보험공단을 관리운영기관으로 하고 있다. 이는 도입과 정착을 원활하기 위하여 건강보험과 독립적인 형태로 설계하되, 그 운영에 있어서는 효율성 제고를 위하여 별도로 관리운영기관을 설치하지 않고 국민건강보험공단이 이를 함께 수행하도록 한 것이다.

③ 노인중심의 급여

장기요양보험제도는 65세 이상의 노인 또는 65세 미만의 자로서 치매 · 뇌혈관성 질환 등 노인성질병을 가진 자 중 6개월 이상 동안 혼자서 일상생활을 수행하기 어렵다고 인정되는 자를 그 수급대상자로 하고 있다.

(3) 적용대상

건강보험 가입자는 장기요양보험의 가입자가 된다(법 제7조 제3항). 이는 건강보험의 적용에서와 같이 법률상 가입이 강제되어 있다. 또한 공공부조의 영역에 속하는 의료급여 수급권자의 경우 건강보험과 장기요양보험의 가입자에서는 제외되지만, 국가 및 지방자치단체의 부담으로 장기요양보험의 적용대상으로 하고 있다.

(4) 장기요양인정

장기요양보험 가입자 및 그 피부양자나 의료급여수급권자 누구나 장기요양급여를 받을 수 있는 것은 아니다. 일정한 절차에 따라 장기요양급여를 받을 수 있는 권리(수급권)가 부여되는데 이를 장기요양인정이라고 한다.

장기요양인정절차는 먼저 공단에 장기요양인정신청으로부터 출발하여 공단직원의 방문에 의한 인정조사와 등급판정위원회의 등급판정 그리고 장기요양인정서와 표준장기요양이용계획서의 작성 및 송부로 이루어진다.

※ 장기요양인정 신청자격: 장기요양보험 가입자 및 그 피부양자 또는 의료급여수급권자 중 65세 이상의 노인 또는 65세 미만자로서 치매, 뇌혈관성 질환 등 노인성 질병을 가진 자

(5) 노인장기요양보험 재원

노인장기요양보험 운영에 소요되는 재원은 장기요양보험료와 국가 및 지방자치단체 부담 그리고 장기요양급여 이용자가 부담하는 본인일부부담금으로 운영된다.

▌표 8-5▐ 노인복지서비스와 노인장기보험제도의 차이점

구 분	노인장기요양보험제도	기존 노인복지서비스 체계
관련법	노인장기요양보험법	노인복지법
서비스 대상	• 보편적 제도 • 장기요양이 필요한 65세 이상 노인 및 치매 등 노인성질병을 가진 65세 미만자	• 특정대상 한정(선택적) • 국민기초생활보장 수급자를 포함한 저소득층 위주
서비스 선택	수급자 및 부양가족의 선택에 의한 서비스 제공	지방자치단체장의 판단(공급자 위주)
재 원	장기요양보험료+국가 및 지방자치단체 부담+이용자 본인부담	정부 및 지방자치단체의 부담

출처: 국민건강보험공단

2 공공부조[18)]

1) 개요

1961년 제정된 「생활보호법」에 의해 노령, 질병 기타 근로능력의 상실로 인하여 생활 유지능력이 없는 자에게 생계보호, 의료보호, 해산보호, 상장보호를 제공하였다. 이후 근로능력에 관계없이 최저생계비 이하의 저소득층의 기초생활을 국가가 보장할 필요성이 대두되어 2000년 국민기초생활보장제도가 마련되었다. 1979년부터 의료보호라는 제도명으로 시작되어 저소득층을 위한 의료보장 등 많은 발전을 거듭해 왔다. 그러나 의료보호대상자들은 진료지역 및 진료일수에 제한이 있고, 의료 이용도 지정된 진료기관에 한정되는 등 의료 이용에 상당한 제한이 따랐다. 뿐만 아니라 보호수준도 건강보험에 비해 낮은 수준이었다. 2000년 10월 국민기초생활보장제도의 도입에 따라 의료급여는 생계, 주거, 교육급여와 함께 보장받게 되었다. 따라서 2001년 5월 「의료보호법」이 「의료급여법」으로 전면 개정되어 보장성이 강화된 것이다. 2003년에는 2종 수급자의 본인부담 보상제, 의료급여 진료절차 개선 및 급여 사후연장승인제도를 도입하였고, 기초생활 탈락자에 대한 한시적 보호 및 자활특례자에 대한 의료지원으로 저소득계층의 탈빈곤에 기여하였다. 1995년 12월 30일 제정된 「사회보장기본법」에서 '공공부조'라는 용어로 변경하였다. 국민의 최소한도의 생활권을 보장하기 위해 빈곤자 · 장애인 · 노인 등 사회적으로 보호해야 할 집단에게 정부 등 공공부문이 경제적 보호를 제공하는 것이다. 공공부조제도는 사회적 요보호자를 사회에 복귀시키고 빈곤을 최소한으로 감소시키고자 하는 인도적 목적을 지니고 있다. 현재 공공부조와 관련해서는 국민기초생활보장제도가 실시되고 있다. 또한 「국민기초생활보장법」에 따른 수급권자들은 「의료급여법」에 의해 의료급

18) 국가기록원(www.archives.go.kr)의 내용을 요약 정리함.

여를 받게 된다.[19]

2) 기초생활보장제도[20]

기존의 국민기초생활보장제도는 기준 충족 시 모든 급여가 지급되고 미충족 시 모두 중단되어, 자립 유인이 부족하고 위기가구에 대한 탄력적 대응이 곤란하게 되었고, 매년 최저생계비를 인상해왔으나 실제 주거비 부담은 변화가 나타나지 않아 계속 빈곤의 어려움이 지속되었다. 따라서 지역별 최저생계비 도입에 대한 필요성 절실하였다. 또한, 경제 성장에 따른 상대적 빈곤 관점을 반영한 급여 수준 인상 필요성 등이 지속적으로 제기되어 왔다. 그리고 부양의무자 범위 축소, 소득·재산기준 상향 등 부양의무자 기준 완화를 지속 추진해왔다. 그러나 여전히 엄격한 기준으로 인하여 빈곤의 사각지대에 놓인 사람들에 대한 지원이 제대로 이루어지지 않는다는 지적을 계속 받고 있다. 즉, 저소득층에 대한 국가책임 강화와 요보호 노인, 장애인 이외에는 빈곤정책이 부족했던 현실에서 수급자가 생계·주거·의료 등 포괄적 지원을 받도록 하고자 2015년 7월부터 실시된 맞춤형 보장제도를 도입하게 되었다.

(1) 개편내용

① **생계급여**: 소비지출이 경상소득을 초과하는 적자 가구인 중위소득 30% 이하의 대상자들에 중위 30% 수준의 생계급여를 지급하여 책임지고 보호하고자 한다.

② **의료급여**: 의료비로 인한 부채 부담비율이 높은 중위소득 40% 이하 대상자들

19) 우리나라의 「사회보장기본법」은 질병, 장애, 노령, 실업, 사망 등의 사회적 위험으로부터 모든 국민을 보호하고 빈곤을 해소하며 국민생활의 질을 향상시키기 위하여 제공되는 사회보험, 공공부조, 사회복지서비스 및 관련 복지제도를 규정하고 있다. 공공부조는「사회보장기본법」 제3조에서 국가 및 지방자치단체의 책임하에 생활유지능력이 없거나 생활이 어려운 국민의 최저생활을 보장하고 자립을 지원하는 제도로 규정하고 있다.

20) 보건복지부 보도자료(2015.4). 기초생활보장제도 맞춤형 급여체계 개선방안의 내용을 정리함

에게 현행 보장수준을 유지하여 의료비 부담을 완화한다.

③ **주거급여**(국토교통부): 월소득 대비 임대료 부담이 높은 중위소득 43% 이하 대상자들에게 거주형태, 주거비 부담 수준 등에 따라 실질적 주거지원을 실시하도록 한다.

- 임차가구: 기준임대료를 상한으로 실제 임차료에 따라 지급
- 자가가구: 주택노후도 등을 고려하여 주택개량(수선유지비) 지원

④ **교육급여**(교육부): 고교 무상교육 도입과 빈곤정책 확대를 고려하여 중위소득 50% 이하 대상자들에게 빈곤대물림을 막기 위해 교육비를 지원한다.

⑤ **기준 중위소득 결정**[21]: 그간 수급자 선정 및 급여 기준으로 활용된 "최저생계비"를 "국민 가구소득의 중위값"으로 개편하여 상대적 빈곤 개념을 도입한다. 또한 보건복지부 장관은 급여의 기준 등에 활용하기 위하여 중앙생활보장위원회의 심의 · 의결을 거쳐 기준 중위소득을 고시한다.[22] 기준 중위소득은 통계청 통계자료의 가구 경상소득 중간값에 최근 가구소득 평균증가율 등을 반영하여 산정(법 제6조의2 제1항)하고, 기준 중위소득의 일정 비율은 급여별 선정 기준 및 생계급여 최저보장수준으로 기능한다.

| 표 8-6 | 2015년 가구원수별 기준 중위소득

구 분	1인 가구	2인 가구	3인 가구	4인 가구	5인 가구	6인 가구	7인 가구
금액(원/월)	1,562,337	2,660,196	3,441,364	4,222,533	5,003,702	5,784,870	6,566,039

* 8인 이상 가구의 기준 중위소득: 1인 증가시마다 781,169원씩 증가(8인 가구: 7,347,208원)

21) 국민기초생활보장법 제6조의2(기준 중위소득의 산정) ① 기준 중위소득은 「통계법」 제27조에 따라 통계청이 공표하는 통계자료의 가구 경상소득(근로소득, 사업소득, 재산소득, 이전소득을 합산한 소득을 말한다)의 중간값에 최근 가구소득 평균 증가율, 가구규모에 따른 소득수준의 차이 등을 반영하여 가구규모별로 산정한다.

22) 「국민기초생활 보장법」 제2조 제11호
매년 8.1일까지 다음 연도의 급여별 선정기준 및 최저보장수준을 공표(국민기초생활보장법 제6조 제2항)하여야 하므로 기준 중위소득도 매년 8.1일까지 공표한다.

현 행			개편 후	
선정기준	급여수준		선정기준	급여수준
최저생계비	최저생계비의 80% 수준 현금급여	생계	중위소득 28% 수준	중위소득 28% 수준
		주거	중위소득 43% 수준	지역별 기준임대료
	필수의료서비스의 낮은 본인부담률	의료	중위소득 40% 수준	현행과 동일
	수업료, 교과서대 등	교육	중위소득 50% 수준	현행과 동일

* 개편 전 생계급여 수준에서 단계적으로 2017년까지 중위 30% 수준으로 조정

▌그림 8-2▐ 개편 전후 비교

(2) 부양의무자 기준 완화 추진

기존에도 국민의 부양 인식 변화, 재정소요 등을 고려하여 부양의무자 기준의 단계적 완화를 추진하여 왔다.[23] 그러나 여전히 보호받지 못하는 가구가 사각지대의 문제로 나타남에 따라 실제 부양받지 못하는 가구에 대해서는 탄력적 보호를 강화하고자 한다.[24] 또한 부양의무자가 수급자를 부양하고도 중위소득 수준의 생활을 유지할 수 있도록 소득기준 완화를 추진하도록 한다.

(3) 기대효과

① 보호대상 확대를 통한 복지 사각지대 해소: 맞춤형 급여 개편 완료시 수급자 수는 133만→210만 명 수준으로 증가가 예상된다. 또한, 맞춤형 급여를 통해 이전에는 정책적 개입이 부족하였던 중위 50% 이하 가구에게도 주거 또는 교

23) (2012년) 노인 · 장애인 등 취약계층의 부양의무자 소득기준 완화, 4.5만 명 보호
(2013년) 부양의무자 기본재산액을 중위 가구 보유수준으로 완화, 2만 명 보호

24) 지방생활보장위원회 운영을 통해 수급자 약 12% 추가 보호, 신청절차 간소화, 부양곤란 사유 확대 등 탄력적 보호 확대

육급여 지원이 가능하며, 부양의무자 소득 기준 완화를 통해 기존에 보호하지 못했던 비수급 빈곤층에 대한 수급자 혜택 지원이 가능해진다.

② **수급자에 대한 보장수준 현실화**: 맞춤형 급여 개편 시 수급자의 평균급여액은 2015년 월평균 5.4만 원(4인 가구 기준 최대 13만 원)까지 상승할 것으로 예상(생계급여 28% 기준)된다.

표 8-7 개편 전/후 평균 현금급여액 비교 (단위 : 만 원)

구분	현 행 통합급여	개편 후(생계 28%)	
		평균급여액	급여 상승액
생계급여	32.8	36.8	4.0
주거급여	9.5	10.9	1.4
계	42.3	47.7	5.4

3 사회복지서비스정책[25]

1) 개념

사회복지서비스는 사회보험, 공공부조, 관련 복지제도와 함께 사회보장정책의 중심을 이루고 있다. 「사회보장기본법」 제3조와 「사회복지사업법」 제2조에 의하면, 사회복지서비스는 국가 · 지방자치단체 및 민간부문의 도움을 필요로 하는 모든 국민에게 상담 · 재활 · 직업소개 및 지도 · 사회복지시설 이용 등을 제공하여 정상적인 사회생활이 가능하도록 지원하는 제도를 말한다.

이와 같은 사회복지서비스는 「국민기초생활보장법」, 「아동복지법」, 「노인복지법」, 「장애인복지법」, 「모 · 부자복지법」, 「영유아보육법」, 「성매매방지 및 피해자보호

25) 국가기록원(www.archives.go.kr)의 내용을 요약 정리함.

등에 관한 법률」, 「정신보건법」, 「입양촉진 및 절차에 관한 특례법」, 「일제하 일본군 위안부 피해자에 대한 생활안정지원 및 기념사업 등에 관한 법률」, 「사회복지공동모금회법」, 「장애인 · 노인 · 임산부 등의 편의증진보장에 관한 법률」, 「가정폭력방지 및 피해자 보호 등에 관한 법률」, 「농어촌주민의 보건복지증진을 위한 특별법」에 의하여 보호 · 선도 또는 복지에 관한 사업과 사회복지상담, 부랑인 및 노숙인 보호, 직업보도, 무료숙박, 지역사회복지, 의료복지, 재가복지, 사회복지관 운영, 정신질환자 및 한센병력자 사회복귀에 관한 사업 등 각종 복지사업과 이와 관련된 자원봉사활동 및 복지시설의 운영 또는 지원을 목적으로 하는 사업으로 규정하고 있다.

2) 특성

사회보험과 공공부조에서는 소득이나 물질적인 급여가 주류를 이루는 반면, 사회복지서비스의 급여내용과 형태는 비물질적 · 심리사회적 서비스를 주된 내용으로 한다는 특성이 있다. 또한 급여의 특성상 개인적 욕구의 특수성에 따라 개별적 처우를 제공해야 하며, 서비스를 전달하는 사람들의 전문적인 개입과 기술이 중요하다.

3) 사회복지서비스 전달체계

사회복지서비스 전달체계는 사회복지서비스의 공급자와 소비자를 연결시키기 위한 조직적 연결로 정의할 수 있다.

사회복지서비스 전달체계의 종류는 일반적으로 공적서비스 전달체계와 민간서비스 전달체계로 구분할 수 있다. 공적서비스 전달체계는 정부(중앙 및 지방)나 공공기관이 직접 관리, 운영하는 것을 말하며, 민간서비스 전달체계는 민간(민간단체)이 직접 관리, 운영하는 것을 말한다. 실제로는 사회복지사업 관련 전달체계는 공공전달체계와 민간전달체계가 상호 중복, 연계되어 실행되고 있다.

Chapter 09

사회복지 실천분야 I

1. 아동 및 청소년 복지
2. 노인복지
3. 장애인복지

social welfare

09 Chapter

사회복지실천분야 I

1 아동 및 청소년복지

1) 아동 · 청소년의 개념

아동과 청소년은 각각 사회복지의 한 분야로서 서로 다른 추진체계를 독립적으로 발전시켜 왔으나 이명박 정부의 출범 이후 두 분야의 정책을 통합하여 아동 · 청소년정책으로 추진체계를 구축하면서 출생에서 자립까지 생애 전반기에 대한 정책적 추진과 기능별 활동, 복지, 보호분야로 정비하였으며 통합된 아동 · 청소년정책 추진 기반을 마련하기 위해 관련 법률과 인프라 정비를 구축하였다. 그러나 최근에는 아동정책과 청소년 정책이 다시 분리되는 방향으로 정부조직이 추진되고 있다.

아동 · 청소년과 관련된 법률에는 아동복지의 기준인 아동복지법과 청소년복지와 관련된 「청소년기본법」, 「청소년활동진흥법」, 「청소년복지지원법」, 「청소년보호법」 등이 있다. 관련법에서는 아동과 청소년의 연령을 규정하고 있는데 「아동복지법」에서 아동은 18세 미만으로, 「청소년기본법」에서는 9세 이상 24세 미만, 「청소년보호법」에서는 만 19세 미만, 「소년법」에서는 19세 미만을 청소년으로 규정하고 있다.

2) 아동 및 청소년복지의 개념

(1) 아동복지의 개념

일반적으로 아동복지(child welfare)는 아동의 욕구를 충족시키고 문제를 해결하기 위하여 아동복지정책에 기반을 둔 실천을 통해 제공되는 아동복지서비스를 의미한다. 미국의 《사회사업사전(Encyclopedia of Social Work)》에서는 아동복지의 개념을 ① 아동의 건전한 발달과 보호를 향한 이념, ② 아동들에게 혜택을 주기 위한 사회복지 프로그램, ③ 아동을 위하여 제공되는 인간서비스라고 표현하고 있다. 즉, 아동복지는 아동들의 복지라는 이념을 함축하고 있으며 더불어 아동을 위한 프로그램이나 서비스의 실천적 활동까지를 포함한다(Barker, 1987; 오정수 · 정익중, 2008 재인용).

카두신과 마틴(Kadushin & Martin)은 광의의 아동복지는 모든 아동들의 행복과 사회적응을 위해 심리적, 신체적 잠재력을 개발시켜 주기 위한 각종 방법이며, 협의의 아동복지는 특수한 문제를 가진 아동과 그 가정을 대상으로 전문기관에서 제공하는 서비스라고 정의하였다. 프리드랜더(Friendlander)는 아동복지를 빈곤, 방임, 유기, 질병, 결함을 지닌 아동이나 환경에 적응하지 못한 아동 외에도 모든 아동이 안전한 환경에서 신체적, 정서적, 지적인 발달을 할 수 있도록 제공하는 공사기관의 제반 활동이라고 주장하였다. 또한 박용순(2008)은 특수한 장애를 가진 아동은 물론 모든 아동이 가족과 사회의 일원으로 건전하게 성장하고 발달할 수 있도록 지역사회나 사회복지기관들이 협력하여 실천에 옮기는 조직적인 활동이라고 정의하였다(박차상 외, 2010).

(2) 청소년복지의 개념

일반적으로 청소년복지(youth welfare)는 청소년의 욕구를 충족시키고 문제를 해결하기 위하여 청소년복지정책에 기반한 실천을 통해 제공되는 청소년복지서비스를 의미한다. 청소년복지는 가정이나 사회로부터 방임되거나 적응하지 못하는 청소년들뿐만 아니라 모든 청소년들의 안녕에 관심을 가져야 하며 청소년들의 기본적 욕구를 충족시키고 정신적, 정서적, 신체적으로 최상의 발달을 위해 직·간접적으로 제공되는 모든 사회적, 전문적 활동을 말한다.

청소년복지는 지식정보화 사회에서 청소년들에게 사회적 역할과 책임을 부과해 주는 동시에 현재의 삶을 이해하여 보다 나은 여건을 마련해 주고 미래에 보다 좋은 환경에서 생활할 수 있도록 자립기반과 자기개발을 할 수 있는 능력발휘와 기회를 마련해 주는 제반의 활동이다(노혁, 2007).

또는 청소년의 인권보장과 가족구성원 및 사회의 일원으로서 바람직한 삶을 영위할 수 있는 청소년으로 성장하고 발달할 수 있도록 공적, 사적인 복지서비스를 실천에 옮기는 조직적인 활동이라고 정의하였다(박용순, 2008).

(3) 아동·청소년복지의 개념

아동·청소년복지는 아동과 청소년복지의 합성어로 아동복지나 청소년복지에 대상이나 서비스의 범위를 확대하여 제공하는 서비스라고 할 수 있다.

장인협과 오정수(1996)는 이전부터 아동복지와 청소년복지를 구분하지 않고 사용하였다. 이들은 아동·청소년복지의 개념을 사회제도와 사회체계 및 프로그램과 서비스로 구분하여 설명하고 있다. 사회제도로서의 아동·청소년복지의 개념은 사회구성원으로서 아동과 청소년의 기본적 욕구를 충족시키고 건전한 성장과 발달을 도모하기 위하여 다양한 활동을 가능케 하는 공적인 방법과 절차라고 정의하였다. 사회체계로서 아동과 청소년복지는 생태체계이론에 입각하여 생활환경에서 사회체계로 존재하는 대상으로 정치, 경제, 사회, 문화, 자연환경의 인접체계와 끊임없이 상호작용하며 변해가는 실체이므로 아동과 청소년은 한 하위체계이기 때문에 하나의 개념으로 보아야 한다는 것이다. 또한, 사회복지프로그램은 클라이언트, 서비스의 성격, 자원의 원천에 따라 다양하게 분류될 수 있으므로 아동과 청소년은 자원의 원천에 있어서 공공과 민간의 자원과 인력에 의해 수행된다는 것이다(박차상 외, 2010).

3) 아동 · 청소년복지정책의 발달 과정

아동정책은 1961년 아동복리법의 제정으로, 청소년정책은 1987년 청소년육성법의 제정으로 출발하게 되었다. 아동정책은 보건복지부의 요보호아동을 위한 아동복지를 중심으로, 청소년정책은 청소년 전체를 대상으로 하는 활동 중심으로 체육청소년부, 문화체육부, 국가청소년위원회 등으로 관할부처가 변경되면서 발전해왔다. 이러한 이유로 아동정책과 청소년정책은 대상 연령이 중복되나 내용과 접근방식에서 상당한 차이를 보이고 있다.

(1) 아동복지정책의 발달 과정

아동복지정책의 역사는 크게 세 단계로 나누어 볼 수 있다.

첫째, 1950년대까지 전쟁으로 인한 고아, 기아, 미아에 대한 구호적 업무 위주였으며, 1960년대에는 아동복지시설이 급속하게 증가하였다. 이 시기에는 국가 주도적 원칙에 따라 민간과 해외원조에 의한 빈민아동구호 중심이었으며, 1961년 아동복리법의 제정으로 요보호아동에 대한 국가책임의 원칙을 법제화하였다.

둘째, 1970년대에 모자보건법과 입양특례법 등과 같은 관련법이 공포되면서 아동보호정책이 국가중심체제로 전환되었으나 여전히 선별주의 원칙에 의한 잔여적 서비스를 제공하였다. 1980년대에는 시설입소보호를 탈피하여 보편주의적 원칙을 적용한 영유아보육사업 등의 복지서비스를 제공하게 되었다.

셋째, 2000년 이후에는 요보호아동에 대한 보호대책과 함께 아동의 인권과 권리, 아동안전 등과 관련된 정책을 추진하는 등 선별적인 서비스에서 보편적인 서비스를 지향하게 되었다(박차상 외, 2010).

(2) 청소년복지정책의 발달 과정

청소년복지정책은 1980년 중반까지 전담 행정기구가 없어 각 부처별로 배분되어 시행되었으며 내용은 문제청소년에 대한 규제 및 보호 위주의 정책이 주를 이루었다. 이후 1987년에 청소년육성법이 제정되면서 체육부 내에 청소년 관련 전담조직이 설치·운영되기 시작되었으며, 1990년 체육청소년부가 신설되면서 청소년 업무가 확장되어 청소년정책이 활성화되기 시작하여 청소년헌장도 제정되었다. 1991년에 청소년육성법이 「청소년기본법」으로 변경되면서 청소년육성 5개년계획을 수립하여 2007년까지 3차례의 기본계획을 추진·완료하였다.

1990년대 중반까지는 청소년활동을 중심으로 정책을 펼쳐왔으나 1990년대 후반에는 사회적으로 청소년유해환경이 만연되어 1997년에 문화체육부에 청소년보호위원회를 설치하여 청소년에게 유해한 사회환경 규제의 근간을 마련하였다. 그러나 청소년 육성정책과 청소년 보호정책의 이원화로 정책과 중앙행정조직은 체계적이고 종합적인 정책수행이 어렵고, 새로운 청소년정책의 환경 변화에 능동적인 대처가 미비하며, 각 부처에 산재한 청소년정책을 총괄하고 조정하는 역할에 어려움을 지니고 있었다.

이에 따라 2005년도에 청소년 육성정책과 보호정책을 통합하여 국가청소년위원회를 출범시켰으며 기존의 보편적인 활동정책의 한계를 극복하기 위하여 구체적이고 개별적인 정책을 개발하여 청소년복지정책의 영역을 개척·확장함으로써 청소년 활동과 복지, 보호의 3대 정책영역을 정립하게 되었다(박차상 외, 2010).

(3) 아동복지정책과 청소년복지정책의 통합 과정

아동복지와 청소년복지의 정책대상이 동일함에도 불구하고 40여 년간 아동과 청소년으로 분리되어 정책이 추진되었던 문제를 해결하기 위하여 이명박 정부는 출범과 동시에 아동과 청소년정책을 통합하여 단일부처 관할의 체계로 재정비하였다. 이후 보건복지부의 아동청소년가족정책실에서 업무를 총괄하게 되었다.

아동 · 청소년정책의 이념은 아동 · 청소년이 태어나서 자립할 때까지 충분한 역량을 갖출 수 있도록 여건을 조성하여 균형 있고 조화로운 성장의 기회를 보장함으로써 아동 · 청소년이 건강하고 행복한 삶을 영위할 수 있도록 하는 것이다. 동시에 법률체계를 대상별로 일원화하고 기능별로는 활동, 복지, 보호의 3체계를 세분화하였다. 이에 따라 아동관련법과 청소년관련법의 통합을 추진하였다.

아동복지정책과 청소년복지정책의 기능에 대한 통합 논의를 종합해 보면 이명박 정부의 출범과 동시에 국가청소년위원회의 청소년복지업무가 보건복지가족부로 이관되어 아동복지정책과 청소년복지정책이 통합 · 운영되었으나 「정부조직법」 개정 법률안에 따라 보건복지부의 아동복지정책과와 여성가족부의 청소년복지정책으로 분리되어 운영되고 있다(박차상 외, 2010).

4) 아동 · 청소년의 특성

(1) 아동의 특성

아동의 특성은 아동의 본성이나 욕구 및 적응양식에서 찾을 수 있다. 아동의 특성은 의존성, 성숙, 민감성, 욕구, 적응성으로 요약할 수 있다(장인협 · 오정수, 1996).

① 의존성

의존성은 생존과 신체적 · 지적 · 사회적 발달을 위해 타인들의 사랑이나 관심, 보호에 의존하게 된다. 아동은 안전하고 사랑을 받으며 소속감을 갖기를 원한다. 때문에 부모를 상실하거나 부모의 사랑을 받지 못하면 정체감이나 생존감에 위협을 느끼게 된다.

② 성숙

아동기는 미성숙단계에서 성숙단계로 옮겨가는 시기이다. 아동은 이 시기에 자신의 개인적 수준에 따라 각 성장단계에 맞게 생활양식에 대처하면서 필요한 이해력, 기능, 능력 등을 발전시켜 나가게 된다. 그러므로 아동은 격려와 지도를 필요로 하며 자기 수준에 맞는 지식, 기술, 행동양식 및 가치관에 관한 학습의 기회를 필요로 한다. 따라서 아동기의 신체적 혹은 정신적 장애는 아동의 발달수준을 후퇴시키기도 한다.

③ 민감성

아동기는 감정이 매우 민감하고 강렬한 시기이며 욕구에 대한 만족을 즉각적으로 얻고자 하며 참고 기다리지 못한다. 때문에 욕구충족에 대한 지속적인 좌절은 불안과 불신 또는 자신의 관점을 왜곡하는 적개심을 조성하여 결국에는 냉담과 퇴행에까지 이를 수 있다. 특히 아동은 타인이 자신에게 관심을 갖느냐, 갖지 않느냐에 매우 민감한 반응을 보인다. 아동은 자신이 살고 있는 가족 내의 분위기나 자신과 가까운 사람들의 감정에 매우 민감하다.

④ 욕구

아동기에 가장 필요한 것은 식욕, 갈증, 호흡, 수면, 휴식, 배설, 고통 회피 등과 같은 인간 본능의 생리적 욕구(physiological needs)이다. 그러나 생리적 욕구가 충족된다고 하더라도 아동이 건전하게 성장 · 발달하는 충분조건은 되지 못한다. 왜냐하면 아동은 인격적 욕구(personality needs)인 정신적 · 심리적 · 인간적 욕구가 동시에 충족되어야 하기 때문이다. 아동은 생리적 욕구의 충족뿐만 아니라 인격적 욕구의 충족을 강하게 갈망하는 존재이다.

⑤ 적응성

아동은 환경에 적응하려는 특성을 가지고 있다. 그러나 자신의 힘만으로 환경에 적응할 수 없다. 아동은 출생하면서 가정으로부터 점차 또래집단, 학교, 지역사회, 직장과 같은 사회공동체에 소속되면서 사회적 인간으로 성장하여 간다. 아동이 이러한 사회화 과정에서 건전하게 성장하기 위해서는 여러 집단에의 적응이 절대적으로 필요하다. 그러므로 아동기는 환경 속의 인간으로 사회에 진출하면서 독립생활이 가능한 인간으로 사회적응훈련을 해야 한다.

(2) 청소년의 특성

청소년기는 부모의 보호가 절대적으로 필요한 아동기에서 성인기로 이행되는 과도기이다. 이 시기에는 의존적인 아동기와 독립적인 성인기의 심리적 특성을 공유하는, 즉 아동도 성인도 아닌 양 집단 사이에 공존하는 주변인(marginal person)의 특성을 갖는다. 그러므로 인간에게 어떤 발달단계보다 중요성을 내포하고 있으면서 청소년기 자체로도 삶의 권리와 가치를 갖는 독특한 시기이다.

청소년은 건전하고 밝은 심성으로 바람직하게 자랄 수 있는 가능성과 잘못 성장할 수 있는 가능성을 동시에 갖는 양면적 존재이다(노혁, 2007; 홍봉선 · 남미애, 2005; 박차상 외, 2010).

① 신체적 특성

청소년의 신체적 특성은 신장과 체중의 증가, 호르몬의 변화, 성적인 성숙 등이 있다. 인간의 발달단계에서 가장 왕성한 신체적 발육이 일어나는 시기로서 남녀 간의 차이는 있지만 신장과 체중이 급격히 증가한다. 여자는 남자보다 2~3년 정도 먼저 신체적 성숙을 경험하는 데 반면에 중단도 그만큼 빠르게 나타난다. 청소년기에는 남자는 안드로겐(Androgen, 남성호르몬), 여자는 에스트로겐(estrogen, 여성호르몬)이 왕성하게 분비되는 시기이다. 이러한 호르몬은 청소년들의 신체 및 생리적 발달에 중요한 역할을 한다. 또한, 성적으로도 성숙하기 시작하는데 성인과 같은 생식능력을 갖게 되며 남녀를 구분하는 중요한 2차 성징들이 발달하게 된다.

② 심리적 특성

청소년기는 풍부한 정서적 발달이 일어나는 시기이다. 감성이 풍부해지며 자주성이 강해지고 자아정체성의 발달로 인해 부모와 가정으로부터 독립하려는 성향을 보이며 자신이 선택하여 관계를 형성한 친구나 또래집단과의 관계를 중요시한다. 또한 청소년기는 질풍노도기라고 할 정도로 자기도취, 우울감, 열등감, 수치심, 불안 등의 부정적인 정서가 휘몰아치는 시기이다. 부정적인 정서는 두 부류로 나뉘는데 하나는 급격히 변하는 신체적 발달에 대한 부적응이고 다른 하나는 가족을 벗어나 사회 적응에서 겪게 되는 긴장과 갈등이다.

또한, 청소년기에는 지적인 발달을 통해 추상적인 개념을 이해하고 논리적인 사고를 하게 되면서 철학적 문제나 인생에 대한 진지한 고민을 시작하는 시기이다. 이러한 특성을 바탕으로 자아정체성이 확립된다. 따라서 발달 과정에서 실패하게 되면 역할의 혼란을 유발한다.

③ 사회적 특성

청소년기는 부모로부터 분리되고자 하는 시기로 부모와의 관계에서 잦은 갈등을 유발하며 동성 또는 이성 친구 등 또래집단에게 집착하게 된다. 이 시기에는 자아정체감을 확립하면서 가정으로부터 벗어나 독립하려고 하며 아동기 때 무비판적으로 수행했던 부모와 가족의 가치관을 논리적으로 분석하고 평가함으로써 부모와의 갈등에 직면하게 된다. 또한 또래들로부터의 지지와 이해, 또래집단과의 관계 속에서 상호작용과 관찰을 통해 사회적응을 시도하며 또래집단에 소속감을 느끼고 그 속에서 새로운 규범과 행동기준을 삼는다.

5) 아동 · 청소년복지의 원칙

(1) 아동복지의 원칙

아동문제를 해결하기 위해 아동복지실천에서 지켜야 할 기본 원칙에는 권리와 책임의 원칙, 보편성과 선별성의 원칙, 개발기능의 원칙, 포괄성의 원칙, 전문성의 원칙 등이 있다(장인협, 1981; 장인협 · 오정수, 1996).

① 권리와 책임의 원칙

아동을 위한 건전한 육성대책은 아동, 부모, 사회 3자 간의 권리와 책임의 확립에 기반을 두고 있어야 하며 3자 간의 지속적인 균형 유지와 적절한 상호작용의 관계를 유지해야 한다는 원칙이다. 아동복지의 책임은 부모와 가정뿐만 아니라 국가와 사회도 갖고 있으며 아동 또한 복지의 대상이면서 주체로서 인식되어야 한다는 것이다.

② 보편성과 선별성의 원칙

아동복지서비스는 보편성과 선별성이 동시에 적용되어야 한다. 사회복지에서 대비되는 두 가지 요소인 선별성과 보편성의 원칙 중 선별성은 아동복지서비스 대상의 기준을 정해놓고 기준에 부합되는 대상에게만 선택적으로 서비스를 제공하는 것을 말한다. 반면에 보편성은 가족수당이나 무상의무교육 등과 같이 아동을 건강하게 육성하고자 하는 목표를 달성하기 위하여 전체 아동을 대상으로 서비스를 제공하는 것이다.

기존의 아동복지사업은 빈곤 및 특수한 아동을 대상으로 하는 선별적 원칙이 중심이었다면 현재는 전체 아동을 대상으로 서비스가 제공되는 보편적 원칙을 적용하는 경향이 나타나고 있다.

③ 개발적 기능의 원칙

우리나라의 아동복지사업은 구호적이면서 사후대책적인 기능이 강조되어 고아나 기아 등 특별한 보호를 필요로 하는 아동들의 시설보호와 일부 거택보호 등이 지배적이었다. 그러나 이러한 기능만으로는 국가발전이나 경제개발의 역기능 현상으로 나타나는 부정적인 요소들에 대처할 수가 없다. 그러므로 앞으로는 보다 적극적, 예방적 그리고 의도적 변화를 가질 수 있는 개발적 기능이 아동들을 위해 수행되어야 한다. 아동은 사회적으로 소외된 대상이 아니라 국가발전에 능동적으로 참여하여 활동할 수 있는 기회를 제공하는데 각별한 관심을 가져야 한다는 것이다. 더불어 저출산현상으로 인해 인적자원의 개발이 더욱 중요시되는 현 시대에서 아동에 대한 개발적 기능의 원칙은 더욱 강조될 수밖에 없다.

④ 포괄성의 원칙

아동은 정체성을 가진 한 인격체로서 아동들에게 직접적으로 관련된 제반 요소들이 상호보완되어 건전한 성장과 발달을 도모해야 하는 존재이다. 아동복지의 기본은 안정된 가정생활, 경제적 안정, 교육, 보건, 노동, 오락 및 특수보호 등에 대한 프로그램이나 서비스가 아동에게 포괄적, 상호보완적으로 제공되어야 하며 부분적인 서비스만으로는 아동문제를 완전히 해결할 수 없다. 그러므로 아동복지사업은 다양한 아동문제에 접근할 수 있는 통합적인 서비스가 필요하며 어느 분야에서는 상호 간에 의뢰, 조정, 보완 등으로 아동의 전인적인 특성을 강화해야 한다.

⑤ 전문성의 원칙

아동복지사업의 성과를 좌우하는 중요한 원칙이 바로 전문성이다. 아동의 문제뿐만 아니라 가정과 사회문제는 매우 복잡한 양상을 보이고 있으므로 이러한 문제와 욕구를 충족시키기 위해서는 전문적인 지식과 기술을 지닌 전문인력과 전문서비스 기관이 필요하다. 아동복지사업에 전문인력을 양성하여 배치함으로써 아동복지서비스의 질적 제고는 물론 다양한 전문분야와의 연계도 가능하다.

아동문제를 해결하기 위해 아동복지의 원칙에 따라 제공되는 아동복지서비스에는 기능적 차원에서 지지적 서비스(supportive services), 보완적 서비스(supplementary services), 대리적 서비스(substitute services)가 있다. 지지적 서비스는 부모의 능력을 지지해 주거나 강화시키는 서비스로서 가정 내 아동의 개별상담서비스, 유기아동을 위한 보호적 서비스, 미혼부모에 대한 서비스 등이며 아동복지기관이나 아동상담소 등 주로 가정 밖에서 제공된다. 보완적 서비스는 가족 내에서 부모의 보호를 일시적으로 보충하거나 부적절한 것을 보상해 주는 서비스로서 주로 가정 내에서 제공하며 대표적인 서비스는 보육서비스, 아동학대예방서비스, 가사지원서비스 등이다. 대리적 서비스는 부모-자녀관계가 일시적 또는 영구적으로 해체된 경우 아동을 타 가정이나 시설에 보냄으로써 아동을 보호하는 서비스로서 가정위탁서비스, 입양, 시설보호 등이다.

(2) 청소년복지의 원칙

청소년의 문제를 해결하기 위한 청소년복지실천에서 지켜야 할 기본 원칙은 보호의 원칙, 참여와 책임의 원칙, 자립의 원칙, 연대의 원칙 등이 있다(노혁, 2007; 윤철수 외, 2008).

① 보호의 원칙

청소년은 아동과 마찬가지로 아직 완전하게 성숙하지 않았기 때문에 가정과 사회로부터 보호받아야 한다. 특히 빈곤이나 장애 등으로 개인과 가정에서 불평등한 여건에 처한 청소년에 대한 보호는 지속적이고 체계적으로 이루어져야 하며 아동기의 연장선상에서 사회의 보다 많은 위협으로부터 보호받아야 한다. 청소년복지에서 가정은 청소년보호의 핵심적인 역할을 해야 하므로 가정의 기능을 강화하고 사회가 가정을 지지함으로써 가정 내에서 청소년보호가 원활히 이루어질 수 있는 노력을 해야 한다. 이를 위해서는 물질적인 지원 못지않게 가정에서의 상호관계의 수립, 부모의 역할교육과 청소년 보호프로그램을 제공해야 한다. 아울러 가정에서 일탈한 청소년에게도 사회의 보호 노력이 적극적으로 이루어져야 한다.

② 참여와 책임의 원칙

청소년에 대한 참여의 원칙은 아동과는 다른 수준의 사회참여를 의미하는 것이다. 청소년은 단순히 미래사회의 주체적 성원일 뿐만 아니라 급변하는 사회 속에서 현재에 중요한 사회구성원이라는 관점과 저출산 사회에서 청소년의 사회적 역할이 가중된다는 점에서 강조되고 있다. 청소년의 참여는 소외된 자신감의 회복과 사회와의 관계 형성 및 생활에 새로운 힘을 창출하는 과정이므로 중요하다.

청소년의 참여는 궁극적으로 성인과의 동반자 관계를 형성하여 자신뿐만 아니라 사회에도 유익한 권익과 발달을 성취하는 데 필요하며 여기에는 당연히 책임이 뒤따른다. 책임은 크게 둘로 나누는데 하나는 개인을 둘러싼 환경이 청소년에게 갖는 책임이고 다른 하나는 청소년이 그를 둘러싼 환경에 대해 갖는 책임이다.

③ 자립의 원칙

자립은 신체적, 정신적, 사회적인 발달을 위하여 필요한 생활수준을 확보하는 것으로서 자신의 삶을 주체적으로 계획하고 통제하며 살아간다는 의미이다. 청소년의 자립은 생활에 필요한 소득을 확보하는 경제적 자립과 복잡한 사회와 인간관계에 있어서 자기의 입장을 지키는 사회적 자립, 이것들을 위하여 자율적인 태도와 생활방식을 갖는 정신적인 자립을 포함하는 개념이다. 정신적 자립에는 자주성, 자발성, 자기결정력이 있으며 기본적인 생활습관과 사회기술훈련의 습득은 사회적 자립이고 취업과 사회규범의 학습은 경제적 자립을 전제로 한 정신적 자립, 노동을 통해 수입을 얻는 것은 경제적 자립이다. 이러한 자립은 상호 구조적인 관계에 있으며 이를 위해서는 청소년기에도 사회가 다양한 취업 기회를 제공함으로써 현재 필요한 자립생활을 돕고 나아가 성인이 되어 긍정적인 사회구성원으로 기여할 수 있는 조건을 형성해야 한다.

④ 연대의 원칙

연대는 사회구성원들이 상호 간 또는 사회환경 간에 갖는 상호의존성을 의미한다. 청소년복지는 개인이 혼자의 힘으로 해결할 수 없는 환경문제, 빈곤문제 등을 상호 연대를 통해 해결하게 하여 사회 속에서 청소년이 기여할 수 있도록 의식과 실천적 방향을 제시해야 한다. 다원화 사회에서는 평등의 윤리를 개발하고 사회연대의 통제적 질서를 바탕으로 사람들 간의 연대를 통하여 함께 살아가는 복지사회를 이룩해야 한다. 청소년의 창의성과 개별성을 유지하면서 지속적인 사회발전에 기여하기 위해서는 개인의 복지와 함께 공동체적 정신과 유대를 통한 복지실현에도 심혈을 기울여야 한다.

6) 아동 · 청소년복지시설과 주요 프로그램

(1) 아동복지시설

아동복지법에 근거한 아동복지시설에는 아동양육시설, 아동일시보호시설, 아동보호치료시설, 아동직업훈련시설, 자립지원시설, 아동단기보호시설, 아동상담소, 아동전용시설, 아동복지관, 공동생활가정, 지역아동센터, 아동보호전문기관, 가정위탁지원센터 등이 있다.

① 아동양육시설

아동양육시설은 보호를 필요로 하는 아동을 입소시켜 보호, 양육하는 것을 목적으로 하는 시설이다.

② 아동일시보호시설

아동일시보호시설은 보호를 필요로 하는 아동을 일시적으로 보호하고 아동에 대한 향후 양육대책을 수립하여 보호조치를 행하는 시설이다.

③ 아동보호치료시설

아동보호치료시설은 불량행위를 하거나 할 우려가 있는 아동으로서 보호자가 없어 친권자나 후견인이 입소를 신청한 아동이나 가정법원, 지방법원소년부지원에서 보호위탁된 아동을 입소시켜 그들을 선도하여 건전한 사회인으로 육성하는 시설이다.

④ 아동직업훈련시설

아동직업훈련시설은 아동복지시설에 입소된 만 15세 이상의 아동과 생활이 어려운 가정의 아동에 대하여 자활에 필요한 지식과 기능을 습득시키는 시설이다.

⑤ 자립지원시설

자립지원시설은 아동복지시설에서 퇴소한 자에게 취업준비기간 또는 취업 후 일정기간 보호하여 자립을 지원하는 시설이다.

⑥ 아동단기보호시설

아동단기보호시설은 일반가정에서 아동을 보호하기 곤란한 일시적 사정이 있는 경우, 아동을 단기간 보호하면서 가정의 복지에 필요한 조치를 지원하는 시설이다.

⑦ 아동상담소

아동상담소는 아동과 그 가족의 문제에 관한 상담, 치료, 예방 및 연구 등을 하는 시설이다.

⑧ 아동전용시설

아동전용시설은 어린이공원, 어린이놀이터, 아동회관, 체육, 연극, 영화, 과학실험 전시시설, 아동휴게숙박시설, 야영장 등 아동에게 건전한 놀이, 오락, 기타 각종 편의를 제공하여 심신의 건강유지와 복지증진에 필요한 서비스를 제공하는 시설이다.

⑨ 아동복지관

아동복지관은 지역사회아동의 건전한 육성을 위하여 심신의 건강유지와 복지증진에 필요한 서비스를 제공하는 시설이다.

⑩ 공동생활가정(그룹홈)

공동생활가정은 보호를 필요로 하는 아동에게 가정과 같은 주거여건과 보호를 제공하는 시설이다.

⑪ 지역아동센터

지역아동센터는 지역사회 아동의 보호, 교육, 건전한 놀이와 오락, 보호자와 지역사회연계 등 아동의 건전 육성을 위하여 종합적인 아동복지서비스를 제공하는 시설이다.

⑫ 아동보호전문기관

아동보호전문기관은 아동보호협력체계의 확립과 정책제안을 통하여 학대아동의 발견, 보호, 치료 및 아동학대의 예방과 그 가족을 지원하고 아동학대의 심각성에 대한 시민들의 인식증진을 위한 홍보와 교육을 전개하는 기관이다.

⑬ 가정위탁지원센터

가정위탁지원센터는 부모의 학대, 방임, 질병, 기타의 사정으로 친가정에서 아동을 양육할 수 없을 경우 일정기간 동안 위탁가정에서 아동을 보호, 양육함으로써 건전하게 성장할 수 있도록 도와주며 친가정이 가족기능을 회복할 수 있도록 지원하는 기관이다.

이상의 아동복지시설은 각 시설의 고유 업무 이외에도 아동가정지원사업, 아동주간보호사업, 아동전문상담사업, 피학대아동보호사업, 공동생활 가정사업, 방과 후 아동지도사업 등의 사업을 실시하고 있다. 아동가정지원사업은 지역사회 아동의 건전한 발달을 위하여 아동, 가정, 지역주민에게 상담, 조언 및 정보를 제공해 주는 사업이며 아동주간보호사업은 부득이한 사유로 가정에서 낮 동안 보호받을 수 없는 아동을 개별적인 보호와 교육을 통하여 아동의 건전한 성장을 도모하는 사업이다. 아동전문상담사업은 학교부적응아동 등을 대상으로 올바른 인격형성을 위한 상담, 치료 및 학교폭력 예방을 실시하는 사업이며 방과 후 아동지도사업은 저소득층 아동의 방과 후 개별적인 보호와 교육을 통한 건전한 인격형성을 도모하는 사업이다.

(2) 청소년시설

청소년시설에는 청소년활동시설, 청소년복지시설 및 청소년보호시설 등이 있다.

① 청소년활동시설

청소년활동진흥법에 근거한 청소년활동시설에는 청소년수련시설과 청소년이용시설이 있으며 청소년수련시설에는 청소년수련관, 청소년수련원, 청소년문화의 집, 청소년특화시설, 청소년야영장, 유스호스텔 등이 있다.

청소년수련관은 다양한 수련활동을 실시할 수 있는 각종 시설 및 설비를 갖춘 종합수련시설이고 청소년수련원은 숙박시설을 갖춘 생활관과 다양한 수련활동을 할 수 있는 각종 시설과 설비를 갖춘 종합수련시설이다.

청소년문화의 집은 간단한 수련활동을 할 수 있는 시설과 설비를 갖춘 정보, 문화, 예술 중심의 수련시설이며 청소년특화시설은 청소년의 직업체험, 문화예술, 과학정보, 환경 등의 특정 목적의 청소년활동을 전문적으로 실시하는 시설과 설비를 갖춘 시설이다.

청소년야영장은 야영에 필요한 시설과 설비를 갖추고 수련활동과 야영편의를 제공하는 수련시설이며 유스호스텔은 청소년의 숙박 및 체재에 적합한 시설과 설비, 부대 및 편의시설을 갖추고 숙식편의제공과 여행청소년의 활동지원 등을 주된 기능으로 하는 시설이다.

이러한 시설 외에도 지역의 청소년활동을 진흥하기 위해 설치 · 운영되고 있는 청소년활동진흥센터도 있다. 청소년활동진흥센터는 지역청소년의 활동 욕구에 관한 조사, 지역 청소년자원봉사활동의 활성화, 청소년수련활동인증제도의 지원, 인증받은 청소년수련활동의 홍보와 지원, 청소년활동 프로그램의 개발과 보급, 청소년활동에 대한 교육과 홍보 등의 사업을 수행하고 있다.

② 청소년복지시설

청소년복지지원법에 근거한 시설에는 청소년쉼터가 있는데 청소년쉼터는 가출 청소년의 일시적인 생활지원과 선도, 가정과 사회로의 복귀를 지원하는 시설이다.

(3) 아동 · 청소년을 위한 주요 프로그램

아동 · 청소년을 위한 사업에는 크게 아동 · 청소년의 가정보호 및 시설보호, 자립지원, 방과 후 돌봄, 위기청소년 지원, 아동 · 청소년의 보호 및 활동 진흥 등으로 구분한다(보건복지부, 2010).

① 드림스타트

드림스타드 사업은 2007년부터 희망스타트사업으로 시작되어 전국적으로 실시되고 있다. 드림스타트사업의 추진배경은 이혼이나 가출로 인하여 가족해체의 증가와 사회의 양극화 현상의 심화, 여성의 경제활동 참여가 확대되면서 가족기능이 약화되고 빈곤이 아동발달에 역기능으로 작용하여 양육환경이 열악해지고 기회불평등의 문제가 야기되었기 때문이다. 또한 빈곤아동에 대한 사회투자를 통해 빈곤세습의 고리를 단절하고 인적 자본을 축적하여 향후 사회비용의 절감효과를 기대함으로써 빈곤아동에 대한 사회투자가치를 중시하였기 때문이다. 나아가 건강, 보육, 교육, 복지 등에 대한 개별서비스로는 여전히 복지의 사각지대가 존재하기 때문에 아동과 가족에 초점을 준 통합지원체계를 통해 모든 아동에게 공평한 출발 기회의 보장이 필요했기 때문이다.

드림스타트 사업의 대상은 0세(임산부)~만 12세까지의 저소득층 아동과 가정으로서 시 · 군 · 구별 빈곤가구 밀집지역에서 실시하고 있다. 사업내용은 체계적인 사례관리를 통해 수요자 중심의 보건, 복지, 교육 등 맞춤형 통합서비스를 제공하고 지역사회의 자원연계 및 개발을 통해 복지서비스를 확대하고 있다.

② 청소년 방과 후 아카데미

청소년 방과 후 아카데미는 2005년 46개소의 시범사업으로 시작하여 현재 전국에 확대 실시되고 있다. 이는 중앙, 지방 및 학교와 가정, 지역사회가 연계하여 공교육을 보완하는 프로그램으로 방과 후 활동을 통해 공적 서비스 기능의 강화, 맞벌이, 한 부모 및 취약계층 가정의 청소년 활동, 복지, 보호, 지도를 통하여 청소년의 건강한 성장지원과 주5일 수업시행에 따른 다양한 복지서비스를 제공하여 계층 간의 격차 완화와 사회통합을 실현하기 위해 시작되었다.

청소년 방과 후 아카데미의 운영 모델은 수련시설 중심 모델과 지역사회 연계 모델이 있다. 수련시설 중심 모형은 수련시설 내에서 대부분의 과정을 운영하는 형태이며, 지역사회 연계 모형은 수련시설을 50% 이내로 활용하고 나머지 공간의 활용은 인근 공공시설이나 연계협력시설(공공센터, 복지관, 종교기관 등)을 활용하여 운영하는 형태이다.

③ 청소년공부방

청소년공부방은 지역사회 저소득층 청소년의 학습 공간 및 학습지도를 중심으로 특기적성교육, 문화체험활동 등의 기회를 지원하는 시설이다. 청소년공부방의 주요 기능은 청소년의 자율적인 학습활동을 위한 공간제공, 학습지도, 특기적성교육, 문화체험활동기회의 지원 및 지역사회연계활동 등이다.

청소년공부방은 설비기준, 종사자의의 배치기준, 운영프로그램에 따라 가형, 나형, 기타형 으로 구분한다. 가형은 학습공간을 제공하는 형태이고, 나형은 학습공간 및 학습지도를 중심으로 다양한 청소년 활동과 복지프로그램을 지원하는 형태이며, 기타형은 가형, 나형으로 구분하지 않는 유형이다. 청소년공부방 운영은 지방자치단체에서 적절하게 판단하여 탄력적으로 운영하며 현재 전국에 400여 개소가 운영 중이다.

2 노인복지

1) 노인의 정의와 인구의 노령화

(1) 노인의 정의

노인에 대한 정의는 크게 추상적 정의와 조작적 정의로 구분한다. 노인의 개념은 다양한 측면에서 설명할 수 있으나 특히 노화의 세 가지 영역을 동시에 고려하여 개념을 정의하면 ① 생물학적 · 생리적으로 퇴화기에 있는 자, ② 심리적 측면에서 정신기능과 성격이 변하고 있는 자, ③ 사회적 측면에서는 지위와 역할이 상실된 자, 즉 노화로 인하여 생리적 · 심리적 · 사회적 기능이 쇠퇴한 사람을 노인으로 규정할 수 있다(Breen, 1976).

노인의 추상적 정의는 ① 환경 변화에 적응할 수 있는 기능이 감퇴된 자, ② 인체의 기관, 조직, 기능이 쇠퇴되고 있는 자, ③ 생활상의 적응능력이 결여되어 있는 자, ④ 신체의 통합능력이 저하된 자, ⑤ 신체조직의 대처능력이 감퇴되어 적응이 어려운 자 등이라고 규정하고 있으며 생리적 및 신체적 기능의 퇴화와 더불어 심리적인 변화가 있어 자신의 유지기능과 사회적 역할기능이 약화되고 있는 자라고 규정하고 있다(장인협 · 최성재, 2003).

이와 같은 정의를 종합하면 노인이란 '노화의 과정 또는 그 결과로서 생리, 심리, 사회적 기능이 약화되어 자립생활능력과 환경에 적응하는 능력이 약화된 자'라고 규정할 수 있다.

또 다른 노인에 대한 조작적 정의는 다섯 가지로 구분할 수 있는데(홍숙자, 2001), 첫째, 자각에 의한 노인은 개인의 주관적 판단에 의해 스스로를 노인이라고 규정하는 것이다. 사람에 따라서는 연령과 무관하게 이른 나이에 자신이 노인이라고 생각하는 사람이 있는 반면에 후기 노년기에도 노인이라고 생각하지 않는 사람이 있다. 우리나라는 노인이 되는 시점을 주로 신체적인 기능저하에 근거하여 판단하는 경향이 강하며 보편적으로 70세 이후에는 80% 정도가 자신을 노인이라고 지각하고 있다(한국보건사회연구원, 2004). 자각에 의한 노인에 대한 정의는 노화의 다양한 측면을 고려하여 판단하고 있으나 매우 주관적이고 추상적이므로 노인에 관한 연구나 정책적 활용에는 한계가 있다.

둘째, 노인의 정의에서 가장 보편적으로 사용하는 정의는 역연령(歷年齡)에 의한 정의이다. 이는 달력상의 나이로 계산한 나이가 일정한 연령 이상이면 노인이라고 규정하는 것이다. 이 정의는 독일에서 1889년 비스마르크가 노령연금의 수급기준을 65세로 규정한 것에서 유래되었으며 서구에서는 일반적으로 사회보장제도의 수급자격기준으로 삼고 있다. 우리나라는 노인관련 법령마다 노인의 기준을 다르게 적용하고 있다. 즉 고령자고용촉진법에서는 55세 이상을 고령자로, 국민연금법에서는 노령연금 수혜시점을 60세로, 노인복지법에서는 여가 및 일자리 관련 기준에서는 60세, 그 외에는 65세로 규정하고 있다. 대부분 국가의 행정적, 법적 절차에서는 이 기준에 따르고 있다. 이와 같이 역연령에 의한 노인의 정의와 연령기준은 노인집단을 분류하는 데 한계가 있으나 65세라는 연령은 노인이 되는 법적 · 정책적 · 행정적 기준으로 보편화되어 있고 학술적으로도 이 시기 이후를 노인이라고 규정하는 것이 일반적이다.

셋째, 역할상실에 의한 노인은 사회적 역할의 유무를 기준으로 노인을 정의하는 것이다. 개인은 사회의 연령규범에 따라 사회적 지위와 역할을 획득하고 상실하게 되는데 중요한 사회적 지위와 역할을 상실한 사람을 노인이라고 한다. 그러나 이 정의는 사회적 지위와 역할이 불분명하거나 일생 특별한 사회적 지위와 역할을 수행하지 못한 사람에게는 적용하기 어려운 정의이다. 넷째, 기능적 연령에 의한 노인은 특정한 연령범주에 속한 개인의 이동성, 신체적 기능, 생산성, 자아통제력, 업무능력, 정신기능 등의 수준으로 노인을 규정하는 것을 의미한다. 그러므로 기능적 연령에 의한 노인은 개인이 특정한 업무나 주어진 기능을 수행하지 못하는 사람을 기능적 노인이라고 한다. 사람은 연령이 증가함에 따라 신체적 기능이나 업무수행능력이 저하되는 것이 일반적이지만 모든 사람이 같은 양상을 보이는 것이 아니라 개인차가 있다.

기능적 연령에 의한 노인은 역연령에 의한 노인의 정의를 보완하는 장점이 있으나 기능적 연령을 사정하는 기준과 영역이 매우 복잡하고 다양하여 정책이나 행정의 편의성이 낮기 때문에 활용하는 데는 많은 한계가 있다(권중돈, 2004).

(2) 인구의 노령화

20세기 중반 이후 두드러진 인구구조의 변화는 65세 이상 노인인구의 급격한 증가현상이다. 이러한 현상은 우리나라뿐만 아니라 세계적인 추세이며 상대적으로 연소인구와 경제활동인구의 감소도 함께 일어나고 있다.

1998년 UN에서 발표한 세계인구의 변화추이를 보면 연소인구(0~14세)는 급속도로 감소한 반면 노인인구(65세 이상)는 급속하게 증가하며 생산인구는 서서히 증가하다가 2030년부터는 서서히 감소할 것이라는 것이다. 그러나 우리나라는 노인인구비율이 예상추이보다 빠르게 증가하고 있어 다른 나라에 비해 인구의 고령화가 심각한 수준이다. 우리나라는 1960년에 노인인구의 비율이 3.3%였으나 1980년에 3.8%

표 9-1 세계 및 한국의 인구구조

연도	세계					한국				
	인구구성 비(%)				평균연령	인구구성 비(%)				평균연령
	계	0~14	15~64	65+		계	0~14	15~64	65+	
1960	100.0	36.9	57.8	5.3	22.8	100.0	42.3	54.4	3.3	23.1
1970	100.0	37.4	57.1	5.5	21.6	100.0	42.5	54.4	3.1	23.6
1980	100.0	35.2	58.9	5.9	22.6	100.0	34.0	62.2	3.8	26.0
1990	100.0	32.4	61.4	6.2	24.3	100.0	25.6	69.3	5.1	29.5
2000	100.0	29.7	63.4	6.9	26.6	100.0	21.7	71.2	7.1	32.9
2010	100.0	26.5	65.9	7.6	28.9	100.0	19.9	70.1	10.0	36.3
2020	100.0	24.5	66.2	9.3	31.4	100.0	17.2	69.6	13.2	39.5
2030	100.0	22.4	65.8	11.8	33.9	100.0	16.0	64.7	19.3	42.1

출처: UN (1998). World Population Prospects. 통계청 (2001). 장래인구추계.

표 9-2 세계 주요 국가의 인구구조 및 총 부양지수

국가	인구구조						총 부양지수	
	2000년			2030년			2000년	2030년
	0~14	15~64	65+	0~14	15~64	65+		
전 세계	29.7	63.4	6.9	22.4	65.8	11.8	57.7	52.0
선진국	18.2	67.4	14.4	15.4	62.0	22.6	48.4	61.3
개도국	32.5	62.4	5.1	23.6	66.5	9.9	60.3	50.4
한국	21.1	71.7	7.2	12.4	64.6	23.1	39.5	54.9
일본	14.7	68.1	17.2	12.7	59.3	28.0	46.8	68.6
미국	21.5	66.0	12.5	17.8	61.6	20.6	51.5	62.3
이탈리아	14.3	67.5	18.2	11.6	59.3	29.1	48.1	68.6
프랑스	18.7	65.4	15.9	16.9	59.9	23.2	52.9	66.9
중국	24.9	68.3	6.8	17.3	67.0	15.7	46.4	49.3
인도	33.3	61.7	5.0	22.3	68.0	9.7	62.1	47.1

출처: UN (1998). World Population Prospects. 통계청 (2001). 장래인구추계.

▌표 9-3▌ 세계 주요 국가의 인구 고령화 속도 추이

국 가	도달 연도			증가 소요 연수	
	7%	14%	20%	7→14%	14→20%
일본	1970	1994	2006	24	12
프랑스	1864	1979	2020	115	41
독일	1932	1972	2008	40	36
영국	1929	1976	2021	47	45
이탈리아	1927	1988	2007	61	19
미국	1942	2013	2028	71	15
한국	2000	2016	2024	16	8

출처: UN (1998). World Population Prospects. 색 글씨는 예측치임.

로 20년 동안 0.5% 증가한데 그쳤으나 그 이후 20년간 약 90%가 증가하여 2000년에는 7.2%에 달했으며 2009년 10.7%, 2019년 14%로 고령사회로 진입하며 2050년에는 38.2%로 초고령사회로 진입할 것으로 예상하고 있다.

세계적인 추세로서 관심을 가져야 하는 현상은 산업화와 세계화로 연소인구의 이동이 유동적이라는 점과 도시이주현상으로 농촌에 노인인구만 남을 것이라는 예측이다(Hoover & Siegel, 1986). 세계의 주요 국가들의 65세 이상 노인인구의 증가 유형을 비교해 보면 〈표 9-3〉과 같이 증가속도가 가장 느린 나라는 프랑스이고 가장 빠른 나라는 한국이며, 2011년 기준 한국의 노인인구비율은 11.4%에 달하였다.

전체 인구 중에서 노인인구가 차지하는 비율은 국가의 지칭기준이 된다. UN에서는 국가사회를 두 가지 분류체계를 사용하여 분류하는데 그것이 바로 노인인구비율이다. 일반적으로 노인인구비율이 4% 미만인 경우를 청년기 국가 또는 청년기 사회(young society)라고 칭하며, 4~7% 미만을 장년기 국가 또는 장년기 사회(matured society), 7~14% 미만을 고령화 사회(aging society), 14~20% 미만을 고령사회(aged society), 20% 이상을 초고령사회(ultra-aged society)라고 구분하고 있다.

한국은 2000년 이전까지 장년기 사회로서 커다란 경제적 성장을 이루어 왔으나 현재는 고령화 사회에 속하며 머지않아 고령사회에 속하게 될 것이다. 장수국인 일본은 이미 초고령사회로 진입한 상태이며 유럽의 많은 국가들도 초고령사회로 진입하고 있다.

우리나라는 인구의 노령화가 세계에서 가장 빠른 속도로 진행되고 있으며 2000년을 기점으로 큰 폭으로 증가하여 2006년 9.1%에서 매년 0.4%씩 증가하여 2011년 말 11.4%에 도달한 상태이다. 더불어 1970년대 중반부터 국책사업으로 시행된 산아제한으로 이어진 저출산율의 여파로 연소인구와 경제활동인구의 감소와 함께 노인인구비율의 급격한 증가는 국가의 경제발전에도 커다란 영향을 미칠 것으로 예상된다. 특히 우리나라는 1955년부터 1963년에 출생한 '베이비부머' 세대가 무려 712만 명에 달하는데 이들이 65세에 진입하는 시기에는 매년 노인인구가 100만 명 가깝게 증가하고 경제활동인구는 그만큼 감소하는 열악한 상황이 초래될 것으로 예상

| 표 9-4 | 1960~2030년까지의 인구비율과 노인부양지수

연도 \ 구분	0~14세	15~64세	65세 이상	노인부양지수
1960	42.9	53.8	3.3	6.1
1970	42.1	54.6	3.3	6.1
1980	34.0	62.2	3.8	6.1
1985	30.6	65.2	4.3	6.5
1990	25.8	69.2	5.0	7.2
1995	23.1	71.1	5.9	8.3
2000	21.1	71.7	7.2	10.1
2005	19.6	71.4	9.0	12.6
2010	17.2	72.1	10.7	14.8
2015	15.3	72.1	12.6	17.5
2020	13.9	71.0	15.1	21.3
2025	13.0	67.9	19.1	28.2
2030	12.4	64.6	23.1	35.7

출처: 통계청 (2001). 장래인구추계.

된다. 이러한 현상은 경제활동인구의 개인적, 사회적 부양부담을 크게 증가시킬 수 밖에 없다. 우리나라는 도시와 농촌의 노인인구비율도 커다란 차이를 보이고 있는데 2011년 현재 노인인구비율이 가장 높은 지역은 전남으로 이미 초고령사회에 접어들었고 그 뒤를 경북, 전북, 강원이 뒤따르고 있으며, 군 단위로는 경북 군위와 전남 고흥이 40%를 넘어섰다.

또 노인부양지수를 연도별로 살펴보면 매우 급격한 속도로 증가하고 있음을 알 수 있다(〈표 9-4〉 참조).

(3) 평균수명

역사적으로 선사시대에는 동서양을 막론하고 평균수명이 20세를 넘지 못한 것으로 추정된다(Cowgill, 1986). B.C. 500년경 그리스인의 평균수명은 18세, A.D. 100년경 로마인의 평균수명은 25세 정도였던 것으로 추정한다(Harris & Cole, 최신덕 역, 1985). 평균수명이 로마제국시대 이후 18세기까지는 별다른 증가가 나타나지 않았다가 19세기 중엽에 이르러서야 유럽 선진국 중 평균수명이 45세까지 늘어난 나라가 등장하였다(Stolnitz, 1968).

평균수명은 20세기 전후에 크게 증가하기 시작하여 1980년경에 세계의 평균수명은 60세에 근접했고 2000년경에 64세에 도달했으며 우리나라도 1990년대 후반부터 점진적으로 증가하여 최근에는 매해 1세 정도씩 증가하는 것으로 조사되고 있다. 2011년 기준 남자는 77.2세, 여자는 84.1세에 달하였다.

UN의 평균수명 자료를 보면 2005~2010년의 조사대상 101개 나라 중에서 1위가 일본(82.8세), 2위는 홍콩(82.2세), 3위가 아이슬란드(81.4세)이며, 한국은 27위(78.2세), 미국이 28위(77.9세), 중국은 50위(72.6세), 북한이 78위(64.5세)로 나타났다. 아시아 26개 나라 중에서는 일본, 홍콩, 이스라엘(80.6세), 싱가포르(79.4세) 다음으로 우리나라가 5위이고 북한은 25위로 끝에서 두 번째에 해당한다. 우리나라의 평균수명은 20년 사이에 8.4년이 늘어나 연장속도가 세계 최고 수준인 반면 북한의 평균수명은 20년 전 66.2세에서 오히려 1.7년이 줄어들었다. 아프리카의 12개국도 최고 31년이나 단축되었는데 이는 에이즈를 비롯한 각종 질병과 잦은 전쟁 때문인 것으로 분석되고 있다.

인간의 평균수명은 20세기에 접어들면서 30년 정도 증가했으며 앞으로도 의학기술과 경제가 발달함에 따라 수명은 더욱 늘어날 것으로 예상된다. 현재까지 최장수 기록은 128세로 알려져 있지만 인간은 과연 몇 살까지 살 수 있을 것인지에 대해 세계적인 미래학자 피터 슈워츠(Peter Schwarts)는 성장호르몬이 큰 부작용을 일으키지 않는다는 가정하에서는 앞으로 150세까지 살게 될 수도 있다고 전망하고 있다. 그는 많은 사람들이 110세까지 살 것이며 오늘날 70세에 이르는 사람들만큼 많은 인구가 100세를 넘길 것이라고 예고했다. 미국의 노화방지의학협회에서도 2029년을 기점으로 미국인의 평균수명을 100세로 예견하고 있다.

100세 이상자를 생애 최고의 수명이라는 뜻으로 상수(上壽)라고 하는데 2010년 인구주택총조사에 의하면 우리나라의 100세 이상자는 1,836명으로 나타났다. 100세 이상자는 앞으로 계속 증가하여 2060년에는 약 8만 5천 명에 이를 것으로 예측하고 있다.

최근 선진국에서는 평균수명보다 건강수명을 더 중요하게 여기고 있다. 건강수명은 평균수명에서 질병이나 부상으로 인해 활동하지 못한 기간을 뺀 기간으로, 단순히 얼마나 오래 살았느냐가 아니라 실제로 활동을 하면서 건강하게 산 기간이 어느 정도인지를 나타내는 지표이다. 다시 말하자면 누워 지내지 않고 꾸준하게 활동하면서 지내는 기간이라고 할 수 있다. 즉, 건강수명은 평균수명에 삶의 질이라고 하는 건강상태를 반영한 것이다. 보건복지부는 2010년까지 3조4천억 원의 예산을 들여 국민의 건강수명을 72세로 끌어올리는 '국민건강증진 종합정책을 펼쳤으며 그 후 2010~2020년까지 건강수명 75세를 목표로 국민건강증진정책을 시행하고 있다. 세계보건기구(WHO)의 보고서에 의하면 2009년 건강수명이 가장 높은 나라는 일본(76세), 산마리노공화국(75세)과 스위스(75세) 순이었으며, 우리나라는 28위(71세), 미국

(70세)은 31위로 보고되었다.

우리나라 노인들은 건강수명에 비해 평균수명이 길어 남자노인은 7.5년을, 여자노인은 9.9년을 질병이나 장애의 고통 속에서 노후를 보내야 하는 것으로 조사되었다. 보건복지부의 암발생 통계결과에 따르면 2000년을 기준으로 평균수명까지 살 경우, 암에 걸릴 확률은 남자가 29%, 여자가 20.2%인 것으로 집계되었다. 정부에서는 '온 국민이 함께 만들고 누리는 건강세상'을 비전으로 건강수명 제고에 목표를 지향하고 있다. 이제는 단순히 평균수명을 늘리기보다는 건강수명을 더 챙겨야 할 때이다. 국민 개개인은 식생활을 포함하는 올바른 생활습관과 적당한 운동으로 건강을 유지하도록 노력하고, 중앙정부와 지자체에서는 쾌적한 환경에서 삶의 질을 높일 수 있는 정책을 추진해야 할 것이다.

정부는 2020년까지 건강수명을 75세로 높이겠다는 계획을 수립하여 추진하고 있다. 정부는 이를 달성하기 위해 총 32개의 중점과제를 선정하여 각 중점과제별로 목표지표 및 세부사업을 계획하고 국민건강수준과 건강정책 효과를 측정할 수 있도록 16개 지표는 성인남성흡연율, 성인고위험음주율, 중등도신체활동실천율, 건강식생활실천율, 암검진수검률, 일반건강검진수검률, 고혈압유병률, 성인비만유병률, 자살사망률, 아동청소년 치아우식경험률, 예방접종률, 도말양성결핵발생률, 교통사고사망률, 모성사망률, 영유아사망률, 노인활동제한율 등이다.

2) 현대사회와 노인문제

현대사회에서 노인이 직면한 생활상의 문제는 매우 다양하다. 이러한 문제는 신체적인 변화에서 발생한 것이고 또한 연령차별로 지위하락, 역할상실, 사회적 가치 및 신뢰 등과 관련되어 발생한다. 현대사회의 특성으로 인하여 발생하는 노인문제에 대해 살펴보기로 한다(박용순, 2006).

(1) 빈곤문제

노인들의 노후생활에서 가장 문제가 되는 것은 소득의 상실로 인한 경제적인 궁핍이다. 노인들은 심신의 기능이 쇠퇴하게 되면 노동능력이 감퇴되어 사회의 일선에서 물러나게 되고 이로 인해 소득이 상실되는 것이다. 노인의 소득상실문제는 노인 연령층에서 가장 광범위하게 나타나는 사회문제로 지적되고 있다.

노인들의 정년퇴직제도는 인위적으로 직업의 일선에서 물러나게 함으로써 노후에 생계와 용돈부족으로 경제적인 어려움을 야기시키는 중요한 요소가 된다. 노인 단독세대가 증가하고 여성 노인수가 더 많은 상황을 감안할 때 빈곤은 노인에게 가장 심각한 문제가 되고 있다. 우리나라 노인들의 빈곤율은 45%에 달하는데 이는 평균소득 이하에 해당하는 노인이 절반 정도라는 것을 의미하며 이는 OECD 국가 중 가장 높은 수준이다.

(2) 질병문제

노인이 되면 질병은 하나의 중요한 문제일 수밖에 없다. 노인은 신체적, 정신적으로 매우 쇠약해지는 과정이므로 자연적인 노화현상과 함께 기존의 질병이 맞물려 심신의 장애가 발생된다. 또한 노년기가 되면 면역력의 저하로 합병증이 발생하고 더불어 질병이 만성화되는 특징을 보인다. 노년기에 질병에 걸린다는 것은 자신의 문제뿐만 아니라 가족에게도 경제적인 문제, 부양문제 등과 같은 커다란 문제를 유발시킨다.

노년기의 질병으로 인한 의료비는 비노인인구의 30% 이상을 차지하고 있으나 아직도 치료를 받지 못하는 노인이 전체 노인의 30% 수준에 이르고 있다. 2009년 조사된 우리나라 노인의 84.7%가 한 가지 이상의 질병이 있다고 응답한 조사결과만으로도 노인들의 질병문제가 얼마나 심각한지 알 수 있다.

(3) 역할상실문제

현대사회의 급격한 사회변천에 따른 세대 간의 의식 및 가치관의 차이가 노인의 지위를 격하시키고 있다. 노인들은 의료의 발달과 생활수준의 향상으로 수명이 점차 늘어나 노년기가 연장되는 데 반해 정년퇴직제도에 의해 가정과 사회에서 일정한 책임과 업무가 상실되어 주류세력에서 제외되고 있다.

따라서 노인은 직업생활에서 떠나 사회의 일선에서 후퇴하게 되면 역할상실과 함께 무위(無爲)의 존재로 전락하게 된다. 그러므로 노인은 사회의 잘못된 고정관념에 의해 편견의 대상으로 전락되어 사회일선에서 역할박탈의 심각한 문제에 직면한다.

현재 우리나라는 공무원의 정년은 연장되는 반면 일반 기업체의 정년은 50대 중반으로 축소되었다. 특히 2010년부터 베이비붐 세대(1955년~1963년생)의 정년이 시작되면서 역할상실의 문제와 경제적인 빈곤문제가 병행 발생하고 있어 심각한 사회문제가 되고 있다.

(4) 고독문제

노인들은 정년퇴직제도에 의해 자신의 직장으로부터 박탈되어 사회의 일선에서 물러나게 되어 무위(無爲)한 존재로 고독감과 소외감을 심각하게 경험하게 된다. 정년퇴직은 업무와 사회적 역할에서 해방되어 인생의 가장 자유로운 시간을 가질 수 있는 시기임에도 불구하고 젊은 세대에 밀려 목적지를 잃어버리고 표류하는 배처럼 허탈하고 소외감을 갖게 한다. 최근 들어 노인의 자살률이 급격하게 증가하는 현상은 아직 활동적으로 일할 수 있는 나이에 역할상실로 인해 고독감과 소외감이 심화되는 것을 반영하는 현상이라고 할 수 있다. 현재 우리나라 노인의 자살률은 OECD 국가 중에서 가장 높은 비율을 차지하고 있으며, 노인의 고독문제는 매우 심각한 수준이다.

3) 노인문제의 발생요인

노인문제에 관심을 갖게 된 배경은 건강상의 문제, 경제적인 문제, 심리사회적인 문제 등 여러 가지 이유가 있을 수 있다. 그것은 노인이라는 이유만으로 당면하게 되는 노인 특유의 문제들과 직·간접적으로 작용하여 노년생활을 불안하게 하고 있다. 노인생활에 영향을 미치는 문제의 발생요인을 살펴보기로 한다.

(1) 평균수명의 연장과 노인인구의 증가

우리나라의 평균수명은 2011년 이후 이미 80세를 넘어 후기 고령인구가 급속하게 증가할 것으로 예상된다. 이는 노인의 신체적, 경제적 문제를 초래하기에 충분한 조건으로 작용할 수밖에 없다. 평균수명의 연장은 단순히 노인인구의 수만 증가시키는 것이 아니라 신체적, 경제적인 문제까지도 유발하는 원인이 된다. 우리나라 노인들은 높은 평균수명에 비해 건강수명이 훨씬 낮게 때문에 이로 인한 경제적, 신체적 문제를 동반하기 때문이다.

이러한 평균수명의 연장은 노인인구의 증가라는 결과로 나타나고 있다. 2000년 이후 급속한 노인인구의 증가는 대처하지 못하는 정책적인 미비로 매우 심각한 수준에 이르고 있다. 우리나라의 노인인구는 세계에서 가장 빠른 속도로 증가하고 있으며 세계 최저수준의 출산율과 함께 경제적 문제를 초래하고 있다.

(2) 가족구조의 변화

산업화, 도시화, 정보화가 발달하면서 가족의 구조와 기능은 크게 변하고 있다. 특히 직장을 찾아 이동하게 되면서 핵가족화 현상과 부부 또는 자녀중심사회로 변화됨으로써 독거 또는 부부노인가족이 크게 증가하고 있다. 이로 인하여 노인의 고독감이나 소외감, 우울감이 더욱 악화되고 있다는 것이다. 이 같은 현상은 부모부양의 가치관에도 영향을 미쳐 고독감, 소외감은 물론 경제적, 신체적인 문제까지 유발하는 원인으로 작용하고 있다.

(3) 산업사회의 대두

산업화는 사회구조의 변화를 가져와 노인들의 역할을 박탈하였다. 현재 노인들의 대부분은 농경사회에서 농업에 종사하였다. 그러나 산업사회의 등장으로 1차산업에 종사했던 노인들의 역할은 무용지물이 되었고 경제적인 기반이 소멸되기에 이르렀다. 이로 인하여 역할상실과 더불어 사회적 소외감은 물론 경제적인 문제까지도 끌어안게 되었다.

산업사회의 등장과 더불어 자녀세대들은 경제발전의 대열에서 직업과 경제적인 부를 창출하게 되었지만 부모세대는 역할상실은 가치관의 변화로 부모부양을 사회적 부양으로 떠넘기고 있어 부모세대의 심리적, 지리적 소외감은 노인문제를 더 악화시키고 있다.

(4) 가치관의 변화

산업화로 인하여 자녀세대의 경제적인 부는 물질적, 문화적, 정신적 욕구를 충족하는 것에만 관심을 갖게 되었고 물질만능과 편의적 사고가 팽배하며 부모세대에 대한 관심이 크게 축소되어 정신문화의 근간을 이루었던 효사상도 크게 약화되어 부모-자녀관계의 가치관도 커다란 변화를 초래하게 되었다. 부모는 부모, 자신은 자신이라는 사고가 보편화되었고 부모와의 동거는 물론 부모부양에 대한 의식은 상상조차 할 수 없을 정도로 약화되었다.

4) 노인문제 해결을 위한 프로그램

현대사회에서는 노인들이 사회적 활동에 더 많은 제약을 받을 수밖에 없다. 인간은 인간다운 최소한의 삶을 유지하기 위해 필요한 의식주의 욕구, 건강보호의 욕구,

문화적 욕구 등을 충족시킬 수 있는 장치들이 필요하다. 그러므로 노인문제를 해결해 주기 위해 제공되고 있는 노인복지관련 제도 및 서비스를 살펴보면 다음과 같다.

(1) 소득보장

노인의 경제적 문제를 예방, 해결하기 위한 사회적 노력으로는 사회보험, 공공부조 및 사회수당제도 등의 직접적인 방법과 노인들의 소득보장을 촉진하는 취업지원, 세제혜택 등으로 소득보장의 효과를 간접적으로 지원하는 방법이 있다(〈표 9-5〉 참조).

표 9-5 우리나라의 노인소득보장정책

직접적 소득보장제도		간접적 소득보장제도	
방법	프로그램	방법	프로그램
사회보험	공무원 연금, 군인연금 사립학교 교직원연금 국민연금	비용할인	공공시설 이용요금할인 교통편 할인제도
		취업증진	노인취업지원센터 노인공동작업장
공공부조	국민기초생활보장, 기초노령연금 노인결연사업 ,노인기초연금	생업지원	고령자취업알선센터 매점설치 우선지원 전매품 판매점 우선지원
사회수당	노부모부양수당	세제혜택	상속세 공제, 소득세 공제 한도저축 세금공제
개인보장	퇴직연금, 개인연금신탁 농지연금, 주택연금		

출처: 박차상 외 (2010).

(2) 의료보장

노인은 신체적, 정신적 노화로 인하여 만성질병을 겪는 환자가 많다. 따라서 노년기에는 의료비의 부담이 매우 크다. 하지만 사회적 위치의 박탈로 경제생활이 어려워 최소한의 의료적 조치도 못할 수 있기 때문에 정책적으로 의료보장제도를 확립하여 시행하고 있다. 노인들의 질병문제를 해결하기 위하여 이용할 수 있는 의료보장제도에는 건강보험제도와 저소득층 노인을 위한 의료급여제도, 그리고 노인성 질병을 앓고 있는 노인 환자를 위한 방문요양, 방문목욕, 방문간호, 주야간보호, 시설보호와 같은 노인장기요양보험제도 등이 있다. 그 밖에도 노인을 위한 건강검진제도와 보건교육과 40세와 66세에 받을 수 있는 생애전환기 건강검진제도가 있다.

(3) 주거보장

우리나라에서 주거문제는 노인들만의 문제는 아니지만 특히 노인에게 주거보장은 자녀와의 별거가 당연한 현상으로 인식되면서 독거나 노부부의 주거문제에 정부가 개입하기에 이르렀다. 특히 중산층 이상의 노인가구는 노인소유의 주택이지만 저소득층의 노인들은 소유하고 있는 주택은커녕 전세 또는 월세의 형태로 살아가는 세대도 적지 않다.

세금혜택 중에는 노부모를 부양하는 자녀들에게 세금혜택이나 공동주택분양 혜택제도도 있으며 부모를 부양하며 살아온 주택의 상속이나 부모와의 동거를 위해 매입·매도하는 주택에 대해서는 세금공제 및 할인제도가 있다. 2007년부터 도입된 주택연금제도는 역모기지론의 원리를 적용하여 주택을 소유하고 있는 노인들이 그 주택을 담보로 사망 때까지 연금을 받는 제도도 시행되고 있다. 저소득층 노인을 위한 주거보장으로는 영구임대주택이나 시설입소의 형태도 마련되어 있다.

(4) 노인복지서비스

노인복지서비스는 노인의 심리적, 사회적 욕구와 연관된 사회적 서비스이다. 욕구의 충족은 대응책으로 제공되는 각종 사회복지서비스나 비화폐적, 비물질적 급여의 성격을 지닌다. 그러므로 대인관계나 사회생활, 일상생활의 불편을 경감시켜 보다 나은 인간다운 생활을 영위하는 데 필요한 서비스를 말한다. 대표적인 것이 노인복지시설이다.

현재 우리나라의 노인복지시설은 노인주거복지시설, 노인의료복지시설, 노인여가복지시설, 재가노인복지시설, 노인보호전문기관 등 5개의 유형이 있다. 이 시설은 서비스를 제공하는 장소를 기준으로 시설복지(노인주거복지시설, 노인의료복지시설)과 재가복지(노인여가복지시설, 재가노인복지시설)로 구분한다. 이에 대해 구체적으로 살펴보기로 한다(노인복지사업보고서, 2011).

① 노인주거복지시설

노인주거복지시설은 가정을 대신하여 노인이 생활할 수 있도록 주거를 포함한 일체의 서비스를 제공하는 시설로서 세 종류가 있다.

- 양로시설: 일상생활을 독립적으로 영위할 수 있는 노인을 입소시켜 급식, 그 밖에 일상생활에 필요한 편의를 제공하는 시설이다.
- 노인공동생활가정: 노인에게 가정과 같은 주거여건과 급식, 그 밖에 일상생활에 필요한 편의를 제공하는 시설로서 9인 이내의 소규모의 그룹홈이다.
- 노인복지주택: 노인에게 주거시설을 분양 또는 임대하여 주거의 편의, 생활지도, 상담 및 안전관리 등 일상생활에 필요한 편의를 제공하는 시설이다.

② 노인의료복지시설

노인의료복지시설은 주거생활뿐만 아니라 보건의료적 서비스를 제공하는 시설로서 세 종류로 구분한다.

- 노인요양시설: 치매 · 중풍 등 노인성 질병으로 심신에 상당한 장애가 있어 노인장기요양보험대상자로 판정을 받은 1, 2, 또는 3등급자를 입소시켜 급식, 요양, 그 밖에 일상생활에 필요한 편의를 제공하는 시설이다.
- 노인요양공동생활가정: 치매 · 중풍 등 노인성 질병으로 심신에 상당한 장애가 있어 노인장기요양보험대상자로 판정을 받은 1, 2, 또는 3등급자를 입소시켜 급

식, 요양, 그 밖에 일상생활에 필요한 편의를 제공하는 시설로서 9인 이내의 소규모 시설이다.

- 노인전문병원: 치매 · 중풍 등 노인성 질병을 치료하는 병원시설이다.

③ 노인여가복지시설

노인여가복지시설은 노인이 건강하고 건전한 여가활동을 할 수 있도록 제반 서비스를 제공하는 시설로서 구체적인 목적과 기능에 따라 세 종류로 구분한다.

- 노인복지관: 노인의 교양, 취미활동 및 사회참여활동에 대한 각종 정보와 교육 및 서비스를 제공하고 건강증진 및 질병예방과 소득보장, 재가복지 그 밖에 노인의 복지증진에 필요한 편의를 제공하는 기관이다.
- 경로당: 지역사회의 노인들이 자율적으로 친목도모, 취미활동, 정보교환, 공동작업 및 기타 여가활동을 할 수 있는 장소이며 1980년대에 사랑방이 변형되어 자발적으로 생성된 기관이다. 우리나라에 가장 많은 노인복지시설이다.
- 노인교실: 역사적으로 교육환경이 열악했던 노인세대의 학습 욕구를 충족시키기 위하여 1970년대에 설립된 노인의 교육기관이었으나 현재는 시설의 설립취지를 살리지 못하고 있다. 주 기능으로는 건전한 취미활동, 건강 유지 및 소득보장, 기타 일상생활에 필요한 학습프로그램 제공이다.

④ 재가노인복지시설

재가노인복지시설은 정부가 바뀔 때마다 명칭이 바뀌고 기능도 다변화되어 노인복지센터로 통일되었다. 현재 재가노인복지시설은 주로 노인장기요양보험제도하에서 시행하는 재가급여사업을 주로 시행하고 그 밖에 재가노인복지사업으로는 노인기본돌봄서비스(독거노인생활관리사사업)와 노인통합돌봄서비스(노인가사간병서비스)를 제공하고 있다.

그 밖에도 재가노인들을 위한 이동목욕서비스, 밑반찬배달 및 식사배달서비스 등이 있다.

노인장기요양서비스로는 방문요양서비스와 방문목욕서비스, 방문간호서비스 그리고 주야간보호서비스 등이 있으며, 이 사업은 정부의 예산지원은 없고 국민건강보험공단의 재정으로 운영되고 있다.

⑤ 노인보호전문기관

국가 및 지방자치단체가 2004년 노인학대에 관한 업무를 담당하는 기관으로 설치하여 운영하고 있다. 현재 전국에 25개소에 설치되어 있으며 그 기능으로는 노인학대의 예방 및 방지를 위한 홍보, 피학대노인의 발견, 상담 · 보호 및 의료적 · 사회복지적 조치, 학대가해자에 대한 법적 조치 및 사회복지적 개입을 통한 상담 · 교육 · 관리와 피학대노인의 보호조치 등이다.

5) 노인복지향상을 위한 과제

노인복지정책을 수립하여 집행하는 데는 정책제안의 판단기준이 될 수 있는 노인복지정책을 형성하는 기준이 필요하다(김계남, 1991). 우선 노인의 욕구에 기초하고 국가적 목표와 사회적 가치에 일치해야 하며, 현재의 지식과 인력으로 시행이 가능해야 하고, 비용이 현실적이며 국민들의 지지를 받아야 하고 노인과 지역사회에 이익이 되어야 하며 노인의 존엄성과 자유, 선택권이 보장되어야 하고 특정한 공공기관이나 사적기관 또는 조직이 행동을 책임져야 한다.

우리나라 노인들은 다른 나라와 달리 대부분 가족과 더불어 살기를 원하고 있는데 사회적 변화로 인해 혼자 또는 노부부만이 살 수밖에 없는 경우도 매우 많다. 노인들의 욕구와 생활실태를 파악하기 위하여 1989년부터 5년마다 노인생활실태를 조사하고 있지만 정책에는 크게 반영되지 못하고 있다.

우리나라의 노인복지정책도 이제는 체계적이고 종합적이며 보편적인 원리를 적용한 수립이 필요한 시점이다. 즉 노인복지서비스와 정책을 범국민적인 관심 속에서 재정비하여 산업발전의 수준으로 노인복지를 끌어올리는 정부의 노력이 요구된다.

3 장애인복지

1) 장애인복지의 개념과 장애의 원인

장애인복지는 심신의 손상으로 인해 사회생활에 곤란을 겪고 있는 장애인을 대상으로 국가와 사회가 장애인에 대한 존엄한 권리를 보장하고 사회적으로 동등한 처우를 받도록 조치하는 제반 활동을 의미한다(유동철, 1998). 또 장애의 발생을 예방하고 장애인의 의료, 보호, 교육, 훈련, 고용의 증진을 통해 장애인이 자신의 능력을 최대한 개발하고 재활, 자립할 수 있도록 지원하는 공적 · 사적 차원의 조직적인 활동이라고 정의하고 있다(김상균 외, 2002). 현재 우리나라에서 통용되고 있는 장애인복지는 장애인의 완전한 사회참여를 통한 사회통합을 목적으로 심신의 결함으로 인해 가정생활, 사회생활에 곤란을 겪게 되는 것을 국가나 민간사회복지기관이 의료적, 교육적, 직업적, 사회적 제반 문제에 원조하는 제도적, 정책적, 서비스의 조직적 활동과 노력을 말한다(박차상 외, 2010).

(1) 장애인의 개념

장애인의 정의는 절대적 기준보다는 사회적 욕구와 기대에 따라 달라질 수 있다. 우리나라 「장애인복지법」상에서 장애인에 대한 정의는 1999년 「장애인복지법」의 개정으로 범주가 크게 확대되었다. 「장애인복지법」에서는 일반적인 장애인의 정의를 기술하고 동법 시행령에서 법적인 장애의 범주를, 동법 시행규칙에서는 정해진

법적 장애의 등급별 판정기준을 제시하고 있다. 이와 같이 장애인의 개념을 법적으로 장애의 범주와 등급으로 정의하고 있다고 볼 수 있다.

「장애인복지법」에 따르면 장애인은 시장 · 군수 · 구청장에게 등록해야 하며 시장 · 군수 · 구청장은 이들에게 장애인등록증을 교부해야 한다.

(2) 장애의 유형

장애인의 종류 및 기준은 「장애인복지법」 시행령 제2조에서 명시하고 있다. 우리나라의 장애 유형은 1999년 이전에는 지체장애, 시각장애, 청각장애, 언어장애, 지적장애 등 5가지에 불과했으나 1999년 개정 때는 뇌병변장애, 신장장애, 심장장애, 정신장애, 자폐성 장애 등 10가지의 장애로 확대하고 2003년에는 안면장애, 간장애, 호흡기장애, 장루 · 요루장애, 간질장애까지 5가지를 추가하게 되어 현재 15개 유형

표 9-6 장애의 분류

대분류	중분류	소분류	세분류
신체적 장애	외부신체기능 장애	지체장애	정단장애, 관절장애, 지체기능장애, 변형 등의 장애
		뇌병변장애	중추신경의 손상으로 인한 복합적인 장애
		시각장애	시력장애, 시야결손장애
		청각장애	청력장애, 평형기능장애
		언어장애	언어장애, 음성장애
		안면장애	안면의 기능상의 장애
	내부기관장애	신장장애	투석치료 중이거나 신장을 이식받은 경우
		심장장애	일상생활이 현저히 제한되는 심장기능 이상
		간장애	일상생활이 현저히 제한되는 만성중증의 간기능 이상
		호흡기장애	일상생활이 현저히 제한되는 만성중증의 호흡기능 이상
		장루 · 요루장애	일상생활이 현저히 제한되는 장루 · 요루
		간질장애	일상생활이 현저히 제한되는 만성중증의 간질
정신적 장애	지적장애		지능지수 70 이하인 경우
	정신장애		정신분열병, 분열정동장애, 양극성정동장애 반복성 우울
	자폐성장애		소아자폐 등 자폐성장애

으로 장애를 구분하고 있다.

(3) 장애의 원인

장애인구를 정확하게 파악하는 데는 여러 가지 어려움이 있다. 세계보건기구(WHO)에서는 개념을 넓게 정의함으로써 일반적으로 인구의 약 10% 정도가 장애인구에 해당된다고 밝히고 있다. 우리나라는 「장애인복지법」 제28조에 의거하여 5년마다 장애인구와 생활실태를 조사함으로써 장애인구를 추정하고 있는데 장애인구는 매년 증가하는 추세이다.

장애의 원인으로 유전적, 선천적인 요인은 산전관리 시에 제도적으로 예방조치를 하고 있어 극소수이며 대부분 각종 질병 및 사고 등 후천적 원인에 의해 발생하는 비율이 훨씬 높게 나타나고 있다.

2) 장애인복지의 이념과 특성

「장애인복지법」에서는 장애인복지의 기본 이념을 장애인의 완전한 사회참여와 평등을 통한 사회통합으로 규정하고 있다.

(1) 장애인복지의 이념

① 인권의 존중

장애인복지법에서는 장애인의 권리로 장애인은 인간으로서 존엄과 가치를 존중받으며 이에 상응하는 처우를 받을 권리가 있으며 국가와 사회의 구성원으로서 정치 · 경제 · 사회 · 문화 등 모든 분야의 활동에 참여할 권리가 있다고 규정하고 있다. 그러나 장애인은 장애라는 이유로 인간의 기본적 권리인 인간의 존엄성, 생존권, 생명존중의 가치가 무시되기 쉽다. 따라서 장애인복지에서 가장 우선적으로 추구되어야 할 이념은 인권보장의 이념이다(정무성, 2004).

② 정상화(normalization)

정상화는 장애인의 생활조건과 환경을 정상화한다는 것이다. 즉, 장애인도 비장애인과 같이 지역사회와 일반가정에서 정상적이고 일상적인 생활을 영위하는 것을 의미한다(김상균 외, 2002).

정상화의 이념은 1983년 울펜버그(Wolfenberger)에 의해서 주창되어 사회복지에 적용되기 시작했다. 정상화는 장애인도 정상적이고 일상적인 생활을 존중할 것과 장애인 개인의 정상적인 발달 경험, 장애인 자신의 삶에 중요한 영향을 미치는 일상사건에의 참여와 선택의 중요성을 강조하며 사회에서 가치가 박탈될 위기에 있는 장애인들을 위해 가능한 한 사람에게 내재된 사회적 역할을 창조하고 지원하며 방어해 주는 것이 가장 확실한 복지이념이라는 것이다(정무성, 2004; 박차상 외, 2010).

③ 사회통합(social integration)

사회통합은 최근에 장애인복지에서 가장 많이 대두되는 이념이다. 이는 가치를 인정받는 일반 국민과 가치 있는 물리적, 사회적 환경에서 가치 있는 활동과 접촉, 관계에 참여하는 것을 의미하며 장애인의 궁극적인 이념 중의 하나이다. 사회통합의 이념은 장애인이 사회구성원으로서 성장과 발달을 경험하고 개인생활에 중요한 선택적 상황에의 참여와 지역사회에서의 생활 등이 실현될 때 이루어질 수 있는 것이다.

④ 자립생활(independent living)

장애인복지의 패러다임의 변화로 등장한 이념 중의 하나로서 장애인의 역량강화를 통한 자주적인 독립생활을 촉진할 수 있는 동시에 자신의 결정권 선택권을 보장함으로써 사회적 역할을 수행하는 능력을 신장하는 효과를 기대할 수 있는 이념이다.

자립생활은 장애인을 위한 소득보장시책의 한계, 활동보조인력 서비스의 미비, 교통수단의 미비 등으로 인해 발생할 수 있는 문제들을 장애인 스스로 찾아 해결하게 하는 서비스 전환대책이다.

⑤ 생명존중

장애인의 재활은 인간생명존중의 가치관에서 시작되어야 하며 어떤 상태에 처한 사람이라도 다른 어떤 것과 대치할 수 없는 존재로서 존귀한 가치가 있다. 따라서 삶의 권리도 경중이 없으며 소중하다는 것이다.

⑥ 전인격적 존중

우리 사회가 장애인을 보는 시각은 장애를 통하여 그 사람 전체를 장애인으로 규정하고 있다. 그러나 깊이 생각해 보면 장애는 그 사람이 지닌 신체의 일부이며 한 사람의 한 부분에 더해진 하나의 특징이다. 그러므로 장애를 지닌 신체의 일부분에만 주목하여 사람의 본질을 잘못 보아서는 안 된다. 장애는 결손기능이나 잔존기능이 아니라 장애라는 특징을 포함하는 전 인격을 존중하는 이념이 필요하다.

⑦ 평등의식의 존중

장애인에 대한 편견과 차별 속에서 많은 장애인들이 생활하고 있다. 장애인들에게 장애가 존재하는 한 그것은 확실히 중요한 문제이다. 그러나 장애를 극복하였다 하더라도 장애를 가졌다는 이유만으로 사회 또는 이웃으로부터 차별적 대우를 받는 것은 부당하다는 것이다.

⑧ 사회접근보장

사회접근성 보장은 비교적 최근에 나타난 가치이다. 위의 이념들이 실현되기 위해서는 기본적으로 사회참여가 필수적인 조건이다. 이를 위해서는 이동에 대한 제한을 받아서도 안 되고 공간을 이용하는 데 제약을 받아서도 안 된다. 사회접근보장권은 장애인복지에서 가장 기본적인 요소이며 모든 접근의 기초이자 선행요건이다. 현재 우리나라는 장애인들의 이동권, 접근권을 보장하기 위하여 제도적인 장치도 마련되었으며 더불어 시설의 환경적인 조건이 호전되어 일반인들도 많은 혜택을 누리게 되었다.

(2) 장애인복지의 특성

장애인복지는 넓게는 사회복지의 틀 속에서 공통된 특성을 가지고 있지만 장애인이라는 특정인을 대상으로 하기 때문에 독특한 특성을 가질 수 있다(남상만 외, 2003).

① 복잡성(complexity)

장애는 손상부위에 따라 지체, 시각, 청각, 언어, 발달, 정신, 심장, 신장, 간, 폐, 간, 뇌, 장, 방광 등으로 구분되고 손상 정도에 따라 1~6등급으로 분류되며 유형에 따라 문제도 다양하게 나타난다. 그러나 손상된 부위는 그 부위의 기능만 손상이 되는 것이 아니라 연결부위와 사회생활, 일상생활에도 복합적으로 장애가 나타난다.

② 종합성(comprehensive)

장애로 인한 문제는 다양하고 복잡하기 때문에 해결방법도 종합적으로 강구해야 한다. 장애인복지는 사회복지적 차원뿐만 아니라 의료적, 교육적, 직업적, 사회적, 환경적 차원들과 관련되어 종합성이 요구되는 분야이다. 그러므로 장애인복지는 전문분야의 특성을 조직화하여 접근해야 하며 복지와 재활이라는 측면이 종합적으로 강구될 때 목적을 달성할 수 있을 것이다(박차상 외, 2010).

③ 역동성(dynamic)

장애인복지를 위한 모든 정책, 지도, 방법, 기술 등이 장애인의 욕구에 따라 유연성 있게 적용되어야 하며 적절히 사회적 변화와 환경에 따라 융통성 있게 작용해야 한다.

④ 책임성(responsibility)

장애인복지는 한 인간의 재활문제를 다루는 공공적 성격을 띤 분야이기 때문에 반드시 책임성이 뒤따른다. 책임의 한계는 장애 개인을 대상으로 하는 책임성과 후원자에 대한 책임성이 있다. 최근 장애인복지는 국가뿐만 아니라 장애인복지기관에서 수행하는 경우가 많아졌으므로 기관은 후원자에 대한 책임성을 입증할 수 있어야 한다. 하지만 사회적 책임성도 간과해서는 안 된다. 장애인복지는 공적, 사회적 목적에 의해 규정하는 활동이라는 차원에서 책임성이 강한 복지분야이다(박차상 외, 2010).

3) 장애인의 재활

(1) 재활의 개념

재활(rehabilitation)이라는 용어는 1943년 미국 샌프란시스코에서 개최된 미국재활전국회의에서 최초로 사용하였다. 이 회의에서 정의한 재활의 의미는 신체적으로 장애를 가지고 있는 사람으로 하여금 그가 가지고 있는 잔존기능을 최대한 발휘하게 함으로써 신체적, 정신적, 사회적, 직업적, 경제적 능력을 회복시켜 주는 것이다. 그 후 1976년 세계보건총회에서 재활을 제3의 의학이라고 정의하면서 의료적, 사회적, 교육적, 직업적 조치를 통합적으로 사용하여 개인을 훈련시키고 재훈련시켜 개인의 기능적 능력을 가능한 한 최고의 수준으로 높이는 것이었다.

이러한 재활의 정의를 요약해 보면 재활은 치료, 훈련 등과 같이 단순한 기술적인 것을 의미하는 것이 아니라 장애인을 한 사람의 사회인으로서 생활이 가능하도록 도와주는 총체적인 서비스 활동이다(정무성, 2004).

(2) 재활의 실천원칙

재활사업의 실천원칙은 나라마다 그 사회적 배경에 따라 다르다. 관련분야에 따라 다양하게 제시되어 있으며 일반적인 내용은 다음과 같다(손광훈, 2004).

첫째, 장애인 치료는 가능한 초기에 착수해야 한다.

둘째, 단절되지 않은 일관된 과정이어야 하며, 의료 · 직업 · 보호의 공동사업이어야 한다.

셋째, 장애인 욕구의 특수성을 먼저 이해하고 이를 바탕으로 개별적으로 제공해야 한다.

넷째, 장애인 문제를 심리적인 측면에서 판정하고 이해해야 하며 서비스 계획 시에 이를 반영해야 한다.

다섯째, 사회의 올바른 인식과 지지로 사회적 수용을 용이하게 해야 한다.

(3) 재활의 실천영역

장애인 재활의 실천영역은 크게 의료재활, 교육재활, 직업재활, 사회심리재활로 구분할 수 있다.

① 의료재활

의료재활은 종합적 재활사업의 첫 단계로서 의료적 측면을 다룬다는 점에서 부분적이지만 대부분의 경우 재활의 출발점인 동시에 전체를 좌우한다. 의료재활은 장애상태를 최소화하고 잔존능력을 최대화하여 사회에 복귀시키는 것을 궁극적인 목표로 삼아 장애의 예방, 정확한 진단, 치료, 직업재활에 필요한 기능검사와 적응훈련, 보장구, 보장기의 착용 및 사용지도 등의 역할을 담당한다. 재활서비스의 종류에는 입원재활, 통원재활, 지역사회중심재활이 있으며, 치료방법에는 물리치료, 작업치료, 언어치료 등이 있다.

② 교육재활

교육재활은 장애아동의 능력을 최대한 향상·발휘시켜 잠재능력의 가능성을 개발하여 사회생활에 적응할 수 있도록 도움을 주는 교육제도와 교육방법 및 기술을 총칭한다. 이러한 특수교육은 심신의 결함으로 인하여 유·초·중·고등학교 등의 일반 교육기관에서 교육받을 수 없는 대상자들에게 그 특성에 적합한 교육 과정, 교육방법 및 교육매체를 통하여 교과교육, 치료교육(심리치료, 언어치료, 물리치료, 작업치료, 보행훈련, 청능치료 및 생활적응훈련 등의 교육활동) 및 직업교육 등을 실시하는 것이다. 특수교육 대상자의 특성에 따라 학령기 아동은 특수교육기관, 특수학급, 순회교육, 통합교육 등의 방법으로 교육을 제공하고 있다.

③ 직업재활

직업재활이란 장애인이 직업에 종사하고 또 그것을 유지시킬 수 있게 하는 직업상의 제반 원조와 직업지도, 직업훈련, 취업알선 등을 지속적이고 종합적으로 제공하는 재활 과정이다. 심신의 결함을 지닌 장애인들의 신체적, 정신적, 직업적, 사회적, 경제적 가용능력을 최대화하여 소득이 있는 직업을 가질 수 있게 함으로써 일할 권리와 의무를 비장애인들과 동등하게 갖게 하는 것이다. 직업재활서비스에는 직업상담, 직업평가(직업능력평가, 신체적 능력평가, 심리적 평가, 사회적 평가, 직업적 평가 등), 개인의 사회적응훈련, 직업적응훈련, 직업훈련, 직종 개발과 배치, 보호고용, 지원고용, 사후지원서비스 등이 있다.

④ 사회심리재활

사회심리재활은 장애인이 그 장애를 극복하고 사회에 복귀하여 일원으로 원만하게 적응해 나갈 수 있게 하는 정신적 재활을 의미한다. 의료적 기능개발이나 직업훈련을 통한 기술습득만으로는 완전한 의미의 사회통합이 어렵다. 사회심리재활은 의료, 교육, 직업 등 각 전문재활영역의 공통분모이다. 따라서 사회심리재활이란 전재활 과정에 방해가 되는 모든 경제적, 사회적, 심리적 부적응 상태를 감소시켜 가정이나 지역사회 또는 직장에 잘 적응할 수 있도록 원조하여 사회통합 내지는 재결합을 목표로 하는 재활이다.

⑤ 지역사회중심재활

장애인의 재활과 사회통합을 달성하기 위하여 지역사회를 기반으로 장애인 자신과 그 가족 및 지역사회의 인적, 물적 자원을 활용하는 재활영역이다(정일교, 2007). 지역사회중심재활은 장애인의 지역사회통합의 차원에서 1977년에 세계보건기구(WHO)에서 자원이 부족한 저개발국의 장애인을 위한 모델로 소개되기 시작하였으며, 1980년대 초반에 우리나라에 도입되었다. 장애인을 위한 지역사회중심재활이 본격적으로 전개된 것은 2000년 사회복지사업법의 개정을 통해 시설보호중심으로부터 벗어나면서 전환되어 강조하게 되었다. 특히 지역사회중심의 사회복지사업 추진을 위한 기반을 정비하고 재가복지서비스의 방안이 구체화되는 규정이 마련되면서 확대되었다.

4) 장애인복지정책

(1) 소득보장

장애인들은 일반인들에 비해 의료적 치료와 재활에 대한 추가비용이 절실하게 필요하나 의료급여에서 받을 수 없는 비급여부분이 많아 재활이나 의료적 치료를 포기할 수밖에 없는 현실에 처하기도 한다. 그 밖에도 장애를 갖고 있는 상태에서는 노동이 불가능하거나 가능하더라도 수입이 매우 낮은 수준이다. 정부에서는 장애등급 또는 연령에 따라 장애수당이나 장애아동수당, 특별소득세나 소비세 면제 등과 같은 세금감면혜택, 의료서비스 등의 장애인 복지시책 등이 제공되고 있다.

(2) 고용보장

장애인들에게 취업의 기회를 제공하여 소득보장뿐만 아니라 안정된 직장생활을 통해 자립생활을 영위하도록 함으로써 사회통합에도 크게 기여하기 위한 정책이다. 이를 위해서 우리나라는 장애인고용촉진 및 직업재활법을 제정하여 장애인의 생존권과 노동권을 보장하며 국가나 기업, 기타 단체들의 사회적 책임을 고취시키고 장애인들에게는 참된 노동을 통해 자아실현과 정상화의 이념을 실현하기 위한 정책을 수행하고 있다.

(3) 의료 보장

장애인에게 의료보장은 가장 기본적이며 필수적인 사회보장이다. 장애의 원인이 무엇이든 발생한 장애에 대해서는 신체적, 정신적, 사회적, 직업적으로 정상에 가까운 일상생활이 가능하도록 회복시켜 주어야 한다. 이는 의료적 서비스를 통하여 가능하므로 의료적 서비스는 매우 중요하며 빠르면 빠를수록 효과적이다.

우리나라에서 장애인의 의료보장은 질병과 사회적 요인을 연관시켜 사회가 공동으로 대처해야 한다는 여론이 강조되면서 의료급여, 국민건강보험, 장애인의료비 지원시책, 재활보조기구 교부시책, 장애인등록진단비 지급, 건강보험료 경감, 재활병원 운영, 희귀난치성질환 의료비 감면 등이 제공되고 있다.

(4) 접근권(이동권)

장애인접근권은 장애인 · 노인 · 임산부 등의 편의증진보장에 관한 법률 제4조에 의거하여 시행된 권리이다. 또한 장애인인권헌장 제4항에서 장애인 자유로운 이동과 시설이용에 필요한 편의를 제공받아야 한며 의사표현과 정보이용에 필요한 통신, 수화통역, 자막, 점자 및 음성도서 등 모든 서비스를 제공받을 권리가 있다는 규정에 근거한다.

접근권에는 세 가지 권리가 있는데 물리적 장벽을 없애는 이동권과 시설이용권 그리고 각종 정보에의 장벽을 없애는 정보접근권 등이 있다.

(5) 장애인의 자립생활

자립생활은 최근 들어 한국의 장애인복지에 있어 새로운 패러다임으로 등장하고 있다. 이는 권한 자체가 전문가들만의 소유물에서 장애인 당사자 중심의 참여로의 전환이며 동시에 미국, 일본 등 선진 국제사회의 강력한 추세를 대변하는 21세기의 큰 흐름이다. 자립생활은 장애인 스스로가 자신의 삶을 선택하고 결정하며 생활 전반에 대해 자신의 통제력으로 삶을 영위하는 것을 의미한다. 이는 장애인들이 지역사회에서 스스로 자립하여 생활을 결정할 수 있는 능력을 극대화시켜 준다(김익균, 2006).

자립생활은 탈시설화, 탈의료화, 정상화, 사회통합, 소비자운동, 자조운동 등과 같은 사회운동의 영향을 받아 시작되었다고 볼 수 있다.

(6) 장애인의 생애주기

모든 사람은 생애 과정에서 주기마다 이루어야 하는 과업이 있고 그에 따른 개인적 또는 사회적 욕구를 갖게 된다. 그러므로 장애인에게 생애주기를 도입하는 것은 당연한 것이지만 우리나라는 지금까지 비교적 소홀한 편이었다. 생애주기는 인간의 보편적 삶의 과정을 강조하는 의미이다. 장애인에게 생애주기는 장애인의 욕구와 과업의 중요성을 인지하고 가정과 사회적 욕구와 부합된 역할과 제도를 준비하는 것이 필요함을 알려준다. 즉, 장애인의 개별적 상황에 따라 사회복지서비스를 제공하는 과정은 정상화와 사회통합의 가치를 실현하는 과정이다. 일반인들과 같이 장애인도 다양한 연령층으로 구성되어 있고 장애 유형에 따라 일상생활에서의 어려움은 물론 취업이나 교육 등에서 욕구가 다르게 나타나다. 그러므로 장애인의 생애주기는 장애인의 특성과 욕구에 따라 필요한 정책과 서비스의 요구도의 지침이다.

5) 장애인복지의 과제와 전망

장애인에 대한 편견을 불식시키고 장애인 자신의 적극적인 의식구조를 가지며 복지혜택을 골고루 누리고 국가와 사회발전에 적극 참여하여 기본적인 인권을 보장받게 하는 일은 복지국가의 이념을 추구하는 과정에서 필수적인 과제이다. 그 과제를 구체적으로 설명하면 다음과 같다.

첫째, 복지 선진국과 같은 수준으로 장애인의 범주를 포괄적으로 정하고 적용해야 한다.

둘째, 장애인의 고용증대를 위한 사업주의 인식 개선을 위해 장애인과 재활전문가들의 자발적인 실천과 노력이 있어야 한다.

셋째, 장애인의 개별적 욕구에 따라 선별적 서비스가 질 높게 실천될 수 있도록 재활전문가를 양성해야 한다.

넷째, 장애인에 대한 올바른 인식과 복지사업의 높은 가치가 실현될 수 있도록 사회적 인프라를 조성해야 한다.

다섯째, 장애인에 대한 사회적 편견인 주변의 부정적 존재에 대한 인식을 제거하고 당당한 정치적 세력으로 인정받고 살 수 있도록 사회 변화의 주체자로 등장해야 한다.

이러한 장애인복지의 목표달성을 위하여 기본적으로 해결해야 할 과제는 다음과 같다.

첫째, 장애인의 인권을 존중하는 사회구조가 형성되어야 한다.

둘째, 장애인가족이 우선적으로 보호되어야 한다.

셋째, 장애인의 욕구와 문제는 복합적이므로 서비스의 지속적 연계체계가 확보되어야 한다(박차상 외, 2010).

장애인이 인간으로서 가지는 개인적 기본 가치를 실현함과 아울러 장애인이 함께 어울려 살 수 있는 공동체 사회를 건설하는 것이 장애인과 우리 모두의 바람이다. 이를 위해서는 장애인의 소득보장체계 구축을 통한 생활안정과 지원강화, 장애인의 이동권 확보 및 장애인차별금지법을 통한 사회참여, 의료·교육·재활서비스 강화 및 장애인복지 전문인력의 공인자격제도 도입과 전문적 서비스의 강화, 지역사회 재활시설의 확충 및 장애인자립생활 패러다임의 정착을 통한 지역사회 중증장애인인 권익옹호 및 휴먼서비스 강화, 장애범주의 단계적 확대, 장애인이 이용가능한 문화 및 체육활동 활성화, 여성장애인 및 중증장애인의 인권과 폭력방지 등의 대책수립, 장애인재활전담기구 구성을 통한 장애인서비스 전달체계의 합리적 구축 등을 구체적 목표로 수립해야 할 것이다.

Chapter 10

사회복지 실천분야 II

1. 여성복지
2. 의료사회복지
3. 정신보건복지
4. 학교사회복지
5. 교정복지

10 Chapter

social welfare

사회복지실천분야 Ⅱ

1 여성복지

1) 여성복지의 필요성

시대가 변화하고 여성의식의 성장과 함께 여성의 다양한 복지 욕구가 표출되었고 그에 따라 여성문제가 제기되기 시작하였다.

인구의 노령화현상 중에서도 여성노인인구의 과잉현상은 많은 문제를 초래하고 있다. 여성노인인구의 과잉현상은 경제적인 측면에서 빈곤문제, 신체적인 측면에서는 만성질환의 증가로 인한 의료비 증가와 노인부양과 요양문제를 불러온다.

우리나라는 전통적인 가부장제도하에서 모든 사회제도 및 구조가 남성 위주로 만들어졌으며 그로 인하여 여성들은 소외되고 여러 가지 불평등과 불이익을 당해왔다. 여성이 출생에서 노년기까지 전 생애주기를 통하여 겪어야 했던 성차별문제, 빈곤의 여성화문제, 가정폭력문제 등과 같은 수많은 문제들이 산업화와 시대적인 변화를 겪으면서 여성복지제도의 필요성을 요구하게 되었다.

(1) 성차별적 제도와 여성문제

우리나라 여성인구는 전체인구의 과반수를 차지하지만 우리 사회는 오랫동안 여성들을 약하고 의존적인 존재로 인식함으로써 모든 생활영역에서 불평등한 관행을 지속하여 왔다. 노동시장과 분배구조의 이중적 차별과 가부장적 사회구조하에서 경제, 정치, 사회, 문화, 교육, 가족 등 모든 영역에서 많은 여성문제를 유발하여 여성의 불평등을 심화시켰다. 여성에게 사회복지가 필요하게 된 영역별 여성문제를 살펴보면 다음과 같다.

① 노동과 경제영역에서의 여성문제

우리나라 여성들의 경제활동참여율은 1980년 42.8%를 기점으로 지속적으로 증가하여 오래 전에 50%를 넘은 상황이다. 그러나 여성들은 여전히 저임금, 하위직에 머물러 있고 일용근로자, 시간제, 임시직 등 불안정한 취업상태에서 활동하고 있다. 또한 전반적으로 열악한 근로조건 속에서 일하며 고용기회, 임금, 승진, 배치, 교육훈련, 정년퇴직, 해고 등에서 여전히 차별대우를 받고 있다. 따라서 고용의 전 단계에 걸쳐 이루어지고 있는 성차별 개선을 위한 관련규정의 개정, 근로조건의 개선, 기혼여성의 모성보호 및 가정과 직장업무를 병행할 수 있는 육아지원 등 여성복지 관련법과 제도의 정비 및 지원서비스의 제공이 필요하게 되었다.

② 법과 정치영역에서의 여성문제

우리나라는 1980년대에 들어와 부분적으로나마 여성문제의 대책이 수립되었다. 한국여성개발원의 설립(1983), 가족법의 개정(1989), 윤락행위 등 방지법 개정(1989), 모자복지법의 제정(1989), 모자보건법의 개정(1973, 1986), 성폭력 범죄의 처벌 및 피해자 보호 등에 관한 법률의 제정(1994), 남녀고용평등법의 제정(1987), 여성발전기본법의 제정(1995), 영유아보육법(1991), 가정폭력방지 및 피해자보호 등에 관한 법률의 제정(1997), 가정폭력범죄의 처벌 등에 관한 특례법의 제정(1997) 등이 그것이다(김옥희, 1998). 지금까지 여성복지 관련 법률의 제·개정은 미온적인 차별금지 수준에서 성차별적 규정의 폐지와 개정을 통하여 법적 평등권과 복지권 실현을 위한 기본적인 토대는 구축된 셈이다. 그러나 여성복지 관련법의 조항 대부분이 강제성을 갖지 못하고 권고 내지는 권장사항으로 되어 있어 사문화(死文化) 현상이 우려되며 사실상 평등실현과 복지권 실현을 위한 적극적인 조치는 미비한 수준이다.

정치 영역에서의 여성의 지위는 많이 개선된 상태이지만 여전히 여성의 정계진출은 쉽지 않다. 그러나 최근 총선이나 지자체선거에 여성지도자들이 대거 등장하고 있으며 여성들의 정치계 입문이나 NGO의 대표로 선출되는 현상이 크게 늘고 있어 우리나라에도 남녀차별의식이 점차 감소하고 있다고 볼 수 있다.

③ 교육영역에서의 여성문제

최근 성역할 사회화에 대한 관심이 고조되면서 기존의 교육제도가 성차별 사회화를 재생산하는 데 주요한 역할을 담당하고 있었음이 밝혀졌다. 교육제도에 나타난 성차별적 요소는 교육기회에서부터 교육 과정, 교과서의 내용, 교수들의 성차별적 태도 등에 이르기까지 다양하다(한정자, 1998).

우리나라 여성들의 교육수준은 과거에 비해 향상되긴 하였으나 여전히 남녀 간의 차이는 존재하고 있다. 연령간의 교육기간의 차이나 대학진학률 등이 여전히 남성에 비해 짧다. 이러한 교육에서의 여성차별이 여성들로 하여금 주로 저임금, 미숙련, 단순노동, 하위직에 종사하게 하는 요인이 되어 저소득 여성층의 양산을 가중시켜 여성의 빈곤화에 영향을 끼친 것이다(박차상 외, 2010).

④ 가족영역에서의 여성문제

현대가족의 변화는 소규모화, 핵가족화로 인하여 가족의 전통적 기능이 축소되었을 뿐만 아니라 가족주기와 가족의 가치관이 달라졌다. 이러한 변화에도 불구하고 가부장적 사회구조하에서의 전형적인 가족의 역할구조는 사회화를 통해 여전히 성차별주의를 재생산하고 있다. 뿐만 아니라 가족의 변화와는 달리 가족의 지체현상으로 말미암아 여성들은 가족 내에서 자녀출산과 양육 및 무임금의 가사노동을 전담하고 사회에 진출한 여성은 이중역할(주부와 직장인)로 인해 엄청난 고통을 겪고 있다. 그 결과 여성의 인권 내지 복지권에 대한 인식이 높아지고 인간다운 삶에 대한 욕구가 증가하면서 여성의 능력개발과 사회참여를 위한 개인적, 가족적, 사회적, 국가적 차원의 사회지원체계로서 여성복지의 필요성이 증대되었다.

⑤ 사회영역에서의 여성문제

전통적인 가부장적 구조하에서 여성은 순결의 이데올로기를 강요당해 왔으나 오늘날 자본주의사회가 확대됨에 따라 서비스업이 발달하고 이로 인하여 성개방풍조가 파급되면서 혼전 성관계 및 혼외정사 풍조가 증가하는 추세를 보이고 있으며 더불어 서구사회의 퇴폐문화가 확산되어 남녀 간의 성윤리가 더욱 문란해지고 있다. 이로 인한 성의 상품화 현상은 인신매매, 성매매, 성폭력 등과 같은 사회문제를 양산하고 있다. 이와 같은 이중적인 성윤리 잣대와 성개방 풍조에 의한 이혼여성, 미혼모, 매매춘여성 등 요보호여성이 급증함으로써 이들에 대한 보호와 대책이 필요하게 되었다(이근홍, 1993; 조홍식 외, 2000; 박차상 외, 2010).

(2) 여성 빈곤문제

빈곤의 여성화는 빈곤계층에서 여성이 차지하는 비율이 점차 증가하고 있는 현상으로, 특히 여성가구주와 무배우자 여성노인에서 주로 나타난다. 빈곤의 여성화라는 용어는 1970년대 서구사회에서 빈곤이 빠른 속도로 여성문제가 되어가는 것을 관찰한 디아나 피어스(Diana Pearce)에 의해서 처음 사용되면서 정책적으로 쟁점화되었다.

우리 사회는 1960년대 이후에 여성의 사회참여 증가와 함께 산업화, 도시화 과정에서 가족의 결속력 약화에 의한 가족해체, 사고 및 질병 등에 의한 남성의 사망률 증가, 대량실업, 노후의 빈곤 등 사회적 위험의 증가로 인해 가족구조가 변화되었고 여성가구주가 증가하였다. 여성가구주의 증가현상은 남성보다 평균수명이 7~8년이 긴 데서 오는 여성노인인구의 증가와도 관련이 있으며 여성가구주의 빈곤율은 그 비율이 경제위기 이전의 2/3 수준에서 고착화되어 있다. 빈곤의 여성화가 진행된 주요 원인은 여성이 저임금 직종에 몰려 있는데다 임시, 일용직, 비정규직 취업으로 인해 고용상태도 불안정하기 때문으로 볼 수 있다.

(3) 가정폭력의 발생원인

가정폭력은 가족구성원 간에 신체적, 정신적 또는 재산상의 피해를 수반하는 행위라고 가정폭력범죄의 처벌 등에 관한 특례법에서 규정하고 있으며 외국의 경우에는 가정폭력 또는 배우자 학대라는 용어를 사용하고 있다.

가정폭력은 피해자에게 상처와 고통을 주어 부부의 이혼을 야기하고 요보호아동, 가출아동, 비행청소년, 학대노인을 양산하는 가족해체의 직접적인 원인이 되고 있으며 폭력의 학습을 통한 폭력의 악순환을 형성하여 사회의 건전한 발전을 저해하고 있다.

가정폭력은 생물학적인 요인으로 유전적인 폭력성, 알코올중독, 약물중독 등으로 공격적 성향이 증가하여 충동을 조절하는 능력에 문제가 초래가 되는 경우 의처증 등 남편의 심리적인 요인과 왜곡된 가부장적 가족구조로 인하여 아내와 자녀를 자신의 개인 소유물로 간주하고 가정폭력을 용인하는 사회구조와 여성에 대한 부정적인 고정관념과 편견이 주된 원인이라고 볼 수 있다.

2) 여성복지의 의의

(1) 여성복지의 개념

일반적으로 여성복지는 여성이 국가나 사회로부터 인간의 존엄성과 인간다운 생활을 누릴 권리를 보장받음으로써 여성의 건강, 재산, 행복권, 삶의 조건들이 만족스러운 상태를 유지하게 하는 것임과 동시에 기존의 가부장적 가치관과 이에 기초한 법이나 사회제도를 개선하여 양성평등의 사회를 실현하려는 모든 실천적 노력을 포함한다(김미혜 외, 1997). 여성복지는 사회보장과 사회복지서비스 면에서 여성들에게 필요한 제도를 수립하고 서비스를 제공함으로써 여성들의 사회적 기능을 증진시키려는 사회복지의 한 분야이다.

여성복지의 목적은 스스로 자신의 욕구를 충족시킬 수 없거나 문제를 해결하기 어려워 사회구성원으로서 적절한 사회적 기능을 수행하기 어려운 여성들에게 가족이나 친척, 이웃 등의 사회적 관계망과 제도가 개입하여 원조를 제공함으로써 여성의 삶의 질을 높이는 데 있다.

(2) 여성복지의 접근방법

여성복지의 접근방법에는 여성정책적 접근방법과 여성복지실천 접근방법이 있으며 이는 상호 보완적인 방법이다.

첫째, 여성복지의 접근방법으로 정책적 접근방법이 있다. 이는 여성문제를 사회전체의 문제로 보며 여성이 전체 사회의 제도적 구조와의 관계에서 보다 잘 존속할 수 있는 조건이나 환경을 조성해 가는 방법으로 문제의 해결방법을 정책적인 차원에서 모색하는 방법이다.

둘째, 다른 하나는 고통을 받는 여성에게 직접적으로 개입하여 서비스를 통하여 여성복지를 실현하는 방법이다. 즉, 특수한 욕구를 가진 여성들의 특별한 문제를 전문적 지식과 기술을 가진 전문가의 서비스를 통하여 여성의 문제를 해결하는 것이며 이는 여성복지의 정책적 접근방법을 보완하는 성격을 띠고 있다(조홍식 외, 2000).

(3) 여성복지정책의 특성

여성복지의 특성은 첫째, 현재의 사회복지정책이 가부장적 성별분담론의 토대 위에서 만들어졌기 때문에 여성복지정책도 가부장적 관점에 의한 여성복지정책으로 성차별적인 정책 이용을 보여주고 있다(이상덕, 1997).

둘째, 여성 개인을 일차적 대상으로 하는 정책의 비중이 약하고 가족을 보호하는 보호자로서의 역할을 지원하는 데 많은 비중을 두고 있으며 일반 여성보다는 요보호여성에 대한 지원에 치중하고 있다(김인숙, 1997).

셋째, 여성정책이 주로 중앙정부 중심의 법적, 제도적 개선에 치우쳐 왔으므로 여성복지정책도 그러한 경향을 띠고 있다고 할 수 있다(김옥희, 1998).

3) 여성복지의 변천 과정과 추진체계

(1) 여성복지의 변천 과정

우리나라에서 여성복지는 1944년 조선구호령을 효시로 직업보도, 모자복지 등이 포함된 부녀복지행정이 일부 시행되었고 1950년 한국전쟁으로 발생한 전쟁미망인, 윤락여성 등을 보호하기 위한 소극적인 보호 위주의 부녀복지로 시작되었다. 그 후 1960년대에 이들의 문제를 해결하기 위한 관련법(생활보호법, 윤락행위 등 방지법)이 제정 · 시행되었고 부녀상담소 설치와 시립부녀복지관 등이 설립되어 여성부랑인과 근로여성의 문제에 관심을 집중하였다. 1970년대에 들어서면서 여성복지의 주된 방향은 불우가정여성의 보호에서 사전예방사업으로 전환되었고 여성의 모성보호문제에 관심을 가졌다. 1980년대 이전까지 여성복지의 주 대상은 요보호여성에 국한되었으나 1980년대 이후 여성운동을 계기로 여성복지정책이 수립되고 여성문제의 영역이 사회 전반에 걸쳐 성차별적 법이나 제도, 고용관행은 물론 여성에 대한 의식이나 태도, 가치관 등 문화적인 영역까지 확대되었다. 1990년대에는 「영유아보육법」이 제정되면서 여성복지의 개념이 보편적 서비스의 개념으로 전환되었고 1995년 「여성발전기본법」 제정을 계기로 남녀평등과 여성복지의 양적, 질적인 향상을 꾀하게 되었다.

이와 같이 우리나라의 여성복지는 여성의 모성, 부인으로서의 기능과 역할을 강조하는 부녀복지라는 개념을 중심으로 미혼모, 저소득 편모가정, 가출여성, 윤락여성 등을 대상으로 실시되어 왔고 일반여성들은 국민연금, 생활보호, 모자복지법 등 사회복지제도 내에서 매우 미비한 위치를 차지해 왔다. 그러나 여성복지는 1980년을 전후로 선별적, 보완적, 소극적 여성복지에서 보편적, 제도적, 적극적 여성복지로 발전하기 시작하였다.

(2) 여성복지의 추진체계

① 변천 과정

우리나라는 1944년 조선구호령에 의해 직업보도, 모자복지 등의 여성복지행정체계가 시행되고 있었고 1945년 광복 이후 불우여성에 대한 복지를 증진시키기 위해 1946년 정부수립과 함께 부녀국이 설치되었다. 1947년 10월부터는 전국 도에 부녀행정조직을 착수하여 여성계장을 임명하며 자질 향상을 위한 지도자 강습, 선거계몽 등을 추진하였다. 그 후에 도에 부녀아동과를, 시 · 군에 부녀계를 설치하고 시 · 군에서 과로 승격하고 도에는 부녀아동국을 발족하여 제도적인 발전을 거듭해 왔으며 한국여성개발원의 설립과 정부 제2장관실의 설치로 제도적으로 여성행정의 기틀을 갖추게 되었다(김영숙, 1997). 1995년 이후 지방자치시대를 맞이하여 광역자치단체들은 기존의 가정복지국 부녀복지과를 여성정책과나 여성복지과로 개편하거나 여성정책총괄부서로 여성정책실이나 여성정책담당관을 부지사 직속으로 영입하면서 점차 여성정책이 지방으로 확산되어 갔다. 1998년 새 정부 출범 이후 정무장관(제2실)이 여성특별위원회로 개편되었고 중앙부처 간 여성정책의 연계강화를 위하여 중앙의 관련 부처에 여성정책담당관이 배치되었다. 2001년 1월에는 중앙부처에 여성부를 신설하여 여성정책의 획기적인 전기를 마련하였으며 현재는 여성가족부로 개칭되어 여성과 관련된 가족정책까지 관장하고 있다.

② 여성정책의 추진체계

여성정책은 남녀평등의 촉진, 여성의 사회참여 및 복지증진에 관한 대통령령이 정하는 정책(「여성발전기본법」 제3조)이며 다음과 같은 세부정책을 포함한다.

- 교육에서 남녀평등 및 남녀차별의식의 개선에 관한 정책
- 정책결정 과정의 여성참여 확대에 관한 정책
- 고용상의 남녀차별 해소에 관한 정책
- 여성고용촉진 및 안정에 관한 정책
- 여성보건 및 모성보호에 관한 정책
- 보육시설에 관한 정책
- 저소득 모자가정의 여성, 미혼모, 가출여성 및 여성노인의 복지증진에 관한 정책
- 농어촌 여성의 복지증진에 관한 정책
- 성폭력 및 가정폭력의 예방에 관한 정책
- 가사노동가치의 평가 등에 관한 정책
- 여성의 국제적 평화증진운동 및 국제협력강화에 관한 정책
- 기타 여성의 권익증진에 관한 정책

③ 중앙의 여성정책의 추진체계

중앙의 여성정책 관련 부처로는 여성정책총괄 전담기구로 여성가족부가 있고 보건복지부, 고용노동부, 법무부, 교육과학기술부, 농림수산식품부, 행정안전부 등 6개

부처에 여성정책담당관실을 설치하여 운영하고 있다.

④ 지방자치단체의 여성정책 추진체계

- 서울: 여성가족정책관 여성정책담당관
- 부산: 여성가족정책관 여성정책담당관실
- 대구: 보건복지여성국 여성청소년가족과
- 인천: 여성복지보건국 여성정책과
- 광주: 주민지원국 가정복지과
- 대전: 복지여성국 여성가족청소년과
- 울산: 복지여성국 여성가족청소년과
- 경기: 복지여성정책실 가족여성담당관
- 강원: 보건복지여성국 여성가족과
- 충북: 보건복지여성국 여성가족과
- 충남: 여성가족정책관실 여성정책과
- 전북: 복지여성보건국 여성청소년과
- 경북: 보건복지여성국 여성청소년가족과
- 경남: 보건복지여성국 여성정책과
- 제주: 주민생활지원국 양성평등지원과

4) 여성복지사업

(1) 여성복지지원기관의 보강

① 여성회관 설치 운영의 활성화

여성회관은 여성을 대상으로 기술, 기능교육을 실시하여 경제력 향상을 도모하고 여성의 자질향상 및 능력개발 등 지역여성의 복지증진을 목적으로 건립하여 시·도 또는 민간에 위탁하여 운영하고 있다.

② '1366' 상담전화 설치 및 운영

도움이 필요한 모든 여성이 언제 어디서나 전용으로 상담할 수 있는 국번 없는 특수 전화 '여성 1366'을 1998년부터 개통하여 연중 24시간 운영하고 있다. 운영 주체는 지자체에서는 직접 또는 여성복지시설이나 여성단체 등에 위탁 운영하고 있다.

'여성긴급상담전화 1366'은 1998년 이후 전국 시 · 군지역에 설치되어 가동되고 있는데 가정폭력과 관련된 상담이 가장 많고 이혼, 성폭력, 가출 등도 다뤄지고 있다.

(2) 요보호여성을 위한 복지사업

① 저소득 모자가정에 대한 지원

「한부모가족지원법」에 의하며 모자가정은 사별, 이혼, 유기, 별거, 미혼모 및 기타 사유로 인해 남편이 없는 상태에서 18세 미만(취학 시 만 22세 미만)의 아동을 양육하는 '모(母)'가 세대주인 가정이다. 「한부모가족지원법」에 의하여 해당 연도의 최저생계비 180% 이내인 국민기초수급자를 제외한 모자가정에서는 자녀양육에 필요한 각종 급여를 지원받고 있으며 구체적인 내용은 다음과 같다.

- 고등학생 자녀 학비: 저소득 모자가정의 고등학생 자녀의 입학금과 수업료 전액
- 아동양육비: 저소득 모자가정의 6세 미만의 아동 1인당 월 5만원
- 자녀학용품비 및 교통비: 저소득 모자가정의 초 · 중 · 고등학생
- 보육료 및 유치원 교육비: 저소득 모자가정 자녀에 대한 보육시설이나 유치원 비
- 영구임대주택 입주: 무주택 모자가정
- 생업자금 및 전세자금 융자: 저소득 모자가정 가구주의 창업 또는 전세자금

② 미혼모 발생예방과 보호사업

정부에서는 학생, 접객업소 종사자, 공장근로자 등 청소년 및 미혼남녀를 대상으로 성교육을 실시하여 미혼모 발생을 예방하고 있다. 미혼여성이 임신이나 출산을 할 경우에는 안전한 분만과 심신의 건강을 위해 미혼모시설을 설치하여 운영하고 있다.

미혼모시설은 입소자들에게 출산 전후 6개월간의 무료숙식을 제공하며, 퇴소 후 자활과 자립을 위한 직업교육 프로그램을 실시하고, 출산아의 국내외 입양이나 본인 양육 시 필요한 자원을 연계하고 지원한다.

③ 성매매여성 발생예방과 보호

정부는 가출한 여성 등의 성매매방지와 보호를 위하여 성매매방지법을 제정하여 성매매 범죄에 관한 처벌규정을 대폭 강화하였으며 성매매여성들을 피해자로 간주하여 사회적 보호와 재활서비스를 국가가 책임져야 한다는 관점으로 전환하였다.

2004년부터는 '윤락'이라는 용어를 '성매매'로 대체하고 법률도 「성매매방지법」으로 개칭하였으며 성매매 방지대책으로 성매매피해자에 대한 보호 및 자활지원을 강화하여 성매매피해자 지원시설을 운영하고 있다.

④ 종군위안부에 대한 보호와 지원

일본군 피해자에 대한 국가의 직접구호결정에 따라 「일제하 일본군위안부에 대한 생활안정지원법」이 제정되고 이에 근거하여 위안부할머니들에게 생활안정을 지원하고 있다(여성백서, 1998).

(3) 보육사업의 활성화

맞벌이여성과 모자가정의 자녀양육에 대한 지원을 통해 여성들의 사회경제적 활동을 돕는다는 취지로 정부는 1991년 「영유아보육법」을 제정하였다. 보육사업은 2002년 '보육사업 활성화 방안'과 2006년 제1차 중장기보육계획을 통하여 보육의 국가책임을 공고히 하고 있다. 1991년 영유아보육법이 제정된 이후 보육시설은 기하급수적으로 증가하였고 예산도 무한대로 증액되어 지자체의 재정적 부담이 커지고 있으며 지원연령을 전 연령으로 확대함에 따라 정부는 커다란 재정적 부담을 안고 있다. 더불어 보육의 질적 향상을 위해 보육교사 자격제도와 보육시설 환경의 질적 향상을 위한 시설인증제도 및 야간보육의 확대 등이 시행되고 있다.

(4) 여성에 대한 폭력근절을 위한 사업

「가정폭력범죄의 처벌 등에 관한 특례법」과 「가정폭력방지 및 피해자보호 등에 관한 법률」의 제정 및 「성폭력범죄의 처벌 및 피해자보호 등에 관한 법률」 개정을 통하여 여성에 대한 폭력근절을 위해 많은 노력을 하고 있다.

① 가정폭력방지 및 피해자보호사업

전국에 가정폭력상담소가 설치되어 가정폭력관련 상담을 시행하고 있으며 가정폭력 피해자 보호시설을 운영하고 있다. 1998년 '여성긴급상담전화 1366'을 시작으로 각 시 · 도에 24시간상담 및 지원연계서비스를 제공하고 있고 2005년 서울을 시작으로 전국 각 시 · 도의 원스톱지원센터를 통해 가정폭력, 성폭력, 성매매피해자를 위한 의료와 수사를 지원하고 있다.

② 모자일시보호시설 운영

물리적, 정신적 학대로 인하여 아동의 건전한 양육과 모(母)의 건강에 지장을 초래할 우려가 있는 아동 또는 모(母)를 대상으로 일정기간(30일 이내) 정신적 여유와 신체적 휴식을 제공하는 모자일시보호시설을 정부, 민간 및 종교단체에서 운영하고 있다.

③ 성폭력 피해자보호 상담사업

성폭력 피해상담소는 전국에 운영되고 있으며 이중 절반은 인건비와 운영비를 정부로부터 지원받고 있다. 성폭력 피해자를 보호하기 위한 시설은 성폭력 피해자 보호시설로서 허가시설이며 피해자들이 신분노출을 꺼리기 때문에 시설입소가 어려워 실적이 저조한 실정이다. 한국여성개발원 등 7개 단체와 기관에서 성폭력 상담원을 양성하여 배출하고 있지만 활동분야는 많지 않다. 그 밖에 종합대책을 수립(수사요원에 대한 교육, 여성관련 범죄 교육계획 수립 및 시행 등)하여 대국민 홍보에 나서고 있으며 폭력으로부터 여성을 보호하기 위한 운동도 펼치고 있다(여성백서, 1998).

(5) 여성노인을 위한 복지사업

① 저소득 노인계층의 빈곤 완화와 생활안정을 위해 2008년 기초노령연금제도를 시행하고 있어 미래의 가족구조의 변화에 대응하고자 한다.

② 일하기를 희망하는 노인에게 맞춤형 일자리를 제공하여 노인의 소득창출과 사회참여의 기회와 일을 통한 소득보완, 적극적 사회참여 및 건강증진을 도모하여 노인문제의 예방과 사회적 비용절감의 효과를 기대할 수 있다.

③ 노인의 건강관리 강화를 위해 치매노인 10개년 대책(보건의 치매상담신고센터, 치매관리 및 지원센터 운영, 치매요양병원 확충 등), 노인의료서비스의 강화, 노인장기요양보험 급여 확대, 보건소의 노인진료기능을 확대하고 있다.

④ 재가노인을 위한 독거노인돌봄서비스, 노인종합돌봄서비스, 주야간보호서비스, 재가장기요양서비스(방문요양, 방문목욕, 방문간호) 등을 제공하고 있다.

⑤ 노인을 공경하는 사회 분위기를 확산하기 위하여 노인의 날 및 경로주간을 지정하고 교통수단이나 국공립 박물관, 공원, 고궁 등의 이용에 대해 경로우대할 인혜택을 제공하고 있다.

(6) 여성장애인을 위한 복지사업

지역 내 장애인복지관의 재활프로그램의 일환으로 사회적 차별과 부당한 대우를 받기 쉬운 여성장애인의 권익보호와 가사 및 육아보조 등 여성장애인을 위한 복지서비스를 제공하고 있다. 이는 여성장애인 상담실과 쉼터의 운영, 기혼 여성장애인의 가사활동 지원, 미혼 여성장애인의 결혼알선, 여성 장애인의 취업알선 및 사후지도 등이다.

5) 여성복지의 향후 대책

그동안 우리나라의 사회복지는 선성장, 후분배의 정책지향에 의해 부차적으로 취급되어 왔으며 특히 여성은 노인, 장애인, 아동과 더불어 복지국가의 중요한 관심에서 주변적 위치에 머물렀다. 그러나 21세기의 여성복지는 무엇보다 사회의 기본구조와 제도가 남성 위주로 되어 있다는 것을 인정하고 평등을 위한 근본적인 제도적 보완책 내지는 구조변경을 위한 장기적 대책수립이 요구된다는 인식 위에서 출발하고 있다.

(1) 여성의 빈곤화 해소를 위한 소득지원정책의 확대

① 경제적 자립기반의 조성을 통한 소득보장을 위하여 고용기회의 확대, 남녀 임금격차의 해소 등을 위한 법적, 지도적인 노력이 우선되어야 한다.

② 여성노인의 빈곤을 해결하기 위한 적극적인 대책(경로연금 액수 등)의 수립이 시급하다.

③ 저소득 모자가정지원사업이 확대, 강화되어야 한다. 모자가정지원사업은 소액 지원으로 자립적 기반 확보가 어려우므로 생업자금융자 등을 확대하고 빈곤이 세습화되지 않도록 지원을 확대해야 할 것이다.

④ 여성의 연금가입비율을 높여 연금수급권을 확대해야 할 것이다. 최근 임의가입자인 전업주부의 연금가입이 허용됨에 따라 차츰 늘어나고 있지만 그 수와 액수는 미비한 수준이므로 국민기초생활보장제도의 개선을 통해 최저생계비가 상향 조정되어야 한다.

(2) 공동 직장보육시설의 확충

여성이 가정과 직장을 양립할 수 있도록 공동 직장보육시설을 확대해야 한다. 이는 공동 직장보육시설 설치비 지원예산을 확대 지원하고 직장보육시설 설치 대상을

100인 이상 사업장 내지 50인 이상 사업장으로 확대해야 할 것이다.

(3) 보육예산의 확충

보육시설의 교사인건비를 전액 지원하고 합리적 보육비용 개선에 따른 국가부담의 확대와 차등 보육료제도의 시행을 위한 예산이 확보되어야 한다. 저소득층 가정에 대한 보육의 재정적 지원과 저소득층 여성의 취업을 장려해야 한다. 또한 다양한 보육 프로그램(장애아, 영아, 부모교육, 방과 후 보육, 아동안전보육)의 개발과 보급, 보육형태의 다양화(주야간보육, 주말보육, 단기영아전담보육 등)가 필요하다. 아울러 영아 장애아 전담보육시설의 확충을 위해 국고보조금 증액 등 특별지원책이 강구되어야 한다. 그 밖에 저소득층의 여성가장과 맞벌이 부부의 취업생활을 지원하기 위한 방과 후 아동지도사업도 확대되어야 한다.

(4) 가정폭력 피해여성을 위한 지원 강화

① 가정폭력 피해여성의 피난처로서의 모자일시보호시설과 가정폭력피해자보호시설(민간쉼터)을 증설하고 일시보호기간도 상황에 따라 연장해야 한다.

② 가정폭력 피해자들이 치료받을 수 있는 병원이 지정되어야 하고 치료비는 국가나 가해자에 대한 보상을 통해 지불하도록 해야 하며 시설을 이용하지 않은 피해자들도 건강보험 혜택을 받을 수 있도록 개선되어야 한다.

③ 가정폭력 피해여성이 보호시설(쉼터)에서 지속적인 피해치료, 전문적인 심리치료 및 상담을 받고 이혼, 재산분배 등의 법률상담과 취업 등의 정보제공을 제대로 받을 수 있어야 한다. 이를 위해서는 시설을 위한 정부예산을 확충하여 시설운영을 전문화(전문적 상담, 치료, 법률상담, 정보제공 등)해야 한다.

④ 가정폭력 피해자들의 경제적 자립과 거주지 마련을 위하여 기술교육, 취업알선을 위한 프로그램을 개발하여 실시하는 등 가정폭력 피해자 보호시설의 다각

적인 노력이 필요하다.

(5) 미혼모를 위한 관련 법령의 강화 및 전문보호시설과 전문요원의 확충

① 미혼모를 위한 산전, 산후보호시설과 미혼모시설의 증설이 시급하다.

② 모자보건법을 강화하여 미혼모 예방서비스의 법적인 근거를 마련해야 한다. 이는 가족계획사업과 원치 않는 아이에 대한 합법적인 임신중절, 성교육, 피임 계몽 등을 효과적으로 전개하는 방안이 될 수 있다.

③ 아동이 18세가 될 때까지 미혼모와 그 자녀에 대한 미혼부의 부양책임을 합법화해야 한다.

④ 미혼모를 위한 형식적인 상담이나 친권포기를 중심으로 한 상담에서 미혼모의 정서적 갈등과 혼란, 가족이나 미혼부와의 갈등, 장래계획 등에 대한 상담으로 개선되어야 한다. 이를 위해서는 전문요원의 자격을 규정하고 전문요원을 확보하며 기존 시설의 상담요원에 대한 재정적 지원이 선행되어야 한다.

⑤ 청소년과 청년을 대상으로 성에 대한 가치관과 윤리관 및 피임에 관한 성교육을 확대 실시하고 청소년유해업소를 근절해야 한다.

2 의료사회복지

1) 의료사회복지의 개념

의료사회복지는 사회복지의 가치, 지식, 기술, 태도를 의료영역에 응용하는 것으로 병원이나 의료기관 등에서 각종 질병의 의학적 치료와 더불어 환자 및 그 가족의 심리적 · 사회적 · 경제적인 문제를 해결하거나 원조해줌으로써 질병의 예방과 건강관리 및 건강회복과 재활의 문제를 포괄적으로 다루는 사회복지실천이다. 최근 의료서비스는 질병의 치료에서 예방, 치료, 및 재활을 포함하는 통합적인 서비스로의 전환이 이루어지고 있고 이에 따라 의료사회복지의 개입영역이 다양해지고 있다. 또한 환자 가족의 권리옹호와 다양한 욕구충족을 포함하는 의료서비스의 질적 향상을 위해 의료사회복지사의 적극적인 역할 수행이 기대된다.

따라서 의료사회복지의 목적은 환자로 하여금 사회에 보다 잘 복귀할 수 있도록 입원 및 외래환자에 대한 사회적 · 경제적 · 정서적인 면을 조사, 진단하여 정상적인 가정 및 사회로 복귀할 수 있도록 환자와 의료환경과의 원활한 상호작용을 돕는 데 있다(남일재 외, 2011).

미국 사회사업가협회가 제시한 의료사회복지 기준을 살펴보면, 의료사회복지는 통합적인 의료서비스 제공을 위해 중요한 부분이 되어야 한다고 강조하고, 의료사회복지실천의 다섯 가지 목표를 제안하고 있다(Cowles, 2003).

- 신체적이고 심리사회적인 안녕감을 유지하고 증진하는 것
- 단기와 장기보호서비스로부터 최대한의 이익을 보장하기 위해 필요한 여건을 증진하는 것
- 신체적 또는 정신적인 질병을 예방하는 것
- 질병이나 장애의 사회적 측면과 정서적인 영향에 관심을 갖고 신체적 · 심리사회적인 기능을 강화하고 증진하는 것
- 의료환경과 관련자들 간에 빈번하게 갈등을 겪는 가치 입장차에 대해 윤리적 반응을 증진하는 것이다.

그러므로 의료사회복지는 의학과 관련되어 수행되는 실천분야로서, 질병을 가진 개인과 환경과의 상호관계에 초점을 둔다. 또한 환자 및 가족의 사회기능 향상을 위해 전문적 실천방법을 활용하여 질병의 예방, 치료 및 재활에 이르기까지 다양한 활동을 수행하는 사회복지의 전문적인 활동이다.

2) 의료사회복지의 대상

질병의 예방이나 치료, 재활 등은 의료의 궁극적 목적이다. 그러나 개인의 노력에도 불구하고 질병에 처해 사회적인 지원이 필요할 때, 즉 여러 가지 환경적인 요인이나 경제적인 어려움으로부터 국가가 국민을 보호하기 위한 법적인 장치를 필요로 하게 되는데 이것을 의료보장이라고 볼 수 있다. 이것은 국가가 국민의 건강을 유지·증진시키는 사회보장의 하나로 의료보장을 빈곤정책의 일환으로 보는 측면도 있고, 또한 건강은 인간 생존의 기본 조건으로서 모든 사람에게 균등하게 보장되어야 하는 공적 시책에 해당되는 의미를 부여하는 측면도 있다.

의료사회복지란 병원, 재활원, 보건소, 복지관 등에서 각종 질병에 대한 의학적 치료는 물론 환자 및 그 가족의 심리적, 사회적, 경제적인 문제를 해결하여 도움을 주거나 환자가 건강회복과 사회복귀를 잘할 수 있도록 돕는 것이 목적이다.

의료사회복지사가 주로 개입하게 되는 대상자는 다음과 같다(정민숙 외, 2011).

암 진단을 받은 환자, 더 이상의 치료가 불가능한 말기 환자, 절단 환자, 척추손상 환자, 편마비 환자, 심한 화상 환자, 자살기도 환자, 신생아 입양을 원하는 환자, 장애를 갖고 태어난 신생아, 뇌성마비아동, 지적장애 환자, 소아당뇨 환자, 소아백혈병 및 혈액종양 환자, 소아 심장 환자, 장기이식 환자, 알코올이나 약물중독 환자, 의사나 간호사의 지시를 따르지 않는 환자, 병동에서 소란을 피우거나 불만이 많은 환자, 의료분쟁의 가능성이 있는 환자, 보호자가 없는 환자, 퇴원 후 거처가 없는 환자, 고가의 진료비 예상 환자, 수술 후 부적응 환자 등이다.

의료사회복지사가 개입하는 주요 문제는 다음과 같다.

① 정서적인 문제: 충격과 분노, 혼돈, 부정·불신과 저항감, 양가감정, 죽음에 대한 두려움, 수술 후 회복과 생존율에 대한 과도한 관심, 수술 후 재발 우려, 합병증에 대한 염려

② 가족문제: 역할변화로 인한 역할 갈등, 부부갈등, 입원기간 동안의 자녀 양육

문제, 가족구조 및 관계의 변화

③ **경제적인 문제:** 노동능력상실에 따른 수입원의 단절, 진료비 해결능력의 부족 의료비용의 증가 및 입원 장기화로 인한 비용의 증가

④ **퇴원문제:** 퇴원에 대한 마음의 준비 결여, 퇴원 후 거처의 문제, 퇴원 후 간병의 문제, 퇴원 후 건강관리의 문제, 퇴원 후 직업복귀의 문제

⑤ **재활문제:** 사회복귀의 문제(복직, 복학, 지역사회 내의 적응), 신체장애에 따른 사회 재적응의 문제 등이다.

따라서 환자 및 그 가족이 원하는 서비스에 대한 욕구사정과 입원계획, 퇴원계획, 경제적인 문제, 사회복귀 문제와 더불어 개인, 가족, 집단에 대한 직접적인 서비스와 치료, 정보제공과 환자의 권리와 자격보호 등 의료영역에서의 질병으로 하여금 사회적 일원으로 살아갈 때 영향을 주는 사회적, 문화적, 경제적 조건들을 조정하고 재통합함으로써 질병을 가진 개인이나 가족 또는 지역사회의 의료문제를 해결하기 위해 환자에 대한 전인적 접근의 실천이 필요하다.

3) 의료사회복지사의 역할

의료사회복지사는 질병치료, 건강회복, 건강유지 등의 목표를 가지고 환자의 질병과 관련된 심리적 · 사회적 문제를 해결하고, 가정과 사회로 복귀할 수 있도록 원조하는 것이다.

의료사회복지사가 수행하는 역할이라고 해서 일반 실천현장에서 수행되는 사회복지사의 역할과 크게 다르지 않지만 그러나 질병 자체뿐 아니라 질병으로 인한 문제와 치료 과정에서 발생하는 여러 가지 문제를 해결하고 사회적응을 위한 원조를 수행해야 하는 특성이 반영되어 있다. 몇 가지 역할들을 중심으로 설명하면 다음과 같다.

(1) 개별의료사회복지사의 역할

개별의료사회사업가는 환자와 밀접한 대인관계를 조성하여 의료를 방해하고 있는 사회적 · 심리적 · 경제적 문제 또는 가족이나 직업 등의 문제를 환자와 함께 명백히 하여 스스로 해결할 수 있도록 돕는 일을 한다. 즉, 질병으로 야기된 그들의 생활기능의 저하 또는 마비에 대한 회복을 돕고 질병이나 문제에 대처해 나가는 능력을 기르는 것이 개별의료사회복지사의 역할이다.

(2) 의료팀으로서의 역할

환자에게 가장 적절한 치료계획을 세우기 위해 의료팀과 협의진료를 한다. 즉, 환자에게 있어서 의료진의 직접적인 진료나 치료행위 외에 의료팀과 협의하여 치료효과를 극대화하기 위해 다음과 같은 역할이 필요하다.

첫째, 환자의 생활력의 청취나 사회환경조사를 통하여 질병에 관련된 심리적 · 사회적 요인을 분명히 하여 의사의 진료와 사회복귀나 퇴원계획을 위한 자료를 제공한다.

둘째, 질병으로 인하여 형성된 환자와 가족 간의 심리적 · 사회적 상황의 변화를 의료팀에게 알려 의료효과를 높이도록 협조한다.

셋째, 병의 증세와 치료방침을 환자와 그 가족에게 충분히 이해시켜 그들이 진료에 대해 취할 자세를 교육한다.

(3) 심리사회적 상담가로서의 역할

질병으로 인해서 발생하는 심리사회적인 문제는 의료서비스에 많은 애로사항을 제공하므로 환자 스스로가 안정감, 자신감 그리고 용기를 갖도록 지지적 역할을 하여야 한다.

특히 환자와 가족이 질병과 환경의 변화로 겪게 되는 문제, 즉 가족이나 친지들로부터의 격리에 따른 스트레스나 치료 동기의 저하, 의존성의 증가, 죽음에 대한 두려움, 수술 후 재발 우려, 합병증의 염려 등 심리사회적 문제들을 평가하고 상담하는 개입 과정이 중요한 역할을 하게 된다.

(4) 교육자의 역할

교육은 의료현장에서 사회복지사가 빈번하게 사용하는 실천방법이다. 의료현장은 많은 정보들을 필요로 하고, 또 많은 정보들이 있지만 때로는 검증되지 않은 잘못된 정보들을 접하기 쉬운 곳이기도 하다. 따라서 적절하고 정확한 정보수집과 전달은 매우 중요하다.

(5) 경제적인 지원 및 자원동원자의 역할

경제적인 문제로 인하여 치료에 어려움이 따르는 환자에게 개입하여 병원의 자선기금 또는 단체의 후원금이나 개별후원금 등을 동원하여 치료비 및 재활용품들을 지원한다. 또한 의료적 치료나 재활치료 과정에서 인적 · 물적 · 제도적 · 법적인 자원을 필요로 하는데 이를 해결하기 위해서 지역사회의 공 · 사적인 자원을 조직화하고 동원하기도 한다.

(6) 재활의료팀으로서의 역할

재활의료팀의 일원으로 심리사회적 측면에서 조사연구와 평가치료, 훈련지도 및 서비스의 계획수립에 협력하여 생활지도적, 심리사회적 그리고 직업적 등의 종합적인 재활 과정에 참여한다. 특히 장애가 생기거나 재활 과정에서 파생될 수도 있는 심리사회적인 문제나 행동반응, 즉 자기중심적, 비사회적, 퇴행적, 자폐적, 정서적 불안 등을 치료하거나 교정 및 생활지도를 하여 사회기능 회복이나 잠재기능을 개발하도록 돕는다.

또한 재활의 영역과 대상도 다양하기 때문에 재활 팀에 환자의 심리사회적 요인을 이해시켜서 상호협력적인 활동을 하도록 한다(권육상 외, 2010).

4) 의료사회복지의 향후 과제

최근의 사회환경 및 병원 경영 환경의 변화는 의료사회사업의 재적응을 요구하는바, 표준직무의 개발 및 적용, 사회사업 서비스에 대한 의료보험수가 적용의 확대, 퇴원계획지도의 성공적 이행 및 외래 및 응급환자에 대한 지원의 확대, 정보화 등을 의료사회사업의 향후 과제로 꼽을 수 있다(이윤로 외, 2009).

첫째, 직무표준화는 사회복지사 간의 의사소통을 명확히 하여 전문성을 향상시키고, 직무평가의 기준으로 적용할 수 있으며 의료사회복지사의 활동영역을 확대하는 계기가 될 것이다. 표준 직무의 개발은 의뢰된 문제의 목록, 사정된 문제의 목록, 지원방법 및 지원내용에 대한 학문적 및 실천적 개념 정립을 통하여 달성될 수 있을 것이다.

둘째, 사회사업 서비스에 대한 의료보험수가 적용의 확대는 병원의 수익증대를 가져옴으로써 의료사회복지의 활동 기반을 강화시켜 줄 것이다. 현재 대한의료사회복지사가 추진하고 있는 통합의료보험수가안의 실현을 위해서 꾸준한 노력이 필요하다고 할 수 있다.

셋째, 재원일수 단축을 통한 수입극대화를 추구하는 의료기관은 퇴원 계획지도에 많은 관심을 기울이고 있다. 이는 장차 입원중심 서비스에서 지역사회중심 서비스로의 전환을 암시한다고도 할 수 있다. 따라서 의료사회복지사는 의료기관의 방침에 부응함과 동시에 환자의 원활한 사회복귀를 위하여 퇴원계획지도 업무를 성공적으로 수행해야 할 것이며, 나아가 외래 및 응급환자에 대한 사회사업서비스의 확대를 도모해야 할 것이다.

넷째, 의료사회복지의 정보화를 위한 노력은 사회복지실천을 효율적으로 이끌 것이다. 상담기록 등 업무의 효율적 관리 및 공식적, 비공직적 자원의 체계적이고 효율적인 관리는 정보화를 통하여 달성될 수 있다.

다섯째, 의료사회복지의 법적 인정을 획득하기 위한 노력이 필요한데, 이는 각종 서식의 일원화, 업무내용의 명확한 규정 등을 통하여 이룰 수 있을 것이다.

오늘날 한국사회와 보건체계의 변화 속에서 삶의 질(quality of life)의 개념과 연결되는 다양한 주제들이 대두될 것으로 사료된다. 노인이나 장애인 등 만성적 질환과 관련된 욕구, 빈곤이나 실업 · 폭력 · 약물남용 같은 사회적 문제의 희생자들과 관련된 욕구, 보건에 관한 시민들의 견해의 변화에서 오는 욕구, 환자를 파트너로 보고 가족중심의 보호를 제공하기 위해 자신의 태도를 변화시키려는 보건서비스 제공자들의 욕구, 고급 테크놀로지를 적용하는 데 있어 윤리적 문제를 해결하기 위한 전문직의 욕구 등이다. 이러한 주제들을 다루는 데 있어 사회복지사는 매우 중요한 역할을 할 것이다.

또한 보다 높은 수준의 의료복지를 달성하기 위하여 의료전달체계의 개선, 국민건강보험제도의 개선, 의료시설의 확충, 의료팀 접근 등 많은 과제를 안고 있다. 이러한 변화에 대처하고 효과적인 서비스 제공을 위해서는 의료사회복지사의 지속적인 훈련과 실천은 물론 의료사회복지 발달을 위한 지속적인 노력이 필요할 것으로 보인다(정민숙 외, 2011).

3 정신보건복지

1) 정신보건복지의 개념

오늘날 산업과 과학의 발달에도 불구하고 정신건강의 문제는 요즘의 심각한 사회상을 반영하며 과거에 볼 수 없었던 새로운 문제들이 발생하고 있다.

정신보건 분야는 가정폭력문제부터 시작해 우울, 정신분열증의 치료, 알코올중독이나 약물중독의 치료에 이르기까지 서비스의 범위가 매우 넓다. 그러나 정신장애(mental disorder)의 개념은 단순히 병리학적인 용어로만 규정할 수는 없으며, 시대성과 사회성을 반영하는 사회역사적 개념이다. 예를 들면, 과거에는 동성애와 알코올중독이 일탈적인 것으로 간주되었으나 최근에는 동성애를 정상적인 생활방식의 하나로 주장하고 있으며 또한 알코올중독도 신체질환으로 취급하고 있다(김기태, 2001). 최근 사회복지사들은 병원의 입원 및 외래 세팅뿐만 아니라 각종 공공 및 사립 · 민간기관을 통해 정신건강서비스를 제공하고 있으며 정신건강에 종사하는 사회복지사들도 점차 증가하고 있다. 우리나라에서도 1995년 12월 정신보건법의 시행과 함께 정신보건사회복지사 자격증제도가 공식적으로 실시됨에 따라 관심의 폭이 넓어지고 있다(임우석 외, 2011).

정신보건복지(Psychiatric Social Work: PSW)는 의료사회사업의 한 분야로서 전문화된 영역으로 발달하였다. 간단히 정의를 내리면 정신의학영역에서 이루어지는 사회사업과 관련된 제반활동을 지칭한다.

오키페(O'Keefe, 1960)에 의하면, "정신보건복지는 지역사회 내의 정신위생(mental hygiene)을 향상시키기 위한 사업과 정신장애인을 위한 봉사에 목적이 있다고 규정하고 있으며, 그 활동은 정신병원이나 기타의 정신보건기관에서 정신과 의사와 임상심리사, 간호사 등을 포함하는 치료팀(therapeutic team)에 의해 이루어지는 임상적 서비스"로 정의한 바 있다.

그리고 미국의 사회복지사협회(NASW)에서 발간한 《사회사업사전(Social work dictionary)》에 의하면, 정신보건복지(Psychiatric Social Work)란 정신보건세팅에서 이루어지는 사회사업이라고 규정하고 있다. 또한 정신보건사회복지사는 정신질환자에게 정신분석치료와 사회사업서비스를 제공하고 정신과의사 및 다른 전문가집단과 팀(team)을 이루어 서로 협조하며 환자와 가족들과의 관계에서는 치료동맹(working alliance)관계를 맺고서 일을 한다고 규정하고 있다(Baker, 1995).

퍼거슨(Ferguson, 1954)은 "정신보건사회사업은 첫째, 정신보건기관 내의 프로그램을 본격적으로 돕는 형태로서의 사회사업이며 둘째, 치료기관에서의 실천적 본질을 강조하는 것으로 정신병에 관한 지식과 사회사업과정에 적용시킬 수 있는 능력을 소유하면서 실시하는 것"이라고 하였다(정원철, 2007. 재인용).

이처럼 많은 학자들이 각자의 관점에 따라 다양한 정신보건복지의 정의를 제시하고 있다. 즉, 정신보건복지는 그 업무와 활동을 어떻게 규정하느냐에 따라 활동영역이나 실천기술과 개입방법 등이 다를 수 있으며, 그 사회의 문화와 가치에 따라서도 어느 정도 차이가 있을 수 있다.

따라서 정신보건복지란 첫째, 사회복지의 한 분야로서 정신의학의 이론 및 실천체계를 배경으로 한다. 둘째, 정신보건사회복지사와 정신과의사 및 다른 정신건강의료진과 팀을 이루어 활동한다. 셋째, 정신보건복지는 개별, 집단, 지역사회를 포괄하는 접근법이다. 넷째, 정신보건복지는 정신적, 정서적 문제를 가진 클라이언트를 대상으로 병원을 비롯한 정신관련 단체 및 시설에서 행해진다(박상하 외, 2007).

2) 정신보건복지의 대상

정신보건법은 전 국민의 정신건강 증진을 목적으로 하고 있으나 일차적인 대상은 '정신병, 인격장애, 기타 정신병적 정신장애를 가진 자'인 정신장애인이다. 정신장애에는 생물학적 · 심리적 병변으로 인하여 정신기능의 제 영역인 지능, 지각, 사고, 기억, 의식, 성격 등에서 병리학적 현상이 진행되는 것을 말한다(손광훈, 2009). 주요 정신질환으로는 정신분열증과 기분장애를 들 수 있고, 기타 정신질환으로는 불안장애, 아동기 정신장애, 알코올중독, 노년기 정신장애가 있다. 불안장애에는 공포장애, 공황장애, 범불안장애, 강박장애, 외상후 스트레스 장애가 있으며, 아동기 정신장애로는 ADHD, 품행장애, 학습장애, 자폐증, 섭식장애, 정신지체가 있다. 또한 노년기 정신장애에는 섬망, 치매, 우울증, 만성정신분열증, 편집증, 건강염려증, 수면장애, 알코올관련 장애 등이 있다.

3) 정신보건사회복지사의 자질과 역할

사회복지실천은 오래 전부터 인간과 환경 간의 상호작용을 강조해 왔다. 이른바 '환경 속의 인간(person in environment)'으로 지칭되는 심리사회학적 관점은 다른 전문직으로부터 사회복지전문직을 구별하는 중요한 특성이다. 따라서 정신보건영역에서 일하는 사회복지사도 이러한 사회복지의 고유한 관점을 유지하면서 전문성을 발휘해야 한다(임은희, 2010).

유능한 정신보건사회복지사는 사회사업의 가치를 중시하고, 지식과 기술에 근거하여 서비스를 제공하며, 클라이언트의 삶에 있어서 의미 있는 변화가 일어날 수 있도록 다양한 노력을 기울인다. 벤트리(Bentry, 2001)는 정신보건사회복지사에게 필요한 열정(compassionate), 헌신(committed), 협력(collaboration), 창의(creativeness), 유능성(competence)의 다섯 가지 자질을 제안하였다(정원철, 2007).

정신보건사회복지사의 업무내용은 속한 기관의 기능이나 내용, 한계에 따라 차이가 있으므로 정신보건사회복지사의 활동은 치료팀의 치료방향과 일치하는 범위 내에서 이루어져야 한다. 정신보건영역에서 사회복지실천 개입은 환자의 질병으로 인한 문제해결능력의 향상, 사회적 기능의 회복과 재활에 일차적 목적이 있다.

그 역할은 첫째, 치료의 영역에서는 환자 개인과 환자집단 및 가족집단을 위한 전문적인 서비스 제공이다. 둘째, 재활영역에서는 일상생활 훈련과 지역사회주민들의 정신질환자에 대한 편견을 없애기 위한 교육, 지역사회자원을 활용하여 사회적응을 돕는 일은 물론 재가복지서비스 개발이다. 셋째, 예방영역에서 정신보건교육과 자문, 위기개입, 정신질환의 조기발견과 조기치료를 돕는 일, 정신건강에 대한 올바른 인식 등을 돕는 일이다. 또한, 다양한 세팅에서 자신들의 역할을 수행하면서 많은 기술들을 사용하고 있다. 이 역할들을 정리하면 다음과 같다(Popple & leighningerm, 1996).

(1) 치료자(상담가)의 역할

일반적으로 정신보건사회복지사가 가장 많이 수행하는 역할이라고 말할 수 있으며, 전통적인 정신보건사회복지의 개입모형에 의하여 개별사회사업가(case worker) 혹은 집단사회사업가(group worker)의 역할이 이에 해당된다.

(2) 사례관리자 역할

정신보건사회복지사는 클라이언트의 욕구(needs)와 문제(problem) 그리고 신경정신과적 증상(neuro-psychotic symptom)을 사정하고, 클라이언트의 욕구와 문제에 부합하는 서비스와 프로그램에 조정하며, 필요시에는 타 기관과 연계하고 클라이언트의 문제에 적절하게 개입할 수 있는 기관에 클라이언트를 의뢰할 수 있으며, 클라이언트가 적당한 자원이나 도움을 받을 수 있도록 사후관리를 하는 것 등 포괄적인 역할을 수행할 수 있다.

(3) 계획, 행정, 지도감독자의 역할

정신보건사회복지사들은 클라이언트의 권리를 보장하고 서비스를 개선하기 위하여 입법과 프로그램 변화를 위해 옹호하며, 다른 사회복지사들을 지도 감독하고 프로그램을 시행하고, 기관의 선두에서 활동한다(정민숙 외, 2007).

4) 정신보건복지의 과제

정신보건복지는 환자의 정신질환 치료에 대한 목표가 그들의 정신적, 정서적 고통으로부터 건강회복과 사회적응에 기여하는 데 있다. 정신보건복지의 활성화를 위한 몇 가지 과제는 다음과 같다.

첫째, 정신과 치료팀과의 협력방안이 필요하다. 정신과 환자의 정확한 진단을 내리기 위해서는 환자 개인과 그 가족력 및 사회력에 관한 올바른 정보수집이 요구된다. 따라서 정신보건사회복지사는 사회복지실천의 지식과 기술, 경험 등을 통하여 환자의 가족력과 사회환경을 조사하고 파악하여 역동적 팀 접근에 일조해야 한다.

둘째, 정신과 병원의 프로그램 개발이 필요하다. 정신과 병원 및 시설은 치료공동체 운영, 집단치료프로그램 운영, 자원봉사자 활용, 정신과 환자 진료계획 등 다양한 프로그램의 운영방침을 현실성 있게 세울 필요가 있다. 따라서 정신보건사회복지사는 다양한 프로그램을 통하여 환자들에게 동기, 능력, 기회 등을 부여함으로써, 이들의 잠재능력의 계발과 재사회화의 기능 향상으로 사회복지를 잘할 수 있도록 원조해야 한다.

셋째, 지역사회자원의 연결망 구축이 필요하다. 정신과 병원과 시설은 환자 치료의 프로그램에 유익한 활동 등과 연결이 가능하도록 해야 한다. 특히, 환자의 지속적인 서비스를 위해 낮 병원과의 업무 연결, 퇴원 후 지역 내의 자조집단 연결, 사회기관과 재활훈련 연결, 직업재활을 위한 작업장 연결, 집단거주시설의 연결 등이 구축되어야 한다.

넷째, 교육프로그램의 활성화가 필요하다. 정신보건과 관련된 홍보 및 교육프로그램을 개발하여 환자와 그 가족에게 적합한 교육이 이루어져야 한다. 특히, 환자가족에 대한 교육과 자문, 지역주민의 정신건강에 대한 홍보와 의욕 고취를 위해 참여를 유도해야 한다. 그리고 회복기에 있는 정신질환자의 재활을 위한 의식조사, 정신보건재활 프로그램 개발, 정신보건시설 확장 등의 활용방안이 이루어져야 한다.

다섯째, 실천현장에서 적용할 수 있는 이론과 기술의 개발이 필요하다. 우리의 상황에 적절한 실천기술을 개발하는 데 더욱 힘써야 할 것이며 이러한 임상적 결과들이 도출되어 전문직으로서의 위상을 높여 나가야 한다. 또한, 정신보건의료영역에서 정신보건사회복지사, 정신보건전문가로서 타 전문가와 나란히 협력할 수 있는 실력과 자격요건을 갖추는 노력이 필요하다(임우석, 2011).

4 학교사회복지

1) 학교사회복지의 개념

학교사회복지는 학교교육과 학교현장에서, 학생에게 발생하는 다양한 문제를 해결하고 학생의 인권을 보호하며 복지를 향상시키기 위한 사회복지실천분야이다. 또한 학교사회복지는 교육과 복지를 접목하여 교육의 원래 목적을 달성하도록 사회복지전문가들이 기여하는 영역이며 방법으로 정의한다. 교육목적의 달성이라 함은 학생 개인의 차이를 인정하고 인권과 욕구존중이 이루어지는 환경 속에서 누구든 자신의 능력에 맞는 학습권을 향유하고, 홍익인간으로서의 잠재력을 최대한 계발하여 아까운 인적자원의 낭비가 이루어지지 않도록 학생의 발달 단계에 맞는 성장과 발달이 이루어지는 것을 뜻한다. 학교사회복지는 교육전문가인 교사 중심의 학교에 사회복지사가 상주 또는 배치되어 학교구성원들을 지원하는 사회적 서비스를 제공하는 것이다.

이와 같은 학교사회복지에 대한 개략적인 이해에도 불구하고 학교사회사업 현상을 포괄할 수 있는 개념 정의를 내리기가 쉽지 않으며, 학자들마다 그 개념 정의가 약간씩 다름을 볼 수 있다(문영희 외, 2009).

미국사회사업연감에서는 "학교사회복지는 학생이 학교생활에 적응하는 데 곤란을 초래하는 사회적, 정서적 문제를 지닌 학생을 원조하는 것"이라고 하고 있으며, 코스틴(Costin)은 학교의 주요 목적을 "배우고 가르치는 환경을 제공하여 학생들이 자기 능력을 최대한으로 발휘할 수 있도록 도와주는 것"이라 하였다.

전재일 등(1997)은 "학생의 정상적인 생활에 장애가 되는 심리적·사회적 부적응을 조기에 발견, 예방, 치료하여 교육체계의 중요한 임무를 원활히 수행하도록 하는 데 필요한 서비스를 제공하는 사회복지실천의 한 분야"로 제시한 바 있고, 로웬(Rowen)은 전문적이고 교육적인 서비스와 전문가 간의 상호 협력적인 접근으로 학교가 제공하는 교육 기회를 학생들이 최대한 활용할 수 있도록 돕는 전문직이라고 정의하고 있다.

윌리엄(William)은 "고도로 숙련된 훈육활동이며, 모든 학생을 위한 협력적이고 치료적인 환경 제공을 위해 돕는 원조 전문직"이라고 하였으며, 펜실베이니아주 교육협회 학생복지국은 "학교제도 내에서 학생을 이해하고 돕는 전문가 간의 상호 협력적인 접근의 통합된 활동 분야"라고 정의하였다.

학교사회복지는 학교라는 주된 실천의 장소를 통하여 학교교육의 본질적인 목적의 달성을 도와주며, 모든 학생이 자신이 가지고 있는 잠재적인 능력을 발휘할 수 있도록 도와 건전한 사회구성원으로 성장할 수 있도록 하는 것이다. 또한 학교의 교육목적 달성에 관계되는 다양한 학생문제의 예방과 치료에 사회사업의 원리와 방법을 적용함으로써 개개 학생들의 교육적 성취를 높이는 데 도움을 주고자 하는 전문활동이라고 할 수 있다.

결론적으로 학교사회복지는 사회정의를 실현하는 사회복지의 목적을 추구함과 동시에 궁극적으로 학교와 학생이 전인교육의 교육목적을 달성하도록 도와주는 사회사업실천의 한 전문분야라고 할 수 있다.

2) 학교사회복지의 목적

학교사회복지의 목적은 학생들이 학습능력, 문제해결과 의사결정능력, 변화에의 적응능력, 학습에 대한 책임성 등을 가질 수 있도록 도와주는 것이다. 이를 위하여 최적의 교육환경을 제공하고 학생들이 어떤 일을 수행할 수 있는 능력, 계속되는 학습을 위한 준비성과 적응하고 변화할 수 있는 능력을 가질 수 있도록 도와주는 데 중점을 둔다(남일재 외, 2011).

학교사회복지의 목적은 크게 세 가지로 볼 수 있다.

첫째, 기본적으로 학교교육의 목적을 달성할 수 있도록 지원하는 것이다. 이를 위해 학교사회복지사는 아동 및 청소년이 유능감, 문제해결 및 의사결정능력, 변화에 적응할 수 있는 준비, 자신의 지속적인 학습을 위한 책임감을 갖는 목적을 달성하려는 학교의 노력에 일조해 삶의 질을 향상시키는 데 기여하여야 한다.

둘째, 개인적 문제, 가족 또는 대인관계상의 문제, 학교적응과 관련된 문제를 가지고 있는 학생들을 위해 사회복지서비스를 제공하는 것이다. 이는 사회복지실천의 기본 목적이라 할 수 있는 사회적 기능의 촉진, 회복, 유지, 향상과 연결되며, 학생들이 가족, 학교, 지역사회 등 외부환경과의 역기능적 상호작용을 통해 원활한 사회적 기능의 수행이 힘들 경우 학교사회복지사는 사회복지실천의 원칙과 방법을 활용하여 필요한 사회복지서비스를 제공해야 한다.

셋째, 가족-학교-지역사회 간의 연계를 강화하여 학생들에게 최적의 교육환경을 제공하는 것이다. 학생들의 학교생활을 저해하는 요소들은 학생 개인에게서만 찾을 수 있는 것은 아니며, 학생들이 상호 교류하는 다양한 환경들에서도 발견될 수 있다. 또한 제한된 학교자원으로는 학교체계 내에서 발생한 문제의 해결이 어려울 수 있다. 이에 학교사회복지사는 지역사회의 자원을 학교 안으로 끌어들이는 역할을 수행해야 한다(성민선 외, 2010).

3) 학교사회복지사의 역할

코스틴은 학교체계 안에서 학교사회복지의 전문적 역할을 ① 가능하게 하는 자(enabler), ② 자문가(consultant), ③ 공동협력자(collaborator), ④ 교사(teacher), ⑤ 조정자(mediator), ⑥ 옹호자(advocator), ⑦ 관리자(manager) 및 중재자(broker)로서의 일곱 가지로 소개하고 있다(문영희 외, 2009).

(1) 가능하게 하는 자(enabler)

사회복지사가 클라이언트의 문제해결을 위하여 목표로 정한 변화를 스스로 성취하도록 그의 능력을 격려하고 촉진하는 역할을 의미한다.

(2) 자문가(consultant)

자문은 자문을 받는 사람(자문의뢰인)과 자문에 응하는 사람(전문자문가) 사이에서 진행되는 문제해결 과정이며, 학교사회복지에 있어서의 아동, 가족 혹은 학급 때로는 정책이나 절차 혹은 서비스나 프로그램에 관하여 주로 교사, 교장, 다른 학교관련 인사 혹은 지역사회 인사들이 학교사회복지사에게 자문을 구하게 된다.

(3) 공동협력자(collaborator)

공동협력이라는 용어는 문제해결을 위한 정보교환을 의미하는데, 공동협력의 결과는 이용가능한 자원이 증대된다는 의미이다. 다학제 간 전문가가 하나의 팀으로 공동 협력할 때, 각 전문직에게 요구되는 점은 자신이 기여할 수 있는 바를 타 전문직이 기여할 수 있는 것으로 연결시키는 능력이며 이것은 팀 접근에서의 필수적 기능이 되고 있다.

(4) 교사(teacher, educator)

학교사회복지사가 클라이언트에게 정보를 제공하는 것을 교사의 역할이라 한다. 교사가 학생들에게 교육을 통해 새로운 정보를 지속적으로 제공함으로써 학생들을 성장시키고 문제해결능력을 길러주듯이, 사회복지사가 클라이언트에게 대처기술 및 자원활동의 정보를 전달하면서 교육하는 성격을 가지고 있기 때문이다.

(5) 조정자(mediator)

조정자로서의 역할은 클라이언트와 환경 사이에서 양자 모두에게 문제해결 서비스를 제공하는 것이다. 사회복지사는 각자가 상대의 말을 경청하도록 중재방향을 제시하고 그렇게 할 수 있도록 각자에게 필요한 만큼 도와주는 것이 조정자로서의 역할이다.

(6) 옹호자(advocator)

조정과 옹호는 사회사업가가 클라이언트를 위해 무엇인가를 해준다는 의미에서는 비슷하나 클라이언트에 대하여 사회사업가가 견지하는 입장의 측면에서 서로 다른 점이 있다.

조정자의 경우 사회사업가는 분쟁이 일어난 양편 모두의 입장에 서서 클라이언트가 서로 해결하도록 도와주는 것인데 비해 옹호자의 경우는 클라이언트를 대신하여 싸워 준다.

(7) 관리자(manager) 및 중재자(broker)

관리란 조직의 모든 협동적 활동이 합리적 · 효율적으로 추진되고 수행될 수 있도록 그것을 지도하고 촉진하는 기능 및 과정을 말한다. 이런 의미에서 학교사회복지사는 모두 관리자이다. 학교사회사업가가 제공하는 서비스는 체계의 특성상 학교체계 조직 내의 모든 사람에게 연계성을 가지고 있다.

4) 학교사회복지의 대상

학교사회복지의 대상은 일차적으로 학교생활을 경험하는 학생들이고, 다음으로 학생들의 사회적 기능 수행과 교육목적 성취에 영향을 미치는 학교체계, 교사, 부모 및 지역사회체계가 포함될 수 있다. 즉, 학교교육목적의 달성과 관련된 모든 개인, 집단, 조직 및 지역사회의 체계가 학교사회복지의 실천 대상이 될 수 있다.

학교사회복지는 요보호학생이나 학교부적응학생이 그 대상이었으나, 최근에는 모든 학생들이 평등한 교육을 받을 수 있도록 함으로써 전체 학생을 대상으로 한다. 그러나 아직도 요보호학생을 대상으로 하는 경우가 많다.

그래서 학교사회복지의 일차적 대상과 그들의 문제를 살펴보면 다음과 같다(문영희 외, 2009).

학교사회복지의 서비스를 받는 대상은 학교의 거의 모든 학생이라고 보아야 하며, 상황에 따라 서비스의 우선순위를 정하여 예방프로그램과 치료개입 프로그램을 적절하게 배치해야 한다.

① 일반 학생 전체가 대상이며, 문제예방을 위한 성교육, 마약방지교육, 성폭력 피해방지교육, 정신건강교육, 진로상담교육, 집중력향상교육, 의사소통교육, 갈등중재교육, 자기주장훈련 교육 등

② 위기를 경험하고 있는 학생, 즉 학대피해, 폭력피해, 자살시도, 결식, 자연재해 피해학생 등 즉각적 개입을 요하는 학생

③ 가정문제와 결부된 학생, 즉 가출, 부모양육의 소홀, 방임, 부모이혼 과정, 소년소녀가장 등 학생의 혼자만의 문제가 아니고 학부모의 개입을 우선적으로 하는 경우

④ 폭력, 범죄, 마약 등 심각한 범법행동 학생

⑤ 학교 규칙위반학생, 즉 무단결석, 무단조퇴, 등교거부, 잦은 지각, 수업불참, 흡연문제, 음주문제, 교사와의 갈등문제를 보이는 학생

⑥ 정서적 문제를 가진 학생, 즉 우울감, 불안감, 대인기피증, 왕따 학생 등

⑦ 학교 중도탈락 아동, 빈곤아동, 시설아동, 문화여가부족아동, 장애아동, 질환을 앓고 있는 아동 등

5) 학교사회복지의 실천모델

학교사회복지는 실천분야가 점차 전문화되고 발전되면서 그 시대의 사회적, 문화적 환경에 대응하기 위하여 다양한 실천모델이 개발되었다. 이러한 실천모델들은 학생들이 직면하는 문제의 성격을 규명하는 시각의 차이에 따라 서로 다른 개입목적과 학교사회복지사사의 활동들을 포함하고 있어, 학생의 문제를 어떻게 정의하느냐에 따라 문제의 해결을 위한 접근방법에서 상이성을 갖고 있다. 여기에서는 학교사회복지의 실천모델을 몇 가지로 제시하고자 한다.

(1) 전통적 임상모델

전통적 임상모델(Traditional Model)은 앨더슨(Alderson)에 의해 설명된 모형 중 가장 많이 알려져 있고 사용되는 전통적 임상모형으로, 학습 잠재력을 방해하는 사회적·정서적 문제를 가진 개별 학생에게 초점을 두고 있다. 전통적 임상모델의 목표는 어려움을 가진 학생에게 학교조직 내에서 더 효율적으로 기능할 수 있도록 가능성을 부여하고, 최적 조건에서 학교 경험을 할 수 있도록 만드는 것이다.

문제의 원인이 부모, 자녀와 가족관계의 어려움으로부터 생긴 학생 내부의 감정적 또는 정신적 어려움에 있다고 가정한다. 학교는 학생의 어려움에 관하여 수용적이고, 역기능을 일으키지 않는다고 보며, 학교사회복지사의 전력, 전술, 기술은 다음과

같은 개별사회사업 방법에 기초를 두고 있다(문영희 외, 2009).

① 학교에서 어려움을 가진 학생과의 개별사회사업

② 교사와 다른 학교관련 직원과의 전문적 관계 수립

③ 부모와의 개별사회사업

④ 지역사회 기관과 함께 하는 사업

⑤ 지역사회에 학교 프로그램을 해석해 주는 것

또한 주로 학생과 그의 부모에게 가능성을 부여하고 지지해 주며, 학생 개개인을 돕는 방향으로 학교 내에서 협력하고 상담해 주므로 주된 서비스 대상은 학생과 그 가족이다.

(2) 학교변화모델

학교변화모델(School Change Model)의 초점은 보통 기관변화모형이라고 하는데, 적절한 사회적 · 교육적 기대에 대처하는 학생의 능력에 장애가 되는 학교의 역기능적 규범과 조건을 찾아내는 데 있다. 즉, 학생들의 문제는 학교제도에서 비롯되며 그 원인을 학교제도 및 환경이 제공한다고 가정한다. 중요 초점은 특히 학교규범과 조건에 있으므로 클라이언트 체계는 학교로 간주된다. 학교에 있는 모든 사람들(학생, 교사, 행정가, 기타 관련인)은 중재를 위한 잠정적인 대상이다. 또한, 비행의 사회학적 개념이 이 모델을 발달시키는 역할을 하였다.

빈터(Vinter)와 세리(Sarri)는 일탈학생은 본인의 인성과 학교 상황적 조건과의 상호작용의 결과를 간주하여야 한다고 제안하고 있다. 기본적인 역할로 학생과의 교제는 물론, 학생의 어려움을 다루는 것, 서비스하는 방법을 들고 있다.

(3) 지역사회 학교모델

지역사회 학교모델(Community School Model)은 기본적으로 소외되고 취약한 지역사회에 초점을 두고 있으며, 목표는 학교와 지역사회 간에 신뢰가 형성되도록 하는 것으로써 학교와 지역사회가 모두 개입의 초점이 된다. 지역사회 대상으로는 학교에 대한 교육 과정의 이해와 인식을 높이고, 학교의 역할을 이해하고 지지하도록 하며, 학교 대상으로는 낙후된 지역의 역동성과 사회적 요인들에 대해 설명한다.

지역사회 학교모형은 우선적으로 박탈될 혹은 차별대우를 받은 지역사회에 초점을 두고 있으며, 학교가 제공하는 것에 대해 지역사회에 교육시키고 지역사회에 적합한 교육프로그램을 학교에서 실행하는 것이다.

지역사회 학교모형의 주요 목적은 학교에 대한 지역사회의 이해와 지지를 향상시키고, 소외된 학생을 지원하는 학교 프로그램을 발달시켜 학생의 학습과 학교에서의 적응력에 영향을 미치는 조건을 향상시키는 것이다. 이에 개입대상은 지역사회와 학교 모두가 해당된다.

(4) 사회적 상호모델

사회적 상호작용모델(Social Interaction Model)은 개인과 집단의 행동들이 서로에게 미치는 영향을 강조한다. 따라서 문제는 학생과 다양한 체계들 간의 상호작용이 서로에게 도움이 되는 방향으로 이루어지지 못하기 때문에 발생한다고 본다. 이 모델에서는 학교, 학생, 가정과 지역사회 간의 기능적 상호작용을 방해하는 요소를 확인하고, 이 체계들 간의 역기능적 상호작용 유형에 변화를 주어 학교, 학생, 가정과 지역사회가 서로 원조할 수 있도록 돕는 것이 목적이다.

사회적 상호작용모델에서는 학교를 상대로 한 가정, 지역사회와 학생의 기대가 모두 다르기 때문에 역기능이 발생하며, 이는 다시 학생들의 문제에 영향을 줄 수 있다고 본다. 학생의 문제발생과 해결에 기여하는 주체는 다양하기 때문에 학교사회복지사는 어느 특정한 체계에만 개입하는 것이 아니라 이들 모든 체계의 상호작용에 개입하여 문제를 해결하고자 한다. 학교사회복지사는 특정한 문제에 노출되어 있는 학생이 있다면 그 학생, 가정, 지역사회와 다른 의미 있는 체계에 대한 사정을 토대로, 학교 내부뿐만 아니라 학교 외부까지 그 범위를 확대하여 개입한다. 각 체계 간의 대립상황을 학교의 공식적 권위를 바탕으로 조정하는 역할을 감당하는 건을 주요 서비스 내용으로 한다(성민선 외, 2010).

(5) 학교-지역사회-학생관계 모델

코스틴이 시범사업을 통해 개발한 학교–지역사회–학생관계 모델(School-Community-Pupil Relations Model)은 학생, 학교, 지역사회 간의 복잡한 상호작용을 강조한다. 이 모형에서 제일의 목적은 3자간의 상호작용에 변화를 일으키는 것이며, 학교와 지역사회의 해로운 제도적 실천과 정책을 수정하는 것이다. 초점은 개별적 집단 구성원의 인격적 발달에 있는 것이 아니라 학생집단의 상황조건에 있는 것이다.

코스틴의 모형은 특히 비슷한 상황에 있는 무단결석자, 10대 임신 혹은 비슷한 학습욕구를 가진 학생, 그리고 학교와 지역사회의 상황 간의 독특한 상호작용으로 인해 역기능적 단위가 된 학생집단을 포함한다. 물론, 이 모델에서도 학교사회복지사는 특별한 표적집단의 구성원인 개별학생의 입장에서 개별사회사업, 집단사회사업, 그리고 위기중재를 제공할 수 있다.

그러나 개별사회사업은 이러한 모형에서 주요한 과업이 아니며 대신에 새로운 프로그램의 개발, 미수행의 요인이 되는 학교 사무직원과 관련된 정책 및 실천에 대한 자문과 협동, 그리고 학생과 그들의 가족에게 서비스를 제공하는 지역사회기관의 업무를 원조할 수 있다.

(6) 학교연계 통합서비스

학교연계 통합서비스(School-Linked Integrated Services)는 학생과 그 가족이 갖는 복잡하고도 다양한 문제들을 효과적으로 해결하고, 이들의 욕구를 충족시키며, 서비스의 단편성과 중복성을 최소화하기 위해서 학교 내 또는 학교 근처에서 교육, 문화,

복지, 보건, 정신건강, 정서적 서비스, 보육서비스, 고용서비스 등을 모두 포함하는 통합적인 서비스를 제공함으로써 학생의 교육뿐 아니라 그 가족의 기능강화도 함께 이루고자 한다. 이러한 서비스를 제공하는 장으로서 학교는 교육과 복지서비스를 전달하는 이중목적을 수행해야 한다(성민선 외, 2010).

학교연계 통합서비스에서는 학교가 다양한 지역사회기관과 공식적인 공조관계를 형성하는데, 이때 학교사회복지사는 중심적 역할을 담당해야 한다. 학교로 유입되는 지역사회 서비스들이 학교체계에 대한 이해가 부족한 전문가들에 의해 운영되다보면 사회적 서비스와 교육이 적절하게 연계될 수 있도록 서비스 내용을 조정해야 하며, 또한 외부기관에서 학교에 들어와 서비스를 제공하는 전문가와 교직원 간에 원활한 의사소통과 협조체계가 이루어질 수 있도록 하여야 한다.

6) 학교사회복지의 과제

학교사회복지는 학생들이 학교생활에 원만히 적응하도록 학교와 가정 및 지역사회 간의 조정을 목적으로 하는 사회사업의 한 특수분야로서 제도적인 시행이 필요하다고 할 수 있다. 학교사회복지가 제도화되면 최소한 학생들에게 가정–학교–지역사회가 연계된 통합적인 행정체계가 마련되고, 가정–학교–지역사회를 연결하는 각종 청소년 문제해결의 전략이 실행에 옮겨질 수 있을 것이다. 이것이 학교에서 사회복지전문직을 필요로 하는 근거가 되는 것이다.

또한 학교사회복지제도화의 정당성을 확보하기 위해서는 해결되어야 할 과제들이 많다.

첫째, 학교사회복지제도화의 정당성 확보는 사회복지전문가의 힘만으로 되는 것이 아니고 학교 체계의 주체인 교장, 교감 등 교육행정가, 교사, 학부모 그리고 지역사회의 호응을 받아내어 그들과 함께 일하면서 협력관계를 잘 유지해 나가는 것이 필요하다.

둘째, 학생복지를 위한 학교사회복지가 교육적 목적달성에 필수적이라는 사회인식을 확산시켜야 한다. 이러한 학교사회복지에 대한 사회인식이라 함은 사회 전반, 즉 사회복지분야뿐만 아니라 학생, 교사, 학부모, 교육행정가, 일반시민 등의 학교사회복지의 취지, 필요성, 역할, 효과성 등 학교사회복지 전반에 대한 이해를 말한다.

셋째, 학생복지서비스는 서비스 전문가인 학교사회복지사가 주된 책임을 지되, 교사를 비롯하여 다양한 전문가 팀이 함께 역할을 분담하는 방법이 효과적임을 입증해 주어야 한다. 즉, 학생 개인의 다양한 측면을 고려하여 전문적 문제해결을 할 수 있는 다양한 전문가집단(담임교사, 보건교사, 특수교사, 전문상담가, 학교사회복지사 등)의 협력적 해결이 필요함을 객관적으로 보여 주어야 한다.

넷째, 학생복지가 제대로 이루어지려면 학교사회복지제도가 그러한 기능을 수행한다는 점을 사회에 널리 홍보해야 하며, 성공 사례를 꾸준히 제시해 주어야 한다. 홍보는 개인이나 조직이 주위환경으로부터 호의적인 반응을 창출하거나 유지하기 위하여 행하는 모든 활동으로 학생 복지활동의 중요성과 필요성에 대하여 인식을 확산시키는 역할을 하게 된다(성민선 외, 2010).

5 교정복지

1) 교정복지의 개념

교정복지(correction social work)는 범죄자나 비행청소년의 재활과 정상인으로서의 사회복귀를 돕고 범죄사건으로 인한 제반영향을 해결하기 위한 전문적 사회복지의 한 분야이다. 범죄자와 범죄피해자, 그들의 가족, 나아가 범죄가 발생되는 지역사회에서의 문제해결과 예방적 관점에서 범죄와 비행으로 인한 영향으로부터 정상적 상태로 회복시키기 위해 이루어지는 일체의 활동을 말한다. 또한, 교정복지는 범죄인의 교화를 위한 전문분야로서, 범죄인의 교정과 교화를 위한 특정적 한 분야의 활동뿐만 아니라 범죄예방의 차원에서 볼 때 각 분야의 전문인력이 협력하여 돕는 포괄적인 활동이다(권육상 외, 2010).

교정복지를 광의와 협의의 개념으로 나누어 설명하면, 광의로는 범죄인에 대한 처우뿐만 아니라 범죄예방활동과 범죄피해자에 대한 보상 그리고 피해 이전의 정상적인 생활로 복귀할 수 있도록 사회복지적인 접근에서의 모든 지원활동이라고 할 수 있다. 그리고 협의로는 사회복지사가 비행청소년과 범죄인에게 재활 또는 지역사회에 재통합 및 재적응할 수 있도록 사회복지의 가치와 지식, 기술을 기초로 사회복지실천방법을 활용함으로써 교정시설과 지역사회 내에서 범죄인에 대한 처우를 통해 범죄인의 가치와 행동을 지역사회의 가치와 행동에 모순되지 않도록 변화시키는 사회복지 전문분야라고 할 수 있다(남진열, 2000).

따라서 교정복지는 교정의 문제를 사회복지적 차원에서 대처함으로써 범죄자나 비행청소년의 개인차원과 사회환경에 개입함으로써 당면문제와 재범 예방을 위해서 범죄나 비행이 불러일으킨 문제를 제거하고 사회구성원의 복지증진에 기여하고자 하는 것이다. 또한, 비행청소년이나 범죄자를 사회적응에 실패한 것으로 간주하고 그들의 재활을 위해서 교도소뿐만 아니라 소년원, 보호관찰소와 같은 교정시설에서 사회복지사들에 의해 개별사회사업, 집단사회사업, 지역사회조직론과 같은 주요 사회복지방법론을 활용하여 심리 · 사회적으로 가정 편안한 상태를 유지하면서 사회에 적응하여 활동할 수 있도록 원조하는 일이다. 다시 말해서 교정복지는 사회를 범죄자로부터 보호하는 동시에 범죄자들의 사회재활을 도와주는 전문적인 사회복지실천의 한 분야라고 할 수 있다(김형수 외, 2011).

2) 교정복지제도

교정사회복지의 주 대상인 클라이언트, 즉 비행청소년과 범죄인들은 수사, 구금,

지역사회로 복귀하는 과정에서 여러 제도를 접한다. 이 과정에서 클라이언트와 그들의 가족, 관련기관, 지역사회와 연계해 도움을 줄 수 있는 내용이 무엇인지를 확인하는 등 필요한 정보 및 전문지식의 준비는 적극적으로 교정사회복지사가 개입을 하기 위함이다(임우석 외, 2011).

(1) 갱생보호제도

갱생보호제도는 출소자가 변화된 사회경험을 하기 전에 중간 처우의 보호조치로서 건전한 사회복귀를 촉진시키고 효율적인 범죄 예방활동을 전개하여 개인과 공공의 복지를 증진시키기 위한 제도이다. 그리고 갱생보호대상자는 형사처분, 보호처분을 받은 자로서 자립갱생을 위한 숙식제공, 여비지급, 생업도구, 생업조성금품의 지급 또는 대여, 직업훈련 및 취업알선 등 보호의 필요성이 인정되는 자이다.

(2) 소년보호처분제도

1988년 개정된 소년법에 의하면 만 20세 미만의 소년사건에 대해 판사가 보호처분이 필요하다고 인정한 경우에 조사, 심리, 처분의 절차를 거쳐 1호에서 7호까지 분류하고 있는 보호처분 중 하나를 내릴 수 있다. 주로 소년보호감호, 보호관찰, 사회봉사명령, 소년보호시설, 소년보호치료소, 소년원 등의 처분 내용이다. 우리나라는 보호관찰제도의 역사가 짧아 교정사회복지사의 개입이 활성화되지 않고 있다.

(3) 법률구조제도

법률구조제도는 1972년 이래 경제적으로 어렵거나 법에 관한 지식이 부족하여 법의 보호를 충분히 받지 못하는 사람들에게 법률상담, 변호사에 대한 소송대리, 기타 법률서비스를 제공하는 사회복지제도의 하나이다.

(4) 선도조건부 기소유예제도

이 제도는 청소년 비행자 중에서 비교적 가볍고 가정환경이 안정된 경우, 검찰이 위촉한 범죄예방자원봉사위원협의회 내 상담지도 분과위원의 지도를 받도록 검사가 내리는 처분으로 사회 내 처우이다. 선도조건부 기소유예제도는 1978년 광주지방검찰청에서 19세 미만의 비행청소년을 대상으로 처음 시행하였는데, 좋은 결과가 있어 1981년도부터 소년선도보호지침을 제정해 전국에 확대 · 시행하게 되었다.

(5) 소년자원보호

소년자원보호제도는 가정법원의 판사, 소년과 직원, 자원보호자들로서 1987년 소년자원보호자협의회를 구성해 오늘에 이르고 있다. 소년자원보호제도는 소년법에 의한 1호 처분을 받은 청소년 중에 보호자가 없거나 혹은 있어도 그 역할이 미흡하다고 판단할 때, 사회적으로 덕망 있고 청소년들에게 관심과 애정을 가진 자원보호자를 선정 · 위탁해 보호를 하며 1차에 한해 6개월 동안 상담과 지도, 보호하도록 하고 있다.

(6) 치료감호제도

치료감호제도는 형벌만으로는 모든 범죄인을 올바르게 재활시킬 수 없다는 이유에 근거하며, 범법 장애인, 범법 약물중독자는 처벌보다는 그들의 질환을 우선적으로 치료하는 제도이다.

(7) 보호관찰제도

보호관찰(probation)은 12세기 영국에서 시작되었다. 우리나라는 1988.12.31. 「보호관찰법」이 제정되었고 1995.5.1. 「보호관찰 등에 관한 법률」이 개정되었다. 죄를 범한 자로 재범방지를 위하여 보호관찰, 사회봉사, 수강 및 갱생보호 등 체계적인 처우가 필요한 자에게 시행되는 제도이다. 보호관찰대상자는 보호관찰관의 지도와 감독을 받으며 필요한 준수사항을 지키고 스스로 건전한 사회인이 되도록 노력하여야 한다. 보호관찰제도에 의해 법무부 산하에 보호관찰소가 있다(권육상 외, 2010).

(8) 범죄피해자 보호지원

우리나라는 1987년 「범죄피해자구조법」을 제정해 자격요건을 갖춘 범죄피해자들에게 국가적 보상과 지원을 구체화하였다. 이 같은 범죄피해에 대한 보상제도는 성격에 따라 생활보호형과 손해배상형으로 구분하고 있다. 이 제도는 범죄피해자 구조대상자의 경제적 안정에 기여하고, 이들에게 심리 · 사회적 서비스를 제공해 2, 3차 피해를 방지하는 데 주요한 역할을 한다.

3) 교정시설의 종류

(1) 보호관찰소

보호관찰(probation)은 재범방지를 위하여 범죄인에 대하여 교도소, 소년원 등 시설 내에 수용하고 경우에 따라서 처벌하는 대신 자유로운 사회생활을 허용하면서 체계적인 사회 내 처우가 필요하다고 인정되는 14세 이상 20세 미만의 비행소년과 성인 범죄인에 대하여 일정 기간 보호 관찰관 및 보호위원의 지도 · 감독을 받는다. 교화되어 개선됨으로써 건전한 사회복귀를 촉진시키고, 개인 및 공공의 복지를 증진함으로써 함께 사회를 보호하기 위한 목적으로 시행되고 있다. 보호관찰의 대상자는 형법에 따라 보호관찰을 조건으로 형의 선고유예를 받은 자, 형의 집행유예선고를 받은 자, 가석방 또는 가퇴원된 자, 소년법에 의하여 보호처분을 받은 자, 다른 법률에 의하여 이 법에 의한 보호관찰을 받도록 규정된 자로 규정하고 있다. 따라서 보호관찰은 범죄자의 교화와 사회복귀를 위한 재범방지, 그리고 그로 인한 사회보호라는 세 가지 기능을 가지고 있다.

(2) 소년분류심사원

소년분류심사원(Juvenile classification home)은 법무부의 소속기관이다. 가정법원 소년부 또는 지방법원 소년부 단독판사가 범죄소년, 촉법소년, 우범소년에 대해 복지학, 기타 전문적인 지식과 기자재를 활용하여 수용자에 대한 심사를 실시하는 기관이다(박경일 외, 2007).

주요 역할은 소년비행의 개체적인 요인을 해명하여, 소년비행을 조기발견하고 치료함으로써 소년비행의 동향에 관한 실증적 자료를 제공하는 것이다.

(3) 소년원

소년원(Reform school)은 법무부 소속의 특별교육시설이다. 가정법원 소년부 또는 지방법원 소년부 단독판사가 범죄소년, 촉법소년, 우범소년에 대해 보호처분에 대한 결정을 위하여 분류심사를 위탁받아 수용자에 대한 심사와 교정교육을 실시하는 교정시설이다. 소년원에서는 심사결과를 법원 소년부에 보내어 위탁소년의 조사 · 심리에 필요한 자료와 소년원, 보호관찰소에 교정처우지침을 제시하고 보호자에게는 사후지도방법을 권고한다.

(4) 소년교도소

소년교도소(Juvenile prison)는 형사처분을 받은 소년범죄자와 성인범죄자를 분리 · 처분하기 위해 설립된 교정시설로서, 소년교도소에서 실시하는 교정교육의 내용은 학교교육, 직업훈련, 정신교육, 정서교육, 소년단 활동 등을 시행하고 있다.

(5) 한국갱생보호공단

갱생보호(after care of rehabilitation)는 형의 집행유예, 선고유예 또는 교도소, 소년원 등에서 가석방 처분 · 형의 종료 등으로 출소한 자 또는 소년원에서 출소한 자에 대한 정신적 · 물질적 원조를 제공하며 건전한 사회인으로 복귀할 수 있는 기반을 조성하여 그들의 사회 재적응을 용이하게 하고 재범을 방지하여 개인과 사회의 안녕을 도모하려는 제도이다.

(6) 소년보호시설

소년보호시설은 아동복지시설과 소년보호시설이 있다. 소년보호시설에 수용되는 소년들은 대부분 소년법원의 4호 처분을 받은 소년들로 학업 및 직업교육에 대한 제공을 받는다. 소년은 「아동복지법」상 아동복지시설 기타 소년보호시설에 감호를 위탁하는 처분으로 위탁기간은 6개월이다(권육상 외, 2010).

4) 교정사회복지사의 역할

교정사회복지사는 범죄인의 재활에 자신의 전문성을 살리기 위해 교정상담에 관한 기술을 익히고 자유롭게 활용할 수 있어야 한다. 특히 범죄인을 상대하는 사람으로서 정신적인 무장이 확고해야 하며, 범죄인의 재활을 위해 협력하고 있는 각계의 단체나 조직을 효율적으로 관리하는 능력을 갖추어야 한다.

이에 교정사회복지사는 교정상담자로서의 자질, 인간존중자로서의 자질, 그리고 조직관리자로서의 자질을 갖추어야 한다. 즉 교정상담을 위해 상담기술을 철저히 숙지하고 활용할 수 있어야 하며, 클라이언트의 고유한 특성을 인간적인 가치로 존중하고 수용할 수 있는 인간적 자질을 가짐과 동시에 법률가, 종교인 등 기타 민간단체 등과 연계하고 조직을 상호 협력적으로 이끌 수 있는 조직관리 능력을 배양해야 할 것이다. 또한, 교정복지 실천현장에서 교정사회복지사가 비행청소년과 범죄인을 위해 이 분야의 전문가로서 해야 할 과업은 시설 내 보호, 지역사회 내 보호, 범죄인의 특정 질병 치료에 개입, 보호관찰업무에 협력, 범죄인의 가족을 위한 도움 등 이다(최옥채, 2006). 이러한 전문적인 자질과 과업을 바탕으로 교정사회복지사는 다음과 같은 역할을 수행하게 된다(김형수 외, 2011).

(1) 상담자 역할

교정복지실천현장에서 사회복지사는 교정기간의 실무자나 비행청소년 및 범죄인 중 어느 한쪽의 욕구로 이루어지기보다는 양자의 필요에 의해 정기적으로 지속적으로 수행되어야 한다. 상담의 목적은 교정시설의 재소자나 비행청소년들이 처해 있는 제반사항과 어려운 점을 파악하여 상담의 원칙을 준수하여 실행하도록 한다. 대상자들 중에는 알코올중독, 약물중독을 비롯한 정신질환 및 신체질환이 있는 경우가 많으므로 수용자의 재활을 위해 정신과 의사, 임상심리사 등의 활동에 참여하여 원조할 수 있다.

(2) 중재자 역할

교정사회복지사는 교정시설 내의 수용자 간, 수용자와 교정시설 직원 간의 관계가 원만하게 이루어질 수 있도록 중재역할을 수행한다. 그리고 교정시설의 외부에 있는 피수용자 가족과의 갈등관계를 해결하는 데 중재로서의 중요한 역할을 함께 수행하기도 한다. 수용자의 재활을 위해 중요한 것은 수용자와 직원 간의 협력적 관계라는 사실에 입각하여 전문적인 중재역할을 수행하도록 한다.

(3) 안내자 역할

교정사회복지사는 수용자나 비행청소년들에게 다양한 정보를 전달하는 역할을 한다. 교정시설 내에 있는 대상자들은 정보에 차단되어 있기 때문에 적절하고 유용한 정보는 재활이나 적응을 위해 중요한 요소가 된다. 따라서 교정사회복지사는 대상자의 다양한 욕구를 감안하여 유용한 정보를 신속하게 전달하고, 향후 사회적응 · 진로 설정 및 사회통합에 필요한 다양한 대안을 제시해 주는 전문적 역할을 수행하도록 한다.

(4) 교육자 역할

교정사회복지사는 대상자들이 인식의 변화를 가지고 새로운 삶을 살아갈 수 있도록 다양한 지식을 전달하고 교육하는 역할을 담당하게 된다. 따라서 인식의 변화를 촉진할 수 있도록 동기를 부여하고 교육자로서의 역할을 성실히 수행한다.

(5) 대변자로서의 역할

교정사회복지사는 자신의 권리를 자유로이 주장할 수 없는 비행청소년과 범죄인을 위해 이들의 사정을 대변해 주는 대변자의 역할을 수행한다.

(6) 치료자의 역할

최근에 사회환경이 급속하게 변화하면서 정신질환이나 알코올중독, 약물중독, 성병 등에 노출된 사람들 중에 비행이나 범죄를 저질러 교정시설에 입소하는 사람들이 증가함에 따라 치료가 하나의 중요한 과제로 부각되고 있다. 교정사회복지사는 이와 같이 치료를 요하는 환자에게 접근해 적극적인 개입으로 빠른 시간에 치료를 받게 하거나 스스로 대처하게 하여 완치되게 함으로써 시설 내 수형생활과 장차 사회생활에도 잘 적응할 수 있도록 재활에 도움을 주어야 한다.

(7) 협력자의 역할

교정사회복지사는 교정기관이나 시설들 및 비행청소년과 범죄인들의 가족이 필요로 하는 유용한 정보를 파악하고 협력해야 한다. 예를 들면 비행청소년이나 범죄인들의 밝혀지지 않은 특성, 가정형편, 취업 정도, 보상관련 정보, 자원봉사자, 도움을 줄 수 있는 기업가, 전문가, 의료인 등에 대한 정보이다(임우석 외, 2011).

5) 교정복지의 과제

교정복지는 단순한 처벌로 끝나는 것이 아닌 재범방지와 건전한 사회인으로 육성, 사회복귀를 위한 목적을 두고 있는데, 오늘날 교정복지의 활성화와 제도화를 이루어 나가기 위해서는 다음과 같은 과제를 해결해 나가야 할 것이다.

첫째, 전문인력의 양성과 자질 향상이다. 교정복지는 전문적인 교육을 받은 교정사회복지사와 정신과의사 또는 심리학자 등과 협력하여 교정업무에 임할 수 있어야 한다. 따라서 기존 인력에 대한 계속적인 재교육과 전문적 프로그램을 수행할 수 있는 인력을 개발하고 양성하여야 한다.

둘째, 교정복지분야의 자원봉사활동의 활성화이다. 교정복지분야의 자원봉사자들은 교정복지분야의 전문자원봉사자로서 봉사할 수 있도록 교육과 훈련을 받아야 한다.

셋째, 교정복지분야에 대한 연구와 프로그램 개발이다. 범죄행위가 다양해지고 있으므로 이에 따른 연구개발과 프로그램 개발이 필요하다.

넷째, 사회적 연계망의 활용이다. 비행청소년은 가정환경이나 학교환경 등의 유해환경에 많은 영향을 받고 있다. 따라서 부모와 학교 간의 연계와 사회복지기관, 종교단체, 사회단체들과의 연계를 통한 재소자들의 사회복귀가 이루어질 수 있도록 다양한 연계망을 통한 활용이 있어야 한다.

다섯째, 교정사회복지의 제도화가 마련되어야 한다. 우리나라의 경우 사법제도에 사회복지사가 공식적으로 개입할 수 있는 제도적 장치가 부족하므로, 교정사회복지분야에 사회복지전공 전문인력이 개입하여 그 역할을 수행할 수 있는 토대를 마련하는 것이 우선적으로 시급하다.

여섯째, 교정복지에 대한 국민적 홍보가 필요하다. 교정복지의 발전을 위하여 지역사회의 참여가 요구되고 있으므로, 교정당국에서 주창하는 교정의 사회화가 행동으로 옮겨져 모든 국민이 참여할 수 있도록 유도해야 한다. 교정복지를 위한 시민강좌, 교정복지 프로그램의 전개 등 교정현장의 개방을 통해 청소년 범죄에 대한 사회적 관심을 높이고, 이들의 교정재활에 우리 모두가 함께해야 한다(김형수 외, 2011).

Chapter

11

복지국가와 복지사회

1. 복지국가의 개념
2. 복지국가의 역사적 전개
3. 복지국가의 유형
4. 복지사회의 개념

Chapter 11

social welfare

복지국가와 복지사회

1 복지국가의 개념

1) 복지국가의 개념

일반적으로 '복지'라는 말의 사전적 의미는 '만족스러운 상태, 건강, 번영, 안녕' 등이다. 복지(welfare)란 well(자기 의사를 좇아 적절하고 충분히)과 fare(살아가다, 되어가다)로 이루어진 언어로서 '사람들의 만족상태와 행복도'를 의미한다(김현수 외, 2011). 그러므로 복지는 더할 나위 없이 좋고 만족스런 삶이 영위되며 건강과 행복의 조건들이 충족되는 상태를 말한다고 볼 수 있다.

따라서 복지국가(Welfare state)란 민주적 절차에 따라 국가 권력을 구성하고 행사하여 국민의 삶의 안전을 보장하기 위한 광범위한 서비스를 제공함으로써 정당성을 확보하는 국가를 의미한다. 복지국가에 대한 개념은 여러 학자들 간에도 의견이 다르고, 복지국가 발전의 각 단계에 따라서도 다르게 정의될 수 있다. 이는 나라별로 사회복지제도를 둘러싼 정치 상황, 발전 과정, 문화적 배경뿐만 아니라 복지 재정 및 복지제도의 운영방식이 다르기 때문이다. 그럼에도 불구하고 일반적으로 복지국가라고 하면 사회문제에 대해 국가가 개입해서 정부예산과 기구를 동원하여 모든 국민이 개인의 안정을 보장받도록 하는 국가를 말한다(이진숙 외, 2010).

복지국가라는 말은 영국에서 처음 시작되었다. 자국 내에 거주하는 국민들의 삶의 질에 대하여 집합적 책임을 지는 복지국가는 빈곤을 제거하기 위하여 노력하고, 국민들이 빈곤상태에 빠지면 그들에게 적절한 보상을 제공한다. 또한 복지국가는 기회의 평등을 촉진하여 국민들의 삶의 질을 향상시키기 위하여 노력해야 하는 것이다. 복지국가는 자본주의 경제체제와 함께 발전해 왔으며, 정치적 민주주의를 기반으로 한다. 복지국가는 '국민최저수준' 보장을 강조하여 모든 국민들에게 최소한의 수입을 보장하고 사회적 위험으로부터 국민들의 삶의 안전을 보장하는데, 제2차 세계대전 이후의 현대 산업국가들은 대체로 복지국가를 지향하고 있다. 복지국가를 이어 가기 위해서는 적당한 수준의 경제성장을 이루고 그것에 의하여 얻어지는 국민소득의 총액의 증대를 바탕으로 한 조세정책과 일부 산업의 국유화, 완전고용, 쾌적한 의식주의 확보와 더불어 국민에게 최소한의 수입, 영양, 건강, 주택, 교육을 보장해야 한다. 질병, 실업, 노인, 모자가정 등에 대한 사회복지서비스와 국민연금 등에 의하여 국민들로 하여금 건강하고 문화적인 생활을 보장하는 것이다. 그와 더불어 언론, 집회, 결사의 자유 등과 같은 정신적 복지도 포함되어야 하며 최소한의 수준을 보장하기 위하여 국가의 책임을 제도화해야 한다. 또한 국가가 시행하는 모든 프로그램들은 결과에 있어서 재분배를 통하여 평등을 증진시켜야 하며 완전고용의 실현, 국민의 기본 욕구를 충족하기 위하여 보편적 서비스의 제공과 빈곤의 해소와 예방을 위한 정책에 초점을 둔다.

복지국가의 어원은 엘리자베스시대의 공동복지로 거슬러 올라갈 수 있으나 영국의 템플(Temple) 주교가 1941년에 《시민과 성직자(Citizen and churchman)》라는 책에서 나치스를 전쟁국가로 부르면서 그러한 국가는 반드시 패망해야 한다고 보고 이와 대비되는 관점으로 가장 이상적인 국가는 국민의 복지를 최고의 목표로 삼는 복지국가(welfare state)로 보았다. 이후 영국의 국가 이념을 복지국가라고 하면서부터 일반적으로 사용되어 복지국가라는 말이 현대적 의미로 널리 사용되었다. 또한

1942년 영국의 사회보장체계를 구상한 베버리지(Beveridge)가 《사회보험에 대한 보고서》를 발표하였는데, 이 보고서는 역사상 처음으로 모든 시민을 위한 복지를'요람에서 무덤까지(from cradle to grove)' 보장하였다. 이 발표로 말미암아 이전에는 부자들만의 특권으로 여겼던 자유를 모든 이에게 부여하고 또 가난의 공포로부터 해방시켜 준다는 것을 의미하게 되었다. 이후 1944년 "완전고용에 관한 정부의 백서"와 "베버리지 보고서"가 발표되어 광범위한 사회보장과 완전고용이 국가의 책임으로 규정되었다. 이러한 구상은 제2차 세계대전 종료 후 1945년에 정권을 인수한 영국 노동당이 1947년 7월에 실천에 옮김으로써 복지국가가 탄생한 것이라고 할 수 있다(이태영, 2008). 이는 전쟁 후 국가가 국민의 삶을 보장할 수밖에 없는 시대적 배경이라고 볼 수 있다.

이처럼 1940년대는 복지국가의 창조시대라고 할 수 있고, 이 시대의 산업국가들은 대부분 정부정책을 획기적으로 변화를 시켰고, 국가와 시민 간의 관계가 다른 각도로 조명되기 시작하였다.

2) 복지국가의 기능

복지국가는 국민의 복지를 증진시키는 것이 국가 기능의 중심이 되며 국가의 주요 책무가 되어 국가정책의 제1의 목표가 '복지'에 있어야 한다. 다시 말해 복지국가는 복지가 잘 된 나라가 아니라 복지를 제1의 가치, 사회적 원리로 삼는 체제를 의미한다. 즉, ① 핵심 성장 동력을 보유하여 산업사회의 건전성을 확보하고, ② 자산증식을 위해 자원을 건강한 방향으로 유도하기 위한 정책적 대안이 존재해야 하며, ③ 공동체에 대한 공헌으로 인식하는 조세제도를 운용해야 하며, ④ 노동 없는 복지 및 정치적으로 실현가능한 노동정책을 추진해야 한다(이태종 외, 2010).

즉, 복지의 주체는 '국가'여야 하며, 복지 수혜자는 '전체 국민'이고, 국민 생활의 상당 부분을 복지가 책임지는 '복지 비중'을 가져야만 한다는 것이다.

복지국가의 핵심기능으로는 첫째, 개인과 가족에게 노동이나 재산의 시장 가치에 관계없이 최저소득을 보장하게 되었고, 둘째, 개인과 가족이 사회적 위험인 질병, 고령, 실업 등을 극복할 수 있도록 함으로써 비보장의 범위를 줄이게 되었으며, 셋째, 모든 시민이 지위와 계급과는 관계없이 합의된 사회서비스를 향유할 수 있도록 최선의 기준을 제공하게 되었다. 즉 보편주의와 최적수준의 개념이 함축되었던 것이다.

3) 복지국가의 의미

복지국가를 협의의 의미로 정부의 사회복지정책을 지칭하기도 하고, 정치체제 또는 자본주의체제와 사회주의체제가 혼합된 전체 사회와 동일시하기도 한다.

복지국가가 의미하는 것은 좁게는 사회서비스를, 넓은 의미로는 시민의 복지를 위해 정부가 제공하는 모든 사회경제적 서비스를 말한다.

애스핑-앤더슨(Esping-Andersen)에 의하면 좁은 의미의 복지국가와 넓은 의미의 복지국가로 대별할 수 있는데 좁은 의미의 복지국가는 주로 빈곤문제 해결, 즉 사회적 취약계층을 중심으로 국가의 제한적 역할을 강조하는 반면에 넓은 의미의 복지국가는 빈곤을 둘러싼 고용 및 임금관련 문제 등과 실업, 이혼, 노령 등 우발적 사건이 일어났을 때 이들을 경제적으로 안정시켜 주고, 개인과 가족에게 최저한의 소득을 보장해 주고, 중산층까지를 포괄하여 필요한 기본 재화와 서비스를 제공하는 등의 목표를 가지고 거시경제운영과 관련된 전반적인 문제에 이르도록 확장된 국가의 역할을 강조한다(권기창, 2011).

윌렌스키(Wilensk)에 따르면, 복지국가의 핵심은 모든 시민에게 자선이 아닌 권리로서 정부가 소득, 영양, 건강, 교육, 주택 등에 있어서 최소한의 수준을 보장하는 것이라고 하였으며 사실상 이 복지국가는 지난 수세기 동안의 공공복지의 발전이 누적되어 탄생한 것으로 그것은 오랜 기간 동안의 경제, 사회 및 정치적 변화에 따라 성숙해 왔다고 하였다(김태성 외, 2006).

요약하면 첫째, 복지국가는 협의의 의미로는 사회서비스를, 광의의 의미로는 시민의 복지를 위해 정부가 제공하는 모든 사회경제적 서비스를 말한다. 둘째, 복지국가는 제2차 세계대전 직후 '요람에서 무덤까지'의 보장을 지향하며 탄생하게 되었다. 셋째, 복지국가는 최저소득의 보장, 사회적 위험의 감소, 적정수준과 보편주의적 혜택을 목적으로 한다.

2 복지국가의 역사적 전개

복지국가는 국민의 최저소득을 보장하고 사회적 위험을 감소시키고 보편주의적 혜택을 목적으로 하는 국가이다. 복지국가의 핵심이라면 모든 시민에게 자선이 아닌 시민의 권리로서 정부가 소득, 영양, 교육, 주택 등에 있어서 최소한의 수준을 보장하는 것이다.

복지국가로 발전한 요인으로 1, 2차에 걸친 세계대전과 경제공황을 중요하게 꼽을 수 있다. 세계대전을 겪으면서 국가는 국민들을 전쟁에 동원을 해야 했는데, 국민을 효과적으로 동원하기 위하여 전후에 더 나은 삶의 질을 보장한다는 약속을 하기 시작한 것이 효시라고 볼 수 있다.

독일을 비롯한 대부분의 국가들에서는 1880년대 이후 주요 사회보험제도들이 수립되어 복지국가의 모습을 갖추게 되었다. 그리고 지난 수세기 동안 공공복지의 발전이 누적되어 오랜 기간 동안 경제 및 정치적 변화에 따라 성숙과 발전이 이루어졌다. 이러한 복지국가의 태동기부터 정착기, 황금기를 거쳐 복지국가의 재편기라 이르는 현재에 이르기까지의 역사적 전개를 살펴보고자 한다.

1) 복지국가의 태동기

근대 이전의 시기에는 개인의 삶에서 다양한 문제에 봉착하게 되면 일차적으로 복지에 관련한 제공자는 가족 혹은 친족이 되고 그 다음으로는 공동체 내의 친구, 이웃, 동업조직, 또는 종교단체 등을 비롯한 자선단체 등으로 이어져 왔었다. 비공식적·자발적 복지제공 통로를 통해 생존을 이어왔다고 할 수 있다. 대부분의 서방국가들은 수세기 전부터 다양한 형태의 구빈법을 통하여 빈민들에게 공공부조를 해왔다. 근대 민주국가와 중상주의 경제의 출현과 함께 구빈법은 사회의 안정을 유지하고 노동력을 확보함으로써 산업과 상업의 성장에 기여하였다. 당시의 공공부조는 주로 지방정부가 빈민구제를 위한 기금을 조성하고 배분하는 책임을 지고 있었으며, 그 목적은 빈민의 복지보다는 공공질서의 유지, 부랑자의 처벌, 그리고 노동시장의 관리였다.

그러나 14세기 이후 농업사회가 붕괴되고 산업화가 진행되면서부터 많은 사람들은 유민이 되었고 걸인이 양산되기 시작하였다. 이때부터 국가는 빈민을 통제하기 위해 복지문제에 개입하기 시작하여 복지제공의 주체로 등장하게 되었다. 따라서 국가가 개입하는 복지는 구빈법적 개입을 통해 '잔여적' 복지를 제공하게 된 것이다.

영국의 경우 1601년에 실시된 '엘리자베스 구빈법', 1834년에 실시된 '신구빈법'에 이르기까지 국가는 잔여적 복지를 제공해 왔지만 개인의 생존과 삶의 안전보장을 유지하기에는 많이 부족한 것이었다. 빈민을 통제하고 정치적 안정을 확보하며 노동력의 원활한 공급을 통해 생산성을 안정성 있게 확보하는 것에 목표를 두고 있었기 때문이다.

독일은 1880년대에 일련의 사회보험제도들인 「질병보험법」(1883), 「산재보험법」(1884), 「노령 및 폐질보험법」(1889) 등을 수립 제정하게 되어 복지국가의 모습을 갖추게 되었지만 역시 '잔여적 복지'의 제공으로서 사회적·정치적·경제적·자연적 위험에 노출된 사람들에게 완전한 사회적 보장을 하기에는 역부족이었다. 그러나 강제보험을 통해 집합적으로 보호할 수 있는 기틀은 마련할 수 있었다(김태성 외, 2006).

결국 국가가 빈민통제와 구제를 위해 구빈법적 개입을 시작한 14세기 이래 19세기 후반까지 국가는 효과적 빈민통제와 자본주의적 산업화의 촉진을 위해 최소한의 복지혜택을 소수 빈민들에게만 제공하는 반복지국가(anti-welfare state)의 면모를 보여주는 상태였다. 그러다가 1880년대 이후 독일을 비롯한 대부분의 유럽 국가들에서 주요 사회보험들이 제정되어 원초적 형태의 복지국가가 탄생했다고 볼 수 있다.

사회보험은 산업화, 도시화 과정에서 주로 노동자계층이 직면하는 생활상의 위협, 즉 사고, 질병, 장애, 실업 등으로부터 그들을 보호하기 위한 제도로서 통제적이고 시혜적인 성격의 전통적인 빈민구제방식과는 달리 국가가 산업사회에서 발생할 수 있는 국민의 생활상의 위험으로 인한 소득의 상실문제를 집합적으로 해결하고자 하는 것이었다. 산업사회에서의 부작용으로 인한 질병, 노령, 사망, 실업, 사고 등의 사회적 위험들로 노동시장에 참여할 수 없게 된 사람들이 빈곤에 처하자 공적, 항상적, 예방적, 제도적으로 대응하는 방안으로서 일련의 사회보험제도들이 도입되었다. 이렇게 초기 복지국가는 선별적 복지제도를 통해 한정된 위험인 산업재해, 질병, 노령 등만 보호함으로써 제한적 복지국가의 면모를 보이게 된 것이다(권육상 외, 2007).

독일의 비스마르크 정권에 의해 처음으로 도입된 사회보험제도 중 1883년 질병보험은 이후 유럽의 거의 모든 국가가 노동자 보상제도를 도입하는 등 적용대상의 확대와 함께 많은 나라들로 확산되었고, 새로운 복지제도들도 추가적으로 도입되기 시작했다. 보통 사람들의 삶을 강제보험의 틀을 통해 집합적으로 보호할 수 있는 제도를 마련하게 된 것이다. 사회적으로는 빈민들이 낙인 없이 인간다운 삶을 영위하는 데 필요한 최소한의 재정적 지원을 제공받는 것이고, 정치적으로는 노동자 계층의 정치적 영향력이 신장되었다는 사실을 반영한 것이다.

19세기 후반으로부터 20세기에 이르기까지 제1, 2차 세계대전과 경제대공황을 거치며 이것은 국가에 의한 경제개입과 복지개입을 위해 빠른 속도로 전 세계에 파급

효과를 내며 발전하기 시작하였다. 그 후 제2차 세계대전이 종결될 때까지 기틀을 갖추고 정착할 수 있게 되었으며, 보편적 복지제도가 확립되고 큰 폭의 복지예산 증가가 이루어지는 복지국가의 정착기로 자리잡아가게 되었다.

2) 복지국가의 정착기

복지국가의 정착기는 1920년부터 제2차 세계대전의 종결지점인 1945년까지로 본다. 이 시기에는 영국을 비롯한 서방국가들이 제1, 2차 세계대전과 1930년대의 경제대공황을 겪으면서 사회복지제도를 확고히 정착시키게 되었다. 또한 국민생활의 많은 영역에 국가개입을 가져오게 함으로써 국가의 국민에 대한 복지 책임을 증가시키고, 국가의 복지개입 능력도 증가시키게 되었다. 세계적 수준의 대규모 전쟁은 국민들을 엄청난 희생의 제물이 되게 하여 엄청난 수의 사상자와 빈민을 양산시켰다. 양산된 사상자와 빈민은 종래의 구빈제도나 사회보험만으로는 감당하기 어려운 지경에 이르게 되었다. 이전의 사적 자선기관의 제도에서 수행하던 구호능력이 더 이상 적절치 않은 것으로 판단되고 사회보험기관의 보험업무 수행도 작동하기에 적절하지 않으며 거의 마비되는 결과에 이르게 되었음을 알게 되었다.

두 전쟁을 치르는 동안 구미의 각 국가들은 효과적인 국민들을 전쟁에 동원하기 위해 전후에는 국가가 국민들에게 더 나은 삶을 보장할 것이라는 약속을 할 수밖에 없었다. 국민들에게 전쟁 중에나 전쟁 직후에 노령연금과 실업보험과 같은 중요한 사회복지제도를 약속하고 수립하여 각종 제도의 대상자가 증가하게 되었다. 제2차 세계대전 중 1941년에 영국의 템플 주교가 '권력국가'인 독일에 대비하여 자유진영의 이상적 국가를 '복지국가'로 구분하는 시도를 했다거나, 1942년에 전후 영국의 사회보장체계를 구상한 베버리지 보고서가 제출되었다는 것도 결코 우연은 아니었다고 할 수 있다(조추웅 외, 2009). 그러나 전쟁 후의 상황은 이전보다 더 나빠지게 되었다. 모든 공적·사적 복지제도들은 파산하거나 작동불능상태에 빠지는 결과를 초래하게 되었다.

1930년대에 이르러 경제대공황을 겪게 되면서 전쟁 때보다 오히려 더 심각한 국가의 경제개입과 복지개입을 가져오게 되었다. 경제대공황은 세계 곳곳에서 광범위한 생산중단을 가져왔으며 그에 따라 엄청난 수의 실업자가 양산되었다. 대량실업과 생산의 감소는 자유시장경제에 대한 국가의 경제적 개입과 사회복지제도의 확충에 결정적인 영향을 미치게 되었다. 경제공황은 규제되지 않은 자본주의 경제체제의 문제점을 드러낸 것으로 국가가 경제를 관리하고 완전고용을 달성하기 위하여 보다 적극적인 개입을 해야 할 필요성이 제기되었다. 국가의 적극적인 개입을 위해서는 새로운 체계가 성립되어야 한다는 조건이 형성되게 되었다. 그것은 국가, 자본, 노동의 이익들 사이의 타협의 체제로서 사회복지정책의 증진을 통해 계급갈등을 개선하고 자본주의의 체계적인 문제를 피하고자 하였으며 케인즈(Keynes)의 거시경제이론이 중심에 이르게 되었다(이태영, 2008).

이러한 절박한 상황에서 진보적 정당인 민주당, 노동당, 사회민주당은 조직화된 노동계급, 계량적 자본분파, 그리고 많은 중간계급 성원 및 농민들과 개혁적 선거연합을 형성하여 국가권력을 장악하였다. 이러한 정치적 기초에 구미의 국가들은 '뉴딜', '사회계약', '역사적 타협' 등으로 불리는 사회협약을 자본-노동(전체 임금취득계층과 농민) 간에 체결하여, 케인즈적 수요관리의 일환으로 혹은 복지사회주의 실현의 방편으로 국가복지의 대폭적 확대를 도모하였다.

두 차례의 전쟁과 대공황으로 특정되는 1920~1945년의 복지국가 발전 및 정착시기에는 위와 같은 정치세력의 재정렬을 토대로 사회보험의 적용범위가 크게 확충되었으며 복지대상자의 범위를 확대하고 복지예산도 크게 증가하는 결과를 가져오게 되었다. 특히 미국은 1935년 사회보장법을 제정하여 실업보험과 노령보험, 그리고 빈곤아동, 맹인, 노인에 대한 공공부조제도를 도입함으로써 복지국가로서의 면모를 갖추게 되었다. 즉 이 시기는 19세기 후반부터 태동하기 시작한 복지국가의 제도적 기틀을 확고하게 정착시킨 것은 물론 복지대상자를 확대시킴으로써 복지국가를 지탱하게 하는 지지세력을 확보하게 되었으며 무엇보다도 자유시장경제에 대한 국가의 경제적·사회적 개입이 수용되어 제2차 세계대전 후의 복지국가 발전의 정착기로 발전해 나가는 데 커다한 의의가 있다고 본다.

3) 복지국가의 황금기

서방의 복지국가는 제2차 세계대전 이후 1945년부터 1970년대 중반까지 그 성장의 황금기를 종주하게 되었다. 이 시기에는 사회복지제도가 포괄적·보편적으로 크게 확대되었으며, 정부는 소득 유지, 건강, 영양, 교육, 주택 등에 있어 시민의 최저한의 수준을 보장하는 책임을 맡기 시작하였다. 그리고 제2차 세계대전 이후 약 30년 동안 복지국가가 지속되면서 경제적 성장뿐만 아니라 사회 전체가 번영을 누리게 되었고 모든 측면이 발전하고 극대화되었다.

복지국가의 확대는 대공황과 제2차 세계대전의 영향이 컸다. 이 사건들은 사회의 모든 계층이 스스로가 통제할 수 없는 생활상의 위험에 직면할 수 있다는 것을 보여주었으며, 따라서 단순히 빈민이나 취약계층의 보호가 문제가 아니라 모든 시민의 최저수준 보장이 필요하였던 것이다. 이 시기의 복지국가 발전의 주요 특징으로 첫째, 시민권에 기반을 둔 더욱 포괄적·보편적 복지국가를 만들기 위한 개혁과 둘째, 확대된 사회복지체제의 급여와 적용범위의 확대를 위한 자원의 증대, 셋째, 혼합경제와 확대된 복지체계를 지지하는 광범위한 정치적 합의, 넷째, 경제성장과 완전고용에 대한 헌신 등이 있었다(이태영, 2008).

전후 복지국가의 발전에 기여한 이론과 사상이 있었는데 첫째, 케인즈의 거시경제이론이다. 이것은 자유방임 자본주의의 문제에 대한 해결책을 제시하며 등장한 것으로 자본주의 시장이 자기규제적이 아니며, 정부의 개입이 없이는 생산, 고용, 효율성이 낮아질 수밖에 없다고 주장한다. 케인즈는 시장경제의 약점이 수요의 부족이며, 경기침체나 실업문제를 피하기 위해서는 정부의 지출을 통해 충분한 수요를 확보하는 데 초점을 두어야 한다는 것이다. 즉 국가는 높은 수준의 경제활동과 완전고용을 확보하기 위해 경제의 수요 측면에 개입해야 한다는 것이다. 케인즈주의는 자본주의 경제에 대한 국가의 개입뿐만 아니라 소득의 재분배에 대한 개입도 정당화시켰다. 둘째는 베버리지의 국민 최저수준 보장 개념으로서 사회보장제도의 목표는 결핍으로부터 인간을 자유롭게 하는 사회권을 보장하는 것이다. 최저수준의 소득을 보장하기 위한 제도는 보편적이나 강제적, 기여적인 사회보험제도와 공공부조, 완전고용을 유지하는 것이었다. 셋째, 영국에서 시작된 페이비언 사회주의를 들 수 있는데 이들은 점진적인 사회주의를 표방하는 이념으로서 자유방임적 개인주의를 배척하고 국가의 행위나 집합주의를 기초로 하여 평등, 자유, 연대감과 그로부터 파생되는 민주적 참여 및 인간주의 등을 강조하였다(이태영, 2008).

복지국가의 황금기를 이루는 데 몇 가지 중요한 이론과 사상이 있었지만 화해적 정치구조가 없었다면 불가능했을 것이다. 이러한 화해적 정치구조는 국가에 따라서 사회민주당, 노동당 혹은 민주당의 집권화에 수립되었는데 이 구조의 핵심은 다음과 같다. 첫째, '소유-생산-경영-분배-소비'의 자본주의적 경제 과정에서 국가나 노동계급 그 누구도 소유-생산-경영에 관한 자본가 계급의 특권적 지위를 박탈하지 않는다. 둘째, 노동계급은 자본가계급과 합의하에, 그리고 국가의 제도적 보장하에 경영참가와 단체협약의 방식으로 경영-분배 과정에 부분적으로 참여하되 결코 소유-생산영역을 사회화하려는 급진적 시도를 하지 않는다. 셋째, 국가-자본-노동 간의 협력의 결과 이루어지는 경제성장은 자본가계급을 이롭게 하는 것은 물론 노동계급에게는 완전고용과 향상된 복지혜택을 보장하고 국가에게는 재정수입의 증가를 보장하기 때문에 3자의 협력은 모두를 이롭게 한다.

이 같은 정치적 토대 아래 1945~1975년 기간 동안 거의 모든 구미선진국들은 높은 수준의 안정적 경제성장을 기록하였다. 그 뿐 아니라 이 기간 동안 대부분의 선진국들은 낮은 수준의 인플레와 실업률을 경험하였다.

1945년부터 1970년대 초반까지 약 30년 동안 구미선진국들이 높은 경제성장률과 낮은 인플레, 그리고 낮은 실업률을 기록하였다는 것은 그만큼 이들 국가들이 복지비 지출을 더 많이 할 수 있는 좋은 조건을 가지고 있었다는 것을 뜻한다. 이들 국가들의 공공복지비 지출규모는 일본과 미국을 제외한 대부분의 나라들이 1960년대까지 대체로 GNP 대비 10%대의 복지비를 지출했으나, 1970년대 중반에 오면 모두 20% 이상을 복지비로 지출했음을 알 수 있다. 특히 서독, 프랑스, 오스트리아의 경우 1970년대 중반에 20%대의 자원을 복지비로 지출했는데 반해, 스웨덴은 무려 34.8%를 복지비에 지출했다는 사실이다. 이런 점에서 복지선진국으로서의 스웨덴의 위상이 분명히 확인된다고 할 수 있다.

이 시기는 복지국가로서 황금기라고 평가할 만큼 복지제도가 포괄적으로 완비되고 보편화된 대상자를 확보하였으며 복지서비스에 있어서도 적절하다는 평가를 이루었을 뿐 아니라 복지비 지출도 대폭 증가하였다. 복지국가는 지속적인 경제성장을 배경으로 하였지만 사회적 · 경제적 · 정치적 합의의 산물임을 부인할 수는 없다.

4) 복지국가의 재편기

제2차 세계대전 이후 30여 년 동안 복지국가로 성장과 발전을 이룩해왔다. 대중들은 소비의 사회화라는 새로운 신조 아래 경제의 효율성과 평등, 연대의 역동성을 결합시키면서 복지국가의 비약적인 발전을 이루게 되었다. 빈곤이 해결되고 불평등이 완화되어 지상낙원을 이룰 것 같은 거대한 목표는 성공할 것으로 여겨졌다.

하지만 서방의 복지국가는 1973년에 무려 5배의 유가상승을 가져온 오일쇼크로 제2차 세계대전 이후 약 30년간 지속된 자본주의의 안정적 축적체제가 근원적으로 붕괴되는 결과를 맞게 되었다.

첫째, 정치적 · 경제적 측면에서 볼 때 그동안 지속적인 경제성장에 힘입어 확대일로를 걸어온 복지국가는 1970년대 중반 이후 새로운 전환점을 맞게 된다. 오일쇼크 이후 OECD 국가들의 평균 경제성장률은 5%에서 2%로 떨어졌으며, 인플레는

5%에서 8~10%로 급증했으며, 실업률은 2%에서 5%로 상승했다. 이러한 경제적 혼란은 그동안 유지되어 온 국가-자본-노동 간의 화해적 정치구조를 깨뜨렸다.

영국에서는 1979년에 노동당 정부가 실각하고 대처의 보수당 정부가 들어섰으며, 미국에서는 1980년에 민주당 정부가 실각하고 레이건의 공화당 정부가 수립되었다. 또한 1980년대를 통해 사회민주당이 확고한 정치적 헤게모니를 행사하던 유럽 여러 나라에서도 보수회귀의 물결이 봇물처럼 터져 나왔다. 1970년대 후반부터 본격적으로 등장하기 시작한 보수정권들이 내세운 신자유주의는 1973년 오일쇼크 이후의 경제 위기가 오직 유가상승이라는 외부적 요인에 의해서만이 아니라, 근본적으로 자유시장 기제의 작동을 왜곡하는 국가의 경제개입과 복지개입이라는 내적 요인에서 비롯되었다고 주장한다. 그리하여 이들은 경쟁력을 강화하고 경제성장을 이루기 위해 국가의 경제개입을 축소하는 것은 물론 생산비의 상승을 가져오는 복지지출은 감축 또는 제거하여 복지국가를 해체해야 한다고 주장했다.

둘째, 제도적 측면에서는 영국의 대처정부는 1980년 이후 주택, 교육, 의료, 실업수당, 공적부조, 연금, 기타 이전 지출에 대한 대대적 삭감을 시도했다. 이러한 복지삭감은 미국, 덴마크, 노르웨이, 독일, 오스트리아, 스웨덴 등으로 확산되었다. 그러나 보수정권에 의한 지속적 복지비삭감 노력에도 불구하고 국가에 의한 복지비 지출은 그 증가율에서는 1975년 이후 비록 감소하기는 했지만 복지비의 절대액은 오히려 증가했다. 보수정권의 복지비삭감에도 불구하고 실제로 복지비가 증가한 이유는 다음의 세 가지 요인에 기인한다. ① 실업률의 증가에 따라 실업수당과 공적부조비의 지출이 대폭 증가했다. ② 노령화의 진전에 따라 노령연금의 지출이 빠르게 증가했다. ③ 인플레의 심화에 따라 물가에 연계된 각종 급여지출이 늘어났다. 결국 1970년대 후반 이후 구미 각국의 신자유주의 정권들은 경제적 위기로 말미암아 기하급수적으로 증가했을 복지비의 증가율은 둔화시키는 데는 상당한 정도로 성공했지만 복지국가를 해체하는 데는 실패했다(권육상 외, 2007).

성장 확대되던 사회민주주의적 복지국가는 두 번의 오일쇼크로 인하여 그동안 진행되었던 복지국가의 관료화, 비효율, 의존성 증대 등의 부정적 결과를 불러오게 하였고 경제발전의 활력을 상당 부분 소진시킴으로써 1970년대 말부터 시민들에게 외면당하기 시작했다. 물가가 상승하고 경제성장이 한계에 부딪히며 국가재정은 적자에 허덕이면서 1970년대 후반부터 복지국가의 위기론이 등장하기 시작했는데 이것은 스태그플레이션, 경제성장 정지, 대량실업, 국가재정 위기, 국가-자본-노동 간 균열로 말미암은 것이다. 복지국가위기론의 원인으로는 ① 재정적 위기, ② 경제적 위기, ③ 정부과부담의 위기, ④ 정당성의 위기 등을 들 수 있는데 이로 인해 1979년 영국은 총선에서 대처가 이끈 보수당이 승리함으로 영국의 정치를 신보수주의 방향으로 전화시키는 계기가 되어 '대처리즘'이 등장하게 되었고 미국은 1980년 대선에서 공화당의 레이건 후보가 당선되어 '레이거노믹스'가 등장하게 되었다. 1973년과 1979년 두 차례에 걸친 오일 쇼크로 인해 야기된 스태그플레이션은 제2차 세계대전 후 복지국가의 이념적·이론적 기반이 되었던 케인즈주의를 무력화시켰다. 신자유주의자들은 스태그플레이션의 극복을 위해서는 케인즈주의 경제사회정책을 포기하고 화폐 공급을 억제하여 경제의 자율성을 회복시키는 방법, 즉 통화주의 정책밖에 없다고 보았다. 이런 신자유주의 정책에 대한 중간계급은 물론 복지국가의 가장 큰 수혜자인 동시에 지지자였던 노동자계급, 특히 고소득·숙련 기술노동자들마저 지지를 표명함으로써 복지국가는 체계적으로 침식당하기 시작했다.

대처리즘은 GDP의 성장과 물가안정, 실업률 감소 등 결과적으로 국가경쟁력의 강화를 가져왔다는 측면에서는 긍정적 효과를 엿볼 수 있다. 그러나 시장으로부터 보호받지 못한 계층이 속속 생기면서 계층 간의 격차가 확대되고 소화된 계층이 확산된 것은 대처 정부의 한계로 남아 있다. 대처 정부는 사람들이 복지제도에 의존하는 것을 방어하고자 하였으나, 정부의 의도와는 달리 만성적 복지 의존자들은 직업으로 복귀하는 것이 불가능했고 이는 오히려 사회보장급여 지출을 증가시키는 결과를 낳았다(권육상 외, 2010).

현재 전 세계적으로 여전히 신자유주의가 강세를 보이는 가운데, 유럽에서는 복지, 평등, 사회적 약자에 대한 배려 등과 같은 시장자유주의 가치(제2의 길)를 동시에 추구하는 '제3의 길' 노선이 일정 부분 지지를 얻고 있다. 1980년대의 영국의 신보수주의의 정당의 개혁이 많은 사회적 문제를 일으키자 이에 대한 대안이 제시되었다. 토니 블레어(Tony Blair) 주도의 영국 신노동당 정부는 이른바 '제3의 길'을 주창하였다. 독일 사민당 정부의 슈뢰더(Schröder) 총리와 미국의 클린턴(Clinton) 정부도 이를 지지했었다. '제3의 길'은 1980년대의 신보수주의 정당의 개혁과 비교할 때 시장경쟁의 논리를 주축으로 사고한다는 점에서는 동일하다. 그러나 시장에만 맡겨놓는다면 사회문제를 해결할 수 없으므로 사회정책적인 개입을 통해 사회구성원의 복지를 보장해 주어야 한다고 주장하는 점에서는 차이가 없다.

제3의 길에서 내세우는 적극적 복지전략을 보면 첫째, 국민들에게 경제적 혜택을 직접 제공하기보다는 인적자원에 투자하는 복지국가, 즉 사회투자국가로 개편하자는 것이다. 둘째, 복지다원주의로서 복지의 주체를 다원화하자는 것인데 기존의 중앙정부 중심의 복지공급을 지양하고 비영리부분, 기업, 지방정부 등도 그 주체로 삼자는 것이다. 셋째, 복지국가는 자원보다는 위험성을 공동 부담하는 것으로의 의식전환이 필요하다고 보고 복지를 개혁하려면 위험성에 관하여 분명한 인식이 있어야 한다. 효과적인 위험성 관리는 위험성을 최소화하거나 보호하는 것만이 아니라 위험을 수용하는 것이다(신원식 외, 2011).

이와 같이 토니 블레어가 주장하는 복지국가는 비용 삭감 이외에도 수혜자의 의존성향을 줄이고 개인의 책임을 더 강조하는 의지가 함축되어 있다. 즉 일을 하기 위한 복지로서 의존자들로 하여금 복지 혜택을 수혜만 할 것이 아니라 자발적인 근로로 옮겨가도록 해서 직접적인 복지에 이용되는 재정을 줄이고 이를 보건·교육 분야에 투자함으로써 고용증대를 통한 자립과 개선된 공공 서비스라는 두 가지 성과를 영위하고자 하는 목표를 추구하는 것임을 알 수 있다.

'제3의 길' 정책노선의 가치는 신자유주의적 시장경제노선을 지양한 새로운 정책노선으로서 시민들의 사회경제생활을 보장하는 동시에 시장의 활력을 높이는 등의 복지개혁으로 이전의 문제를 해결하려고 시도하는 데 있다.

3 복지국가의 유형

복지국가란 개념에서 설명하였듯이 국가가 국가권력을 구성하여 민주적 절차에 따라 국민의 삶의 안전을 보장하기 위한 광범위한 서비스를 제공하는 것을 기본 전제로 하는 국가이다. 학자들은 복지국가를 유형별로 나누고 있다.

1) 윌렌스키(Wilehsky)와 르보(Lebeau)의 유형

가장 오래된 유형론의 하나이며 가장 기본적인 모형이라고 할 수 있다. 윌렌스키(Wilehsky)와 르보(Lebeau)는 잔여적 복지(residual welfare)와 제도적 복지(institution welfare)로 이분화된 관점을 제시하고 있다.

잔여적 관점이란 사회복지를 이차적 제도로 인식하여 복지제공의 1차적 책임은 제1차 집단, 즉 가족이나 교회, 공동체가 부담을 해야 하지만 제 기능을 발휘하지 못하는 경우에 취약집단에 국한해서 잔여부분을 국가가 제공해야 한다는 것으로 빈민과 같은 요보호 대상자를 대상으로 하여 사회적으로 최저한의 급부를 주는 역할만을 수행한다. 초기 산업사회와 자유주의 국가에서 나타난다.

제도적 관점은 복지제공의 일차적 책임을 국가가 담당하고 다양한 복지제도를 통해 보편적으로 실천하는 가장 적당한 주체로 본다. 제1차 집단(가족, 교회, 공동체)이 사회적 위험에 처한 구성원들을 보호하거나, 사회를 재생산하기 위해 담당했던 기능과 역할을 국가의 사회적 개입을 통해서 해결하는 것이다. 평등 · 빈곤으로부터의 자유 · 우애 등의 3대 가치를 강조한다.

2) 티트머스(Titmus)의 유형

티트머스(Titmus)는 3가지 유형으로 분류하여 제시하였는데 윌렌스키와 르보의 두 유형에 산업성취 모형을 추가하였는데 티트머스는 산업성취 모형에 해당하는 사회보험제도가 시장에서의 지위를 수정하는 것이 아니라 유지시키는 기능을 하고 있기 때문에 재분배기능이 더 강한 보편적 프로그램과는 다르다고 강조하고 있다. 첫째, 잔여적 모형은 윌렌스키와 르보의 잔여적 개념과 동일하지만 시장과 가족이 붕괴되었을 때에만 사회복지제도가 일시적으로 활동을 시작하게 되지만 어디까지나 잠정적인 역할에 그치는 것으로 공공부조 프로그램을 강조한다. 둘째, 산업성취 모형은 사회복지제도의 중요한 역할을 경제의 종속물로서 통합하고 구체화한다. 사회적 욕구는 개인의 장점, 노동의 성과, 생산성을 기초로 하여 충족되어야 한다고 보며 사회보험이 주요 프로그램이다. 셋째, 제도적 재분배 모형은 주로 보편적 욕구 충족을 기반으로 하여 시장경제 메커니즘 밖에서 보편적 서비스를 제공하는 기본적이고 종합적인 제도이다.

3) 퍼니스(Furniss)와 틸튼(Tilton)의 유형

퍼니스(Furniss)와 틸튼(Tilton)은 국가의 개입방법에 따라 적극국가, 사회보장국가, 사회복지국가로 나누었다.

(1) 적극국가

적극국가는 정부의 일차적인 역할은 경제적 안정과 재산 소유 및 이익을 보장하는 것으로 정책 방향은 경제성장을 위한 정부와 기업 사이의 협력이다. 규제되지 않은 시장의 문제와 잠재적인 재분배요구로부터 자본가를 보호하여 높은 수준의 소비와 기업 활동을 보장할 만큼 충분한 고용상태를 유지하기 위해 최소한의 완전고용정책을 추구한다.

적극국가에서는 사회복지의 잔여적 개념을 사용하여 빈곤층에 대한 정부 지원은 대체로 경제성장에 대한 장애요소로 인식되며, 사회복지제도 중에서 사회보험제도를 선호한다.

(2) 사회보장국가

국민생활에 대한 최저수준의 복지를 보장하는 국가를 말하는데 최대한의 완전고용정책을 추구하며 노동자를 중심으로 하는 사회보험에 기반을 두고 있다. 최저수준의 보장은 모든 시민의 권리, 즉 생존권을 보장해 준다. 그러나 사회보험제도만으로는 국민들에게 최저수준의 복지를 보장해 줄 수 없기 때문에 부족분을 공공부조나 사회서비스를 통해 보충해야 한다. 최저수준보장은 평등주의와는 다른데 국가의 기본적 방침은 결과의 평등이 아니라 기회의 평등인 것이다. 대표적인 국가로는 영국을 들 수 있다.

(3) 사회복지국가

사회복지국가는 정부와 노동조합의 협력에 의한 완전고용정책을 추구한다. 모든 국민들의 평등한 삶의 질을 추구하는 국가로서 광범위한 사회복지서비스를 제공할 뿐만 아니라 평등과 정치활동 참여를 촉진시킨다. 평등을 달성하기 위한 수단은 건강, 아동보호 등에 있어서 사회보험과 공공부조를 대체하는 공공서비스가 있다. 이 서비스는 사회생활에 있어서 시장의 영향을 제거하기 위한 것으로 취약집단에 대한 지원을 넘어서서 시민의 권리이자 국가정책결정 과정에 참여하는 수단으로 인식되고 있다. 대표적인 국가로는 스웨덴을 들 수 있다.

4) 미쉬라(Mishra)의 유형

미쉬라(Mishra)는 복지국가의 위기를 극복하기 위하여 국가책임의 사상과 현실적 제도와의 관련을 통하여 분화된 복지국가와 통합된 복지국가를 제시한다.

(1) 분화된 복지국가

분화된 복지국가에서는 사회복지는 경제와 구분되고 대립된다. 즉, 경제부문에서 재정정책이나 금융정책을 통하여 수요를 창출하거나 억제하기 위한 정부의 조치가 활성화되어 있다. 따라서 경제에 나쁜 영향을 주는 사회복지는 제한되며 잔여적 역할을 한다. 사회복지부문은 경제정책과 구별되어 상대적인 자율성을 유지한 상태에서 국가의 서비스가 제공되는데 복지정책은 다양한 이익집단들이 이익추구 과정에서 이루어지기에 복지정책은 통합적이거나 포괄적이지 않고 단편화되는 경향이 있다. 정치형태는 다원주의적 성격이며, 사회의 의사결정 과정에서 자유경쟁 또는 시장모델이 적용된다. 미국과 영국이 여기에 속한다.

(2) 통합된 복지국가

통합된 복지국가는 사회복지부문은 자율적인 영역이 아니라 경제정책과의 상호의존적이고 상호관련된 관계로 본다. 경제부문에서 수요와 공급 측면인 이윤, 투자, 임금수준, 인플레이션, 노동시장의 조건 등에 개입하는데 노동정책시장은 한편으로는 사회복지정책의 의미를 갖고 다른 한편으로는 경제정책의 의미를 가진다. 정치형태는 중앙집권적 다원주의의 성격이며, 광범위한 경제 및 사회복지정책의 결정은 정부, 사용자, 노동자 사이, 경제집단들 혹은 계급 간의 상호협력과 조정, 합의를 토대로 한다. 오스트리아, 스웨덴, 독일, 네덜란드 등이 여기에 속한다.

5) 애스핑-앤더슨(Esping-Andersen)의 유형

애스핑-앤더슨(Esping-Andersen)은 복지국가를 개인의 복지가 시장에 의존하지 않고도 이루어질 수 있는 정도를 말하는 탈상품화 정도와 복지정책에 의한 사회계층체제의 형태를 기준으로 계층화의 유형, 국가와 시장의 상대적 역할 등을 기준으로 자유주의 복지국가, 조합주의 복지국가, 사회민주주의 복지국가 등 3가지 유형으로 구분하고 있다.

(1) 자유주의 복지국가

자유주의 복지국가는 탈상품화의 효과가 최소화된 국가로서 시장의 역할이 중심적이고 사회복지서비스는 제한되어 있다. 소득 자산조사에 의한 공적부조 프로그램이 상대적으로 중시되며 급여의 대상은 저소득층에 초점이 맞추어지나 복지혜택을 받기 위한 자격기준은 매우 엄격하며 복지는 전통적인 자유주의적 노동윤리법에 제약을 받는다. 복지혜택을 받는 개인에게 스티그마를 부여하는 사회적 분위기가 지배적이다. 열등수급의 원칙을 적용하며 복지는 근로동기를 훼손해서는 안 된다는 입장이다. 국가는 민간보험, 직업복지와 같은 시장형태의 민간복지를 장려한다. 따라서 탈상품화의 정도가 매우 낮고 사회보장에서 매우 제한된 국가개입을 함으로써 사회안전망이 엉성하다. 또한 완전고용을 달성하기 위한 적절한 제도적 메커니즘을 갖고 있지 않으면서 형식적으로 완전고용을 보장하는 의무만을 지니고 있다. 복지정책은 정치적, 경제적인 목표를 달성하는 수단으로서 의미를 갖는다. 미국, 캐나다, 오스트레일리아 등이 여기에 속한다.

(2) 조합주의(보수주의) 복지국가

조합주의 복지국가는 보험의 원칙을 강조하는 사회보험에 크게 의존하며, 따라서 사회보험에 의한 혜택은 시장에서의 지위의 차이를 유지하는 것에 목표를 두고 있기에 국가복지의 재분배효과는 미미하다. 즉 탈상품화 효과에는 한계가 있으며 자유주의 복지국가가 주된 관심으로 가진 시장의 효율성과 노동력의 상품화 문제는 중요히 여기지 않으며 국가가 주된 사회복지 제공자의 역할을 하여 민간보험이나 기업복지의 역할이 상대적으로 덜 강조된다. 가족주의적 요소가 강하여 사회적 연대의 진원지는 가족이고, 국가는 이러한 가족의 특성을 지원하고 보완하는 역할을 한다. 조합주의 복지국가는 사회복지정책을 노동자계급의 정치적 위협을 제거하려는 권위주의적 정권에서 출발하였다. 많은 경우, 조합주의적 정권은 교회에 의해 형성되며, 이로 인하여 가족에 대한 보수적인 태도를 지지한다. 국가는 다른 중간제도들, 특히 교회가 제공할 수 없는 복지만을 지원해야 한다는 것이다. 독일과 이탈리아 등이 여기에 속한다.

(3) 사회민주주의 복지국가

사회민주주의 복지국가는 보편주의 원칙과 사회권을 통한 탈상품화 효과가 가장 크고 복지의 재분배적 기능이 가장 강하다. 이러한 국가들을 '사회민주적'이라 부르는 것은 사회민주주의 세력이 사회복지의 확대에 중추적인 역할을 했기 때문이며 사회복지 프로그램들은 높은 수준으로 제도화되어 있다.

시장을 거부하는 사회민주주의 복지국가는 최소한의 욕구의 평등보다는 가장 높은 수준의 평등을 증진, 최소한의 생활수준 보장을 넘어 복지정책을 통해 가능한 한 최대수준의 평등을 추구한다. 조세, 임금격차축소정책(임금연대성), 각종 복지급여, 적극적인 직업훈련, 실업자를 내지 않는 기업에 대한 임금보조 등의 노동시장정책 등 적극적인 국가정책을 통해 소득 평등을 확대시키고, 모든 시민들이 평균적인 생활수준을 향유한다. 복지급여는 보편주의적이고 높은 수준을 유지한다.

복지혜택은 임금에 따라 주어지며 보편적인 사회보험에 대한 지지와 참여를 보장하는 방법으로 국가의 최후 안전망이 아니라 모든 시민의 사회권을 실현하는 핵심적인 수단이라고 할 수 있다.

국가에서는 복지를 가족의 복지능력이 약화될 때까지 기다리지 않고 미리 가족생활의 비용을 사회화한다. 즉 개인의 복지가 가족에 의존하는 것을 기대하기보다는 미리 국가가 개인의 독립능력을 확대한다. 그 결과 국가가 아동, 노인 등에 대한 직접적인 책임을 갖는다. 또한 이러한 국가는 복지와 일을 적절히 배합하는 완전고용정책을 강조한다. 왜냐하면 완전고용정책은 사회연대적이고 보편적이고, 탈상품화를 추구하는 복지국가를 유지하기 위해 일할 권리와 사회복지권을 밀접하게 연결시킬 뿐만 아니라, 보편적이고 포괄적인 복지체계를 유지하는 데 소요되는 많은 비용을 충당하기 위해서는 거의 모든 사람이 일을 하여야만 가능하며 소수만 사회적 이전을 통해 살아가도록 해야 하기 때문이다. 스웨덴을 비롯한 스칸디나비아 국가들이 여기에 속한다.

4 복지사회의 개념

복지사회(welfare society)라는 용어는 국가와 시민사회 간의 새로운 균형을 강조하는 것으로서 복지사회는 최저한의 소득보장뿐 아니라 사회구성원 개개인의 성장을 극대화하려는 목표가 중시된다. 복지사회의 개념은 최저수준의 소득보장을 근간으로 하는 복지국가의 논리만으로 충족될 수 없는 '사회의 인간화'를 강조한다. 로브슨(Robson, 1976)에 의하면 복지국가는 전체 사회의 복지구현에 대한 책임을 정부가 실천하는 것이고, 복지사회는 일반구성원이 복지에 대한 권리에 상응하는 의무를 이해하고 받아들이고 실천하는 것이라고 했다(신원식 외, 2011).

복지사회란 단지 풍요함 뿐만이 아니고 사회보장이나 완전고용에 의한 생활의 안정과 분배의 평등, 경제 외적 복지 등 사회의 모든 사람들의 복지에 영향을 미치는 여러 가지 복지요인의 어느 것도 경시할 수 없는 종합적이고 조화적으로 높게 유지되어 있으며, 보다 높은 차원의 개선이 민주적으로 조직된 정부, 기타의 공공기관에 의하여 목적으로 추구되는 사회라고 말할 수 있다(곽효문, 1999).

국가와 사회가 다르듯이 복지국가와 복지사회는 다른 개념이다. 첫째, 이념적으로 복지국가는 자유주의의 진화 과정에서 발생한 데 반해 복지사회는 평등(사회)주의적 경향이 강하다 할 수 있다. 사회주의의 인간해방과 평등의 구현은 사회복지 자체이기도 하다. 둘째, 복지의 주체, 대상과 범위 및 수단이 무엇이냐에 따라 구분된다. 복지국가는 정부가 주체가 되고 대상과 범위도 정부가 결정하여 사회복지를 구현한다. 반면 복지사회는 주체도 다양하고 대상도 사회 일반으로까지 확장된다. 개인과 공동체, 집단과 회사가 모두 주체가 되고 기초적 복지 개념을 훨씬 뛰어넘는 적극적이고 포괄적 · 전반적 복지의 총칭으로 볼 수 있다. 누구나 인간답게 행복한 삶을 살 수 있는 모든 사회적 조건과 환경을 조성하는 것을 복지의 지표라고 할 때, 진정한 복지사회의 추구는 한없이 진행될 것이다. 셋째, 복지국가는 경찰국가, 야경국가에 대응해서 탄생한 만큼 한계를 가질 수밖에 없다. 피동적인 행정적 복지서비스의 제공만으로는 실효를 거두기 어렵기 때문이다. 복지사회는 정부와 시민사회 등 모든 사회적 주체들이 능동적으로 전반적인 복지서비스를 창출해내고 끝없이 증진시켜 나갈 때 비로소 구현될 수 있다 하겠다(김형수 외, 2011).

복지사회는 여러 집단으로 구성되어 있다. 그 중 특히 중요한 집단은 가족과 지역사회, 국가, 지방자치단체일 것이다. 그 중 1차적 복지기능을 담당하는 가족집단과 지역사회집단은 애정과 협동의 기본 원리로 구성되어 있으며 부적 축적과 가치의 재생산을 통하여 욕구의 충족을 달성해 나간다. 이 집단은 애정이나 이웃사랑으로 결합되고 강한 연대감과 귀속의식을 지주로 하여 정상적인 공급기구에 의해 욕구를 충족해 왔다. 구성원 서로간의 부양, 원호, 인보, 보조기능에 의하여 수행되고 보충적으로 종교단체의 자선적 구제사업이나 협동조합에 의한 상호부조기능에 의하여 욕구가 충족되어 왔다. 그 이후의 중요한 집단이 국가라 할 수 있다. 현대 민주주의 사회에 있어서 국가는 사회복지와 사회보장의 향상과 증진을 위해 노력하지 않으면

안 될 책임을 가지고 있다. 이러한 국가의 책임을 특히 정치적 책임이라고 할 수 있다. 이 정치적 책임은 국가의 입법 목적을 수행하기 위하여 적절한 자원을 적절한 방법으로 제공한다는 사회적 책임의 중요한 측면을 담당하는 것이라고 할 수 있다.

복지사회란 국민의 최대한의 복지를 확보 · 유지 · 향상시키는 것을 목적으로 하고, 이 목적달성을 위한 여러 대안의 전개에 대하여 책임을 인정하는 전체 사회를 뜻하는 것이며, 그 하위에 속하는 여러 부분사회는 그 책임에 규정되어 목적달성을 향하여 기능적으로 통합되는 결합력을 갖는 사회를 뜻하는 것이다(곽효문, 1999).

Chapter

12

한국사회복지의 전망과 과제

1. 한국사회복지의 전망
2. 한국사회복지의 과제

social welfare

12 Chapter 한국사회복지의 전망과 과제

1 한국사회복지의 전망

한국은 외국의 원조에 의존하던 최빈국에서 경제규모 세계 14위의 원조 공여국(供與國)으로 발전한 유일한 국가가 되었으며 2009년 11월 OECD 개발원조위원회(DAC)의 24번째 회원국으로 가입함으로써 국제사회의 명실상부한 선진공여국이 되었다. 한국은 과거 단일민족, 단일문화에 대한 긍지와 자부심을 가지고 있었다. 그러나 현 시대는 지구촌화, 세계화로 인하여 피부색, 문화, 관점, 언어가 서로 다른 사람들과의 공존과 공생을 위한 인류복지기법을 터득할 기회를 제공해 주고 있다. 그러므로 지구촌 사회에 어울리는 정책과 구조를 이루지 못하면 도태되거나 고립되는 경우가 발생할 수 있고 또한 내부적으로는 갈등과 다양한 문제들의 발생을 예상하여 심각하게 고려해야 한다. 사실상, 지구촌화는 어디서건 동일한 정도로 경험되는 것이 아니며 문화적 동질화로 나아가는 과정도 아니다. 지구촌이라는 개념은 과거 '촌락'이라는 공간적 개념이 지역사회에 국한되어 한 국가의 영역을 넘기 어려웠지만, 오늘날에는 지구촌(global village)이라는 이름으로 변화하면서 많은 사회적 관계들이 영토적 지리(territorial geography)라는 준거로부터 점차 벗어나게 되었다. 이러한 상황 속에서 정치, 경제, 사회, 문화의 중심이 되었던 국가와 민족의 개념은 차층 모호해지거나 퇴색되어 갔고, 다국적 기업, 국제(금융)기구, 국제협약 등의 초국가(超國家) 권력이 힘을 얻어 주도해 가는 탈국가현상이 가속화되고 있다.

지난 2000년 UN은 세계 189개국과 함께 새천년개발 목표(MDGs)를 발표하고 이를 구체적으로 실현하기 위한 다각적 노력을 전개해 왔다.

오늘날 세계 각처에서는 비정부기관인 NGO단체들, 각 국가 정부, 그리고 국제기구 등 다양한 행위자들이 자본주의적 경쟁논리의 한계성을 체험하고 '함께 더불어 사는, 공존을 지향하는 세계화'로 탈바꿈하려는 움직임이 일고 있다. 약육강식으로의 세계화 논리에 반대하고 세계인의 공존과 복지를 지향하는 지구촌을 만들기 위한 전 세계적 노력이 시작된 것이다. 이는 한국의 사회복지계에 요구되는 시대적 사명이자 책임의식이기도 하다. 이것이 바로 우리 인류가 21세기 '함께 더불어 사는 사회'를 실현해 나가는 기본 요소인 '나눔의 정신', '상생의 정신'인 것이다.

국제사회는 한국의 성공적인 개발 발전 경험을 모범사례로 삼아 개발도상국을 위한 모델이 될 수 있다고 보고 있으며, 개발 경험의 전수를 희망하고 있다. 국제개발협력 공적 개발 원조는 성숙한 사회의 도덕적 의무이기도 하다. 하지만 한편으로는 궁극적으로 국민이 낸 세금으로 운영되기에 국익과 국격을 높이는 데 기여해야 한다는 또 다른 요구에 직면해 있다.

1) 한국의 복지환경의 변화

한국의 복지정책은 패러다임의 전환이 필요한데 이는 사회적 위험이 복합적으로 전개되고 있고 세계화 · 개방화에 따른 양극화의 심화현상이 전개되고 있으며 저출산, 고령화에 따른 사회경제적 변모가 예상되기 때문이다. 실직, 빈곤, 질병, 장애, 노령 등 사회적 위험이 주로 소득 중단 문제와 연결되었으나 대응체계가 여전히 부실한 상태로서 국민 최저선의 확보를 위한 공공부조제, 최소한의 위험대처방안인 사회보험의 내실화를 해야 할 과제가 남아 있으며 신사회적 위험이 급속하게 대두되고 있다.

또한 세계화, 개방화에 따른 양극화의 심화현상은 다양한 형태의 FTA가 가속화될 것으로 전망되며, 조세와 복지제도를 통한 소득재분배효과가 낮아 복지부문에의 투자와 제도 확대에 따른 양극화 저지효과가 필요하다.

저출산, 고령화에 따른 사회경제적 변모가 예상되므로 노동인구의 확대가 요망되며 출산장려정책과 일·가족양립정책, 적극적 노동시장정책 등의 변화가 필요하며 실버산업 및 노인복지의 중요성 또한 증대되고 있다.

2) 한국복지발전의 전망

첫째, 복지정책의 기본 방향 변화가 필요하다. 복지정책 패러다임은 경제성장 전략과 연관된 저임금, 저가수출에서 지식기반 경제구조, 즉 기술혁신 구조로 전환이 필요하다.

둘째, 인구 감소에 따른 복지정책의 전환은 한정된 생산 인구 내에서 가용한 노동자원을 모두 활용하기 위한 보육정책, 정년 연장 및 재교육정책 등이 전 부처 차원에서 추진되어 시혜적 차원이 아닌 생산력 확보를 위한 인력육성 및 노동력 확보를 위한 인적자원 투자정책으로 전환되어야 할 것이다.

셋째, 양극화 현상을 극복해야 한다. 지속적인 복지지출 증가에도 소득격차는 개선되지 않고 있으며 중산층이 가계 불안과 교육, 주거비, 육아 등의 생활관련 지출의 과도한 부담은 가처분 소득의 감소로 내수시장 침체를 가져오고 있다.

넷째, 양성평등을 실현해야 한다. 경제성장의 새로운 동력으로 여성인력의 중요성이 부각되고 있으므로 지식경제 패러다임으로 전환되면서 창조성, 소통능력, 수평적 리더십 등을 갖추고 있는 여성인력의 성장과 참여가 필수적이므로 지속적인 훈련과 적극적 기회 부여가 필요하다.

한국복지발전의 전망을 실현시키려면 복지정책 구현조건의 변화가 필요하다.

첫째, 재원의 조달가능성이 확보되어야 한다. 현재의 재정 총량 내에서 재원 확보와 새로운 재원 발굴을 통한 재원 확보가 필요하다. 따라서 조세지출과 재정정책이 지닌 미흡한 소득재분배효과 면에서 조세정책을 통한 개혁이 필요하다.

둘째, 복지와 경제의 선순환에 대한 정당성 확보가 필요하다. 복지의 발달로 보건 및 복지의 일자리 창출효과를 기대하는데 노동집약적 산업으로 여성취업자의 수가 많은 것을 효과적으로 변화시키고 고도의 숙련노동자와 저숙련노동자의 공동 취업이 가능하도록 해야 한다. 스웨덴의 예를 보면 1970년대 보육과 보건부문에서 대규모 일자리를 창출하여 완전고용 달성을 이루어내기도 했다.

셋째, 사회안전망 구축으로 노동운동의 유연화에 기여하여 경직되고 전투적인 노동운동을 합리적이고 유연한 노동운동으로 정화시키기 위해서는 사회안전망의 구축이 필요할 것으로 본다.

2 한국사회복지의 과제

1) 사전적 · 예방적 성격의 사회복지정책 강화

인적자본의 중요성이 대두되고 있으며 출산율을 복원하고 양질의 노동력 공급의 필요성을 부각시키고 여성 취업을 촉진하는 일 · 가정 양립정책과 노인인력을 활용하는 일자리 사업 등의 전개가 필요하다.

2) 사회복지운동의 전개

사회복지라는 목표를 달성하기 위해 모든 국민이나 사회복지전문가, 사회복지대상자, 노동자 등의 주체적인 참여와 행동을 통하여 의도적으로 추진해 나가는 사회운동이 활성화되어야 한다. 사회복지운동 활성화를 해결하려면 시민들의 권리의식과 대상자 중심의 운동조직이 필요하며 사회복지 현장에의 일상적인 참여 활성화가 있어야 한다. 또한 정치운동으로의 발전을 고려해야 하며 연대를 통한 사회변혁운동에 동참하여야 한다.

한국의 사회복지제도와 관련한 과제를 살펴보면 첫째, 사회보험과 공적부조라는 2원적 급여체계로 이루어진 생활보장체계를 3원적 급여체계로 새로운 급여체계를 개발할 필요가 있다. 둘째, 복지선진국들에 비해 상당히 취약한 사회복지 지출을 꾸준히 증액하여야 하며 전체 예산에서 차지하는 사회복지서비스 예산의 비중도 증액되어야 한다. 그러기 위해 재정확충에 대한 새로운 방안도 새롭게 제시해야 할 것이다. 셋째, 우리나라 사회보험은 국민연금관리공단(국민연금), 국민건강보험공단(건강보험), 근로복지공단(산재와 고용보험)이 각각 관리하고 있는데, 이들이 가입자들에게 제공하는 서비스 기능이 너무 취약하여 보험료 징수만 하는 기관이라는 부정적 이미지가 각인되어 있는 실정이다. 각 공단들은 가입자에게 보다 다양한 정보, 상담, 의뢰서비스들을 제공할 수 있는 방안으로 기능을 전환하는 것이 바람직할 것으로 여겨진다. 넷째, 기존의 사회복지제도에서 감당할 수 없는 사각지대를 해소하는 보완책을 세워야 하며 출산장려를 위한 국가정책의 적극적인 지원방안이 모색되어야 한다.

사회복지실천 분야에서의 전망에 대하여 살펴보면, 첫째, 사회복지실천가의 역할과 자세에서 사회복지전문가 또는 사회복지실무자들은 책임성과 소명감을 가지고 사회복지실천에 임하면서 사회복지 직무를 전문적으로 인정받아야 하며 자신의 고유영역을 확보해야 한다. 사회복지실천가는 서비스의 효과성과 효율성을 증대시키는 한편, 사회복지 기술과 이론체계를 확립해야 한다.

둘째, 사회복지의 교육적인 기능을 강화해야 한다. 국민 모두가 사회복지에 대한 인식과 의식의 개선은 다양한 방법의 사회복지교육을 통해서 가능하다. 사회복지교육은 아동에서부터 노인까지 자신의 연령과 역할에 따라 적절하게 사회복지분야에 참여하고 협조할 수 있는 길을 제시하고 실천할 수 있도록 하는 일이다.

넷째, 지역복지의 활성화이다. 지방단위의 독특한 특성을 최대한 살려서 지역복지를 실천하는 데 국가의 전폭적인 지원이 이루어지도록 해야 한다. 지방정부가 주체적으로 사회복지를 실현할 수 있도록 제도적 장치를 강화시켜야 한다.

3) 사회 전체적인 패러다임의 변화

(1) 보편주의적 사회복지

최근 우리나라는 무상급식 무상보육의 실시를 둘러싸고 보편주의 논쟁이 뜨겁다. 선별주의와 보편주의는 사회복지의 혜택이 제공되는 대상을 어떻게 결정할 것인가에 따라 복지정책의 차이를 설명하는 개념으로 길버트와 스펙트(Gilbert & Specht)가 1974년 《Dimension of Social Welfare Policy》라는 책에서 처음으로 소개하였다.

우리나라의 경우 보편주의의 원리를 기본으로 삼고 있는 사회보험제도의 전 국민 적용을 중심으로 복지국가를 구축해 왔지만, 한편으로는 국민기초생활보장제도와 사회서비스 분야에서는 보편적 수당제도의 도입 없이, 여전히 선별주의 원리가 강하게 작동하고 있는 상황이다. 그러나 사회양극화의 심화, 노동빈곤의 확대, 저출산·고령화 사회의 도래 등 앞에서 살펴본 것처럼 우리 사회가 경험하고 있는 새로운 사회적 위험은 특정 인구층만의 문제가 아니라 우리 사회의 구성원이라면 누구든지 경험할 수 있는 것이다. 이러한 상황 속에서 한정된 자원으로 필요한 대상에게 서비스를 집중하는 선별주의 사회복지만으로는 새로운 위험으로부터 사회구성원들을 안전하게 지켜내기 어려울 것이다.

(2) 지역공동체 중심의 사회복지

복지국가는 국민의 기본적인 삶을 국가가 책임진다는 원리에서 출발한다. 이 때문에 우리 사회의 복지정책도 주로 경제적 빈곤을 해결하기 위한 노력이 대부분이었다. 그러나 사회변동과 국민생활 및 의식의 변화에 따라 경제적 빈곤문제 외의 다양한 비화폐적 욕구가 발생하게 되었다. 이러한 사회복지 욕구의 변화로 인해 각자 개인들의 다양한 욕구에 대응하는 개별화되고 차별화된 복지 그리고 전문적인 복지 서비스가 요구된다. 그러나 중앙정부가 이러한 다양한 욕구를 제대로 파악하기는 힘들다.

따라서 지역주민의 일상생활과 밀착되어 지역의 욕구를 정확히 파악하여 일정수준 이상의 전문적인 서비스를 제공하기 위해서는 지역사회가 중심적인 역할을 담당해야 한다. 지역사회의 책임을 강조하는 것은 국가의 책임을 약화시키면서 한편으로 복지국가의 후퇴로 간주되기도 하지만, 국민의 삶의 질, 사회복지의 질이 어느 정도에 이를 것인가는 그것을 확보하기 위한 국가재정의 투입과 그 지역 자체의 결집력에 큰 영향을 받는다.

지역사회를 중심으로 제공되는 복지는 수혜자와 기여자를 따로 분리하지 않으며, 지역사회 내에서 지역주민이 저마다의 능력에 맞게 기여할 수 있는 다양한 영역들을 발굴해낼 수 있다는 장점이 있다. 또한 가족부양기능 약화, 사회연대성 결여 등의 문제가 드러나는 현대사회에서는, 과거에 생활단위로만 가능했던 지역사회가 이제는 사회문제에 대처하여 이를 직접 해결할 수 있는 역량을 결집하는 장이 될 수 있다. 탈시설화 경향으로 인해 지역사회가 사회복지의 주요한 주체로 인식되고 있는 상황에서, 지역사회 주민들이 참여와 연대의 가치를 바탕으로 지역사회의 문제를 스스로 해결하면서 다양한 서비스 공급자의 역할도 수행해 나간다면, 풀뿌리 민주주의를 바탕으로 한 실질적인 복지공동체가 이루어질 것이다(김영희 외, 2004).

(3) 지속가능한 사회복지

지속가능한 사회개발은 사회개발적인 복지정책을 통하여 사회, 정치, 경제영역의 균형을 이루어낼 수 있다는 가능성을 의미한다. 경제와 복지 그리고 여타의 사회영역이 서로 상쇄적인 관계가 아니라 상생적인 관계임을 강조한다. 경제가 발전하기 위해서는 복지가 양보해야 하고 파이를 크게 만든 다음에(경제성장) 분배할 수밖에 없다는 선성장 후분배 원칙이 맞지 않으며, 사회 · 노동 · 복지의 균형 잡힌 성장 속에서 경제발전이 이루어지고, 이러한 경제발전은 국민적 연대감을 바탕으로 하여 사회발전으로 연결됨을 강조한다.

지속가능한 사회개발은 직접적으로 사회적 재화나 서비스를 제공하는 것보다는 일정한 과정이나 구조, 참여에 초점을 맞춘다. 그것은 바로 이러한 사회적 재화나 서비스의 프로그램이 사회적 자본으로서의 역할을 할 수 있도록 만드는 것을 뜻한다. 사회개발적인 복지는 일회성으로 끝나는 것이 아니라 다른 영역의 사회적 요인들과 연계하여 연결망을 형성하고, 그 연결망을 통하여 새로운 가치가 창출되도록 노력한다. 따라서 사회개발적인 접근은 사회복지에 있어서 사회와 경제정책을 상호 촉진시킬 수 있는 보완적이고 연계적 관점을 지향하는 방법이라 할 수 있다.

지속가능한 발전을 사회복지적 측면에서 가장 중요한 것은 다음과 같이 정리할 수 있다(김영희 외, 2004).

첫째, 인권보장이다. 우리가 살고 있는 세상에는 매우 다양한 사람들이 살고 있으며 사람들은 사람들을 인종, 민족, 지위, 계급과 계층으로 구분하고 있다. 그러므로 인권에는 특히 사회 각층의 소수자들과 사회적 약자 그리고 취약계층을 염두에 두어야 하며, 최저생계보장, 생존권과 함께 사회권에 대한 보장, 시민, 국민으로서 또한 세계인으로서 가져야 할 기본적인 삶의 권리에 대한 내용이 담겨 있어야 한다.

둘째, 인간다운 삶에 대한 보장을 위한 평화와 안전의 확보가 필요하다. 세계는 끊임없는 자연재해와 인재, 크고 작은 국가 간의 분쟁과 전쟁이 존재한다. 그것으로부터 안정되고 평화롭게 살 수 있는 인간의 존엄과 개발을 위한 평화와 안전의 확보와 보장이 필요하다. 나아가서 내일은 오늘보다는 나은 삶의 미래 비전을 의미한다. 한국의 경우에는 남북평화정책을 통하여, 대치국면에서 공존과 통합으로 국면의 대전환을 탐색하여야 한다.

셋째, 개인의 잠재력과 존중에 기초한 양성평등이다. 이는 남성 중심의 가부장적 사회와 전통적인 성역할 고정관념에 의한 성별분업의 거부를 의미한다. 사회의 변화와 더불어 남성과 여성의 역할에도 많은 변화가 있고, 또한 개인적 성향에 따라서도 많은 개인 차이가 나타난다. 여성의 사회 진출과 각 개인이 처한 환경적 여건에 따라 남녀가 함께 노동하고 함께 살림하는 시대가 되었다. 이러한 성인지적 시각에 따라 그동안 편향적으로 운영되고 여성에게는 종속적 · 억압적으로 작동되었던 사회제도, 복지제도의 전반적인 개편이 불가피해졌다.

넷째, 문화적 다양성의 존중과 이해이다. 이는 외국인 근로자, 결혼이주여성, 탈북자의 증가 등으로 인한 한국의 당면한 과제이며, 단일민족, 단일문화에서 다문화사회로 옮겨가기 위한 과도기적인 현상을 보이고 있다. 주변화되고 배제되어 있던 사회구성원들을 어떻게 포용하고 포섭할 것인지에 대한 새로운 사회제도의 모색과 적극적인 복지제도가 요구된다.

다섯째, 건강한 인구와 안전한 환경을 위한 보건정책이다. 건강한 생활을 유지하기 위해 필요한 제반 예방적 치료적 조치를 말한다. 2013년 8월 31일 현재 65세 이상 인구가 전체 인구의 12.07%를 차지하고 있는 노령사회에서 어떻게 국민 전체가 건강한 생활을 유지할 수 있을지 문제가 된다.

여섯째, 효율적인 정부구조이다. 아무리 좋은 정책이라도 정부구조가 효율적이지 못하면 그 정책은 성공하기 어렵다. 정부기관과 구조 자체가 민주화 · 개방화되어야 하고, 직접적인 의사소통구조를 갖추고 있어야 하며, 지역공동체와 지역 개개인들의 욕구 파악과 자발적인 참여가 원활히 이루어져야 한다.

(4) 독자적인 사회복지실천 이론을 개발

미래의 사회복지실천 분야에서는 이미 알려진 다양한 사회복지실천의 관점을 받아들이면서 클라이언트의 삶의 위기에 초점을 두고 그들의 능력을 고취시키며 개인적·사회적 진보를 저해하는 방해물을 사회 전체가 극복하도록 추구하고, 잘 조직화된 실천 속에서 수행하는 데 초점을 둔 과제수행모델과 같은 독자적인 사회복지실천 이론을 개발해야 하는 과제를 안고 있다.

앞으로 사회복지실천 분야에서 이론을 활용할 때 다음과 같은 사항을 고려해야 한다.

첫째, 사회복지실천 분야는 사회 변화에 따른 다양한 사회복지실천을 위한 제반 기초 학문 이론을 비교·분석하고 비판을 통해 폭넓게 수용해야 한다.

전통적인 정신분석적인 관점에서 클라이언트는 비합리적인 욕구에 의해 충동하는 사람으로 보았다면 인간은 그들의 환경과 행동을 합리적으로 통제한다. 관점, 자아심리학, 행동주의적 접근, 실존주의적 접근, 인지이론들과 사회개혁과 변혁을 요구하는 페미니스트적 접근, 마르크스주의 이론들, 그리고 맥락의 중요성을 강조하면서 보편적이고 무차별적인 방식을 거부하는 포스트모더니즘 접근, 뇌신경, 복제 등 과학기술공학적 접근, 영적인 초월성을 활용하는 초원론적 접근까지 비교분석을 통하여 사회복지실천의 폭을 넓혀야 한다.

둘째, 사회복지실천 분야는 사회복지실천을 위한 제반 이론 가운데 클라이언트를 모든 종류 혹은 똑같은 모델이 필요한 사람으로 취급하기보다는 클라이언트의 특별한 개인적·사회적·문화적 특성을 반영하는 이론을 선택하여 사용해야 한다.

셋째, 도덕적으로 타당한 실천 내에서 설명될 수 있는 이론을 사회복지실천 분야에서 활용해야 한다.

넷째, 사회복지실천을 행할 때 지금-여기(here and now)에서 필요한 이론을 사회복지실천 분야는 독자적으로 개발하여 사용해야 한다.

다섯째, 사회복지실천 분야는 클라이언트의 역량과 강점을 강조하는 이론을 더 많이 활용해야 한다.

따라서 사회복지실천 분야는 클라이언트와 상호작용을 통해 사회적으로 구성된 것이고, 이러한 사회복지실천 분야의 사회구성은 사회복지실천을 구성하는 것과 같은 사회적 힘에 의해 구성된 것임을 나타낸다. 이러한 사회구성의 관점은 사회복지실천 분야의 존재가 다양한 집단 내에서 어느 정도 동의되고 인정한 이해의 표현으로 보아야 한다는 점을 암시한다.

참고문헌

감정기, 최원규, 진재문 (2013). 사회복지의 역사. 파주: 나남출판.
강용규 외 (2011). 사회복지개론. 고양: 공동체.
고명석 (2007). 사회복지개론. 서울: 동문사.
고명석 외 (2011). 사회복지개론. 서울: 동문사.
고명석, 박명혜 외 1명 (2014). 사회복지개론. 서울: 동문사.
고수현 외 (2002). 사회복지개론. 서울: 대학출판사.
고용노동부 (2012). 산재보험 사업연보.
고용노동부 (2015). 고용보험백서.
곽효문 (1999). 복지국가론. 서울: 제일법규.
구자헌 (1970). 한국사회복지사. 한국사회복지연구소.
구재관 외 (2013). 사회복지정책론. 파주: 양서원.
구혜영 (2010). 사회복지실천기술론. 서울: 신정.
권기창 (2011). 사회복지정책론. 서울: 창지사.
권육상 (2010). 사회복지개론. 고양: 공동체.
권육상 외 (2007). 사회복지정책론. 서울: 유풍출판사.
권육상 외 (2010). 사회복지개론. 고양: 공동체.
김경우 (2007). 의료사회복지론. 서울: 동문사.
김경우, 김윤재 외 3명 (2013). 사회복지개론. 서울: 창지사.
김계삼 (1991). 노인복지의 이론적 고찰, 조직과 복지사회. 서울: 박영사.
김기태 (2001). 정신보건복지론. 파주: 양서원.
김기태 외 (2004). 사회복지의 이해. 서울: 박영사.
김덕준 외 (1977). 신사회사업개론. 한국사회복지연구소.
김만두, 한혜경 (2000). 현대사회복지개론. 서울: 홍익재.
김명근, 길귀숙 외 3명 (2014). 사회복지개론. 파주: 양서원.
김상균 외 (2002). 사회복지개론. 파주: 나남출판.
김승용 외 (2010). 사회복지개론. 파주: 양서원.
김영화 외 (2011). 인간과 복지(사회복지개론). 파주: 정민사.
김영희 외 (2004). 인간과 사회 그리고 사회복지. 파주: 학현사.
김옥희 (1999). 사회복지법의 제 · 개정과 향후 과제. 시정연구11호. 부산광역시 정책개발실.
김윤재, 주정호 외 2명 (2014). 사회복지개론. 서울: 교육과학사.

김은정, 박선영 외 1명 (2015). 사회복지개론. 서울: 청목출판사.
김익균 (2007). 사회복지개론. 서울: 파워북.
김종일 (2009). 사회복지정책론. 파주: 학현사.
김태성 외 (2006). 복지국가론. 파주: 나남출판.
김태성, 송경륭 (1993). 복지국가론. 파주: 나남출판.
김형수 (2011). 사회복지개론. 파주: 정민사.
김형수 외 (2010). 지역사회복지론. 파주: 학현사.
김형수 외 (2011). 사회복지개론. 파주: 정민사.
김혜란, 홍선미, 공계순 (2001). 사회복지실천기술론. 파주: 나남.
남기민 (2005). 사회복지정책론. 서울: 학지사.
남기민 (2011). 사회복지학개론(제3판). 파주: 양서원.
남상만 외 (2002). 장애인복지론. 서울: 홍익재.
남연희 외 (2012). 사회복지실천론. 고양: 공동체.
남일재 외 (2011). 사회복지개론. 고양: 공동체.
남진열 (2000). 교정복지의 평가와 과제. 한국사회과학연구소 사회복지연구실.
남찬섭, 유태균 역 (2007). Neil Gilbert & Paul Terrell. 사회복지정책론. 서울: 나눔의집.
노정자, 박연옥 외 3명 (2014). 사회복지개론. 서울: 창지사.
노혁 (2007). 청소년복지론(개정판). 서울: 교육과학사.
류종훈 (2010). 사회복지실천기술론. 서울: 유풍출판사.
류종훈 (2011). 사회복지발달사. 파주: 정민사.
문수열 외 (2011). 사회복지의 이해. 서울: 창지사.
문수열 외 (2013). 사회복지정책론. 서울: 창지사.
문영희, 이복희 (2009). 학교사회사업론. 파주: 양서원.
문재우 (2013). 사회복지개론(제3판). 서울: 계축문화사.
박경일 (2002). 사회복지학강의. 파주: 양서원.
박경일 외 (2007). 사회복지정책론. 고양: 공동체.
박병현 (2011). 사회복지의 역사. 고양: 공동체.
박상하 외 (2013). 사회복지개론. 파주: 양서원.
박상하, 노길희 외 5명 (2013). 사회복지개론. 파주: 양서원.
박성호 (2006). 한국의 종교와 사회복지. 서울: 제이앤씨.
박용순 (2009). 사회복지개론. 서울: 학지사.
박종삼 외 (2007). 사회복지학 개론. 서울: 학지사.
박차상 외 (2011). 사회복지개론. 파주: 학현사.
보건복지부 (2005). 보건복지부 백서
보건복지부 (2011). 노인보건복지사업안내.
보건복지부 보도자료 (2015.4). 기초생활보장제도 맞춤형 급여체계 개선방안.

서보준, 오현숙 외 3명 (2013). 사회복지개론. 고양: 공동체.
서혜석, 이혜숙, 이윤형, 한경리 (2010). 사회복지실천기술론. 서울: 양서원.
성무원 (2003). 복지국가의 공공부조. 서울: 한솜미디어.
성민선 외 (2004). 학교사회복지의 이론과 실제. 서울: 학지사.
성민선 외 (2005). 사회복지개론. 서울: EM커뮤니티.
성민선 외 (2010). 학교사회복지의 이론과 실제. 서울: 학지사
손광훈 (2004). 장애인복지론 파주: 학현사.
손준규 (1983). 사회보장 · 사회개발론. 서울: 집문당.
송근원, 김태성 (1995). 사회복지정책론. 서울: 나남출판.
신원식 외 (2011). 사회복지개론. 고양: 공동체.
양성관 외 (2014). 지역사회복지론. 파주: 정민사.
양옥경 외 (2004). 사회복지 윤리와 철학. 서울: 나눔의집.
양점도 외 (2010). 사회복지개론. 고양: 공동체.
양정남, 최선령 (2009). 사회복지실천론. 서울: 양서원.
엄기욱 외 (2013). 사회복지개론. 서울: 학지사.
엄명용 외 (2011). 사회복지실천의 이해. 서울: 학지사.
엄명용, 노충래, 김용석 (2011). 사회복지실천기술의 이해. 서울: 학지사.
여성부 (2007). 여성연차보고서. 여성백서.
염동문, 김교정 외 3명 (2014). 사회복지개론. 서울: 청목출판사.
오봉욱, 이명순 외 3명 (2015). 사회복지개론. 서울: 동문사.
오정수, 류진석 (2006). 지역사회복지론. 서울: 학지사.
오정수, 정익중 (2008). 아동복지론. 서울: 학지사.
오종희 (2015). 사회복지개론. 파주: 정민사.
원석조 (2013). 사회복지개론. 파주: 양서원.
원속조 (2010). 사회복지정책론. 파주: 양서원.
유동철 (1998). 우리나라 장애인복지시설의 현황과 과제. 서울: 인간과 복지.
윤선오, 김우호 (2014). 사회복지개론. 파주: 양서원.
윤철수 (1995). 중등학교에서 학교사회사업가의 활용가능성에 관한 사례연구. 숭실대학교 대학원 석사학위논문.
윤철수 외 (2012). 사회복지개론. 서울: 학지사.
이강희, 양희택, 서대석 (2011). 사회복지발달사. 파주: 양서원.
이건모, 박은영 외 2명 (2015). 사회복지개론. 서울: 신정.
이근홍 (1999). 케이스매니지먼트. 서울: 대학출판사.
이미선, 강우진, 권향임 (2008). 사회복지실천기술론. 서울: 창지사.
이영실 외 (2014). 사회복지실천론. 파주: 양서원.
이영철, 박미은 외 4명 (2007). 사회복지학. 파주: 양서원.

이영호 (2010). 사회복지실천기술론. 고양: 공동체.
이윤로 (2009). 사회복지실천기술론. 서울: 학지사.
이윤로 외 (2009). 의료사회사업론. 서울: 학지사.
이정서, 김상철, 박성택 (2002). 사회복지학개론. 서울: 유풍출판사.
이종복 외 (2010). 사회복지개론. 파주: 학현사.
이진숙 외 (2010). 사회복지정책론. 파주: 양서원.
이태영 (2008). 사회복지정책론. 파주: 학현사.
임안나, 곽정국 외 8명 (2011). 사회복지실천기술론. 고양: 공동체.
임우석 외 (2011). 사회복지개론. 고양: 공동체.
임은희 (2007). 사회복지실천론. 서울: 학지사.
임은희 (2010). 정신보건복지론. 파주: 양서원.
장인협 (1981). 사회복지사업론, 한국사회개발연구원.
장인협 외 (2009). 사회복지학. 서울: 서울대학교출판부.
장인협, 오정수 (1996). 아동 · 청소년복지론, 서울: 서울대학교출판부.
장인협, 이정호 (2006). 사회복지행정론. 서울: 서울대학교출판부.
전남련 (2015). 사회복지개론. 파주: 정민사.
전용호 (2009). 장애인복지론. 서울: 학문사.
전재일 외 (1997). 학교사회사업. 서울: 사회복지개발원.
전재일 외 (2005). 사회복지개론. 파주: 형설출판사.
정무성 (2004). 현대장애인복지론. 서울: 현학사.
정민숙 외 (2011). 사회복지개론. 고양: 공동체.
정원오 (2011). 복지국가. 서울: 책세상.
정원철 (2007). 정신보건사회사업론. 고양: 공동체.
정일교 외 (2007). 장애인복지론. 파주: 양서원.
조추용, 신승연 외 5명 (2009). 사회복지개론. 서울: 창지사.
조학래 외 6명 (2013). 사회복지개론. 서울: 학지사.
조홍식 외 (1999). 가족복지학. 현학사학지사.
조홍식 외 (2008). 사회복지개론. 서울: 창지사.
천정환 (2005). 교정복지학. 서울: 대왕사
최선화 (2009). 여성복지론. 고양: 공동체.
최선화 외 (2011). 여성복지론. 파주: 양서원.
최성재, 남기민 (2001). 사회복지행정론. 파주: 나남출판.
최옥채 (2006). 교정복지론. 서울: 학지사.
최옥채 (2009). 사회복지실천론. 파주: 양서원.
최일섭, 이현주 (2006). 지역사회복지론. 서울: 서울대학교출판부.
최일섭, 최준보 (2012). 사회복지개론. 고양: 공동체.

통계청 (2009). 통계자료.
하상락 (1989). 한국사회복지사론. 서울: 박영사.
한인영 외 (2009). 의료사회복지실천론. 서울: 학지사.
한정자 (1998). 여성학의 이해. 서울: 경문사.
홍봉선, 남미애 (2005). 청소년복지론. 파주: 양서원.
홍봉수 외 9명 (2010). 사회복지행정론. 고양: 공동체.
홍숙자, 민진홍 외 3명 (2014). 사회복지개론. 파주: 양서원.
황희숙 (2014). 사회복지개론. 파주: 형설출판사.

Allen-Meares, P. et al. (2004). *Social Work Services in Schools.* Boston: Allyn & Bacon.

Barker, R. L. (1995). *The social work dictionary*(3rd ed). Washington, DC: NASW.

Costin (1975). School Social Work Practice: A New Model, *Scocial Work, 20*(21).

Costin (1981). School Social Work as specialized practice, *Social Work, 26.*

Cowles, L. (2003). *Social work in the Health Field: A Care Perspective* (2nd ed). The Haworth Social Work Practices Press.

Dolgoff, Ralph et al. (2005). *Ethical Decisions for Social Work Practice*, Itasca, Ill.: Cengage Learning.

Friedlander, W. & Apte, R. (1980). Introduction to Social Welfare. NJ: Prentice-Hall.

Herold L. Wilensky & Carles N. Lebeaux (1979). Society & Social Welfare. New York: Macmillan publishing Co, Inc.

Johnson, L. C., & Yanca, S. J. (2004). *Social Work Practice: A Generalist Approach(8th ed).* Boston: Pearson Education. Inc.

Kirst-Ashman, Karen K., & Hull, Grafton H., Jr. (2008). *Understanding Generalist Practice(5th ed).* Belmant, CA: Brooks/Cole Cengage Learning.

Levy, Charles S. (1973). The Value Base of Social Work. *Journal of Education for Social Work, vol,* 9. 34-42.

Loewenberg, F. M., & Dolgoff, R. (1996). *Ethical Decisions for Social Work Practice* (5th ed.), Itasca, I.L.: F. E. Peacock.

Macarov, D. (1978). Design of Social Welfare, Holt. Rinehart & Wins.

Mattison, M. (1997). *Ethical Decision Making in Social Work Practice,* Paper presented at the 15th Annual Baccalaureate Program Directors Conference, Philadelphia, 1997, Octoder.

Morales, A. T., & Sheafor, B. W. (2001). *Social Work: A Profession of Many Faces,* 9th ed. Boston: Allyn and Bacon.

Morales, A., & Sheafor, B. (2001). *Social Work: A Profession of Many Faces.* 9th ed. Bosten: Allyn and Bacon.

NASW (1995). *Encyclopedia of Social Work.* Washington, DC: NASW Press.

Neil Gilbert & Harry Specht (1974). Dimensions of Social Welfare Policy. Englewood Cliffs, NJ: Prentice-Hall.

Neil Gilbert & Paul Terral (1998). Dimensions of Social Welfare Policy (4th ed). Boston: Allyn and Bacon.

Reamer, Frederic G. (1995). *Social Work Values and Ethics.* New York: Columbia University Press.

Romanyshyn, J. M. (1971). Social Welfare. New York: Random House.

4대사회보험연계정보센터 (http://www.4insure.or.kr)
국가기록원 (http://www.archives.go.kr)
국민건강보험 (http://www.longtermcare.or.kr)
국민건강보험공단 (http://www.nhic.or.kr)
국민연금 (http://www.nps.or.kr)
나무위키 (https://namu.wiki)
법제처 종합법령정보센터 (http://www.klaw.go.kr)
보건복지가족부 (http://www.mw.go.kr)
생활법령정보 (http://oneclick.law.go.kr)

찾아보기

인명

내용

저자 소개

권향임
백석문화대학교 사회복지학과 교수

김덕주
백석문화대학교 사회복지학과 외래교수

김선녀
백석문화대학교 사회복지학과 외래교수

김양이
한일장신대학교 사회복지학부 교수

김현옥
백석문화대학교 사회복지학과 겸임교수

박경남
한세대학교 사회복지과 외래교수

이영실
성결대학교 사회복지학부 교수 (안양시수리장애인 종합사회복지관장)

전영숙
백석예술대학교 외래교수 (한국치료활동복지센터 대표)

사회복지개론

2016년 3월 5일 1판 1쇄 인쇄
2016년 3월 10일 1판 1쇄 발행
2019년 3월 10일 1판 2쇄 발행

지 은 이 한국임상사회사업학회 편
펴 낸 이 최용구
펴 낸 곳 도서출판 신정
주 소 (04316) 서울시 용산구 원효로 89길 19 (원효로1가)
전 화 02) 3211-4782 · 0266(영업부), 3211-4783(편집부), 3211-4784(팩스)
이 메 일 shinjeong72@naver.com
홈페이지 www.sjbook.co.kr
등 록 2001년 5월 11일 제13-702호

기획마케팅 최용구 장만동 송대용
책임편집 석기은 황가연
본문편집 예나루
표 지 SDY

ISBN 978-89-5912-381-0 93330

정가 18,000원